합리적 낙관주의자

PRACTICAL OPTIMISM

합리적 낙관주의자

Practical Optimism

삶을 무너뜨리는 건

사건이 아니라

해석이다

수 바르마 지음 | 고빛샘 옮김

흐름출판

유리잔이 반쯤 차 있든, 반쯤 비어 있든 그건 중요하지 않다.
유리잔은 언제든 다시 채울 수 있다.

추천사

수 바르마는 과학과 경험을 탁월하게 융합해, 친근하면서도 심도 있는 통찰을 선사한다. 정신건강 전문가가 부족한 상황에서 이 책이 많은 이에게 든든한 버팀목이 될 것이다.

— 켄 덕워스(미국정신과협회 최고 의료 책임자,
《당신은 혼자가 아니다》 저자)

《합리적 낙관주의자》는 우리가 도전하는 목표를 넘어서게 만들고, 일상 속에 숨은 가능성을 발견해 준다. '합리적 낙관주의'는 누구나 훈련할 수 있는 마음 근육이다. 그렇게 만든 마음 근육이 삶을 근본적으로 바꾸는 힘이라는 사실을 증명한다.

— 저드슨 브루어(《불안이라는 중독》 저자)

과학과 예술, 연구와 스토리텔링이 아름답게 어우러진 심리적 걸작이다. 수 바르마는 복잡한 세상 속에서 우리를 인도해 줄 내면의 나침반을 선사한다.

— 탈 벤샤하르(《완벽주의자를 위한 행복 연습》 저자)

올림픽 선수로서 오랜 기간 치열한 경쟁과 목표 달성의 압박에 시달렸던 나에게 이 책은 깊은 울림을 주었다. 《합리적 낙관주의자》는 상처를 치유하는 것을 넘어, 내면의 위대함을 끌어내는 법을 알려준다. 지금 당신이 삶의 전환점에 있다면, 이 책이 당신을 '다음 단계'로 이끌 것이다.

— 타라 리핀스키(올림픽 피겨 금메달리스트)

가장 어두운 순간에도 낙관을 발견할 수 있는 과학적이고 실용적인 프레임워크를 제공한다. 단순한 회복을 넘어, 위기를 더 큰 기회로 전환시키는 방법을 담는다.

— 수닐 굽타(《결정적 기회를 만드는 힘》)

수 바르마는 방대한 연구를 명쾌하게 정리해, 누구나 공감하고 실천할 수 있는 지침으로 바꾼다. 이 책은 단순한 생존을 넘어 삶의 '번영'을 원하는 사람에게 꼭 필요한 심리적 로드맵이다.

— 리사 마무르(《여자(아이)의 심리학》 저자)

《합리적 낙관주의자》는 인생과 관계의 트라우마를 극복하는 데 유용한 안내서이다. 바르마 박사의 임상 경험과 개인적인 경험, 최신 연구 결과를 바탕으로 내면의 힘을 키우는 데 필요한 지혜를 다룬다.

— 에릭 맨하이머(〈뉴 암스테르담〉 프로듀서,
《내 인생의 가장 뜨거운 순간들》 저자)

당신은 이 책을 통해 장애물을 극복하고, 진정한 관계를 맺고, 희망과 가능성이 가득한 미래를 만드는 법을 배울 수 있다. 감동받을 준비만 하면 된다.

— 킴벌리 래 밀러(《정리하기Coming Clean》 저자)

저자의 진정성과 통찰력, 영리함은 우리를 회복의 여정으로 안내한다. 무엇보다 치료보다 훨씬 저렴하다. 이 책이야말로 지친 현대인들을 위한 '현실적인 위로'이다.

— 제니 몰렌(《좋아요만 좋아하는 세상》)

이론은 실천 없이는 무의미하다. 《합리적 낙관주의자》는 이론과 실천 사이의 간극을 메우며, 도전 과제를 극복한다. 평온, 균형, 희망을 찾을 수 있는 자원과 도구를 아낌없이 제공한다. 모든 상황이 완벽하지 않아도 개선될 여지는 언제나 있다.

— 사라 블랜차드,(《플렉스 맘Flex Mom》 저자)

인생의 복잡함 속에서 길을 찾고 싶은 이들에게, 합리적 낙관주의 가이드는 명쾌한 지혜와 강력한 동기를 선사한다. 이 책을 읽어라. 당신의 마음을 일으켜 세울 수 있을 것이다.

—《퍼블리셔스 위클리》

합리적 낙관주의를 위한 안내서

합리적 낙관주의는 스트레스를 줄이고 스트레스 상황을 견디게 한다. 또한 안정적이고 분별력 있는 자존감으로 자신과 자신의 능력에 확신을 가지고, 강점과 재능을 발휘하고, 의미, 목적, 유대감, 즐거움으로 가득한 삶을 살아가게 한다.

나는 이 책이 독자들에게 많은 도움을 주기를 바라지만 정신건강 장애와 치료에 관한 지침서가 아니라는 점을 강조하고 싶다. 이 책에는 자살, 슬픔, 불안, 우울, 상실감 등에 관한 사례가 나오며 합리적 낙관주의의 핵심 내용을 설명하기 위해 사용되었다. 또한 환자의 개인 정보를 보호하고자 일부 내용이 편집되었다.

이 책은 합리적 낙관주의를 다루지만, 낙관주의를 실현하기 위한 길이 때로는 (철학적으로나 현실적으로) 막막할 수 있다. 인종차별, 편견, 성차

별, 희생양 만들기, 방치, 불평등, 의료 격차, 붕괴된 시스템 등의 장애물에 가로막혔다고 느낄 수도 있다. 내가 이 책에서 말하려는 메시지와 긍정적인 관점들은 결코 개인의 경험을 축소하거나 부정하려는 것이 아니다. 합리적 낙관주의는 저마다의 고유한 상황, 배경, 경험, 목표, 자원을 고려하며 자신에게 가장 잘 맞는 방식을 찾아간다. 가끔은 스스로 무엇이 필요한지 명확히 알 수 없을 때가 있다. 바로 그때 합리적 낙관주의는 필요한 것이 무엇인지 찾아주고, 이를 얻을 수 있게 돕는다. 그 필요가 시간이든, 관점의 전환이든, 수용이든, 구체적인 노하우든, 휴식이든, 스스로를 위로하는 것이든, 타인에게 이해받는 느낌이든, 물질적 자원이든 간에 말이다.

어떤 벽에 가로막힌 듯 막막한 순간에 합리적 낙관주의는 선택지의 존재를 상기시킨다. 선택지의 폭과 능력, 사고방식을 확장시켜 여러 가능성과 대안을 만들고, 스스로 힘을 얻는 것이 합리적 낙관주의의 목표이다. 일이 잘 풀리지 않거나 정해진 일정과 기대가 어긋나더라도 낙담하지 말라.

이 책을 읽다가 특정 주제가 당신을 불편하게 한다면 건너뛰어도 된다. 감당할 수 있을 것 같다면 더 오래 곱씹으며 읽기를 권한다. 하지만 한 가지는 단호하게 말하겠다. 어떤 상황에 놓였든 어려움을 겪고 있다면 반드시 도움을 청하길 바란다.

- 자살 예방 상담전화: 109
- 보건복지 상담센터: 129
- 청소년 상담: 1388
- 정신건강 상담전화: 1577-0199
- 한국 생명의 전화: 1588-9191(24시간)

차례

3부 합리적 낙관주의를 실천하는 기술

서문

킨츠기, 깨진 것의 아름다움

나는 흰 가운을 벗고 환자복으로 갈아입었다. 신경과 진찰대에 몸을 뉘이며 그 차가운 감각과 스스로가 얼마나 취약하게 느껴지는지 기억해 두려 했다. 이 경험이 환자들을 이해하는 데 도움이 될 거라고 믿으며.

레지던트로 일하며 병원에서 수많은 시간을 보냈지만, 환자가 된 적은 없었다. 하지만 어느 날 갑자기 다리가 약해지는 감각, 정확히는 다리에 힘이 빠지는 증상이 나를 찾아왔다. 처음에는 걷거나 운동할 때만 다리에 힘이 빠졌다. 하지만 한두 주가 더 흐르니 주기적으로 쓰러질 것 같은 느낌이 들었다. 그로 인해 환자들을 진료하거나 검사할 때도 넘어지지 않기 위해 벽에 기대거나 앉아 있었다. 환자들이 이것을 나의 허약함이 아닌 친밀감의 표현으로 받아들이기를 바랐다. 쉬이 사라지지 않는 두통이 시작되었을 때, 진료 예약을 잡아야 함을 깨달았다. 길랭–바레 증후군이라는 희귀 자가면역질환일까, 아니면 다발성경화증일까? 12년간 의학 교육을 받으며 나에게는 병명을 끝없이 떠올리는 능력이 생겼다.

의사가 나에게 "스트레스받은 일이 있나요?"라고 물었다. 평소 내가 환자들에게 하던 질문이었다. 하지만 의사는 내 몸에 걸쳐진 의사 가운을 스윽 훑어보는 것만으로도 이미 답을 얻은 표정이었다. 한때 새것 같았던 흰 가운에는 지워지지 않는 잉크 얼룩이 묻어 있었다. 주머니는 퇴원 서류, 심전도 결과지, 단백질 바, 손바닥만 한 의학 핸드북으로 가득 차 불룩했다.

"꽤 바쁘게 지내는 것 같네요." 그 말은 분명 사실이었다. 하지만 단순히 '바쁘게 지내는 것'만으로는 설명하기 어려운 사정이 있었다. 레지던트로 일하며 인생에서 가장 혹독한 업무 일정에 시달리는 동안, 우리 어머니는 유방암 3기를 진단받았다. 어머니는 수술과 방사선치료, 항암치료를 받아야 했지만, 기저 심장질환으로 관상동맥우회술을 이미 네 차례나 받은 상황이었으므로 항암치료가 심장에 무리를 줄 것이 뻔했다. 정신없이 일하다가 몇 없는 쉬는 날에는 어머니의 병원에 머물렀다. 어머니를 살릴 수 있는 치료법을 찾기 위해 이 전문의, 저 전문의를 전전했다.

"네. 약간의 스트레스가 있죠." 하지만 나는 그 문장으로 내 모든 사정을 압축했다. 그러자 의사가 몇 가지 검사를 해보자고 말했다. 의사는 내 다리에 바늘을 몇 개 꽂고 신경 자극에 대한 근육의 전기적 활동을 확인하기 위해 근전도 검사(EMG)를 했다. 몇 번의 찌름과 자극, 잠깐의 기다림 후에 의사가 결과를 전해주었다.

"아무 문제없네요."

"하지만 전 괜찮지 않은데요."

정말로 그랬다. 나는 제대로 서 있기도 힘든 상태였다.

"죄송하지만 검사와 테스트 결과에서 신경학적인 이상이 전혀 발견되지 않았어요."

다시 원점이었다. 신체적 증상에 삶이 반영된다는 사실을 물론 알고 있었다. 나는 바쁜 업무와 어머니의 건강 문제, 즉 눈앞의 상황이 버거웠고, 몸은 마음이 말하지 못하는 것을 신체화했다. 하지만 나에겐 내면의 오디세이를 탐색할 시간이 없었다. 언제나 그랬듯이 힘을 내어 이겨내야 했다. 어떻게든.

그로부터 몇 년 전, 정신과 레지던트 1년 차에 병원에서는 레지던트들에게 심리치료를 권했다. 의무는 아니었다. 나는 주저했다. 병원에서 비용을 지원해 주는 것도 아니었고 근무 중에 시간을 따로 빼주지도 않았다. 의과대학에 다니며 뉴욕에 거주하는 것만으로도 많은 비용이 들었고, 레지던트로 일하느라 매일 시간에 쫓겼다. 내게 주어진 찰나의 여가 시간은 가족과 함께하거나 자기 관리에 쓰였다. 그런 이유에서 정신과에서 레지던트로 일했지만 아이러니하게도 삶의 작은 부분도 치료와 관련되지 않기를 바랐다. 돈도, 시간도 부족한 상황에서 심리치료를 위해 과거를 들추는 것이 그다지 달갑지 않았으므로, 나는 돈과 시간을 지키는 쪽을 택했다.

하지만 몇 년 사이, 삶은 나를 한계까지 몰아넣었다. 나는 개인적으로나 직업적으로 일어나는 일들 사이에서 평온함과 목적의식을 찾아야 했다. 동시에 설명할 수 없는 신체적 증상을 다스릴 방법을 강구해야 했다. 어떤 문제도 없다는 진단을 받고 얼마 후, 외부 강사가 인지행동치료(CBT)에 관해 언급했을 때, 나는 이를 일종의 징조로 받아들였다. 인지행동치료는 능동적이고 체계적인 치료법으로 증거 기반으로 정신건강에 접근했다. 무엇보다 실제 상황에서 어떻게 문제를 해결할 수 있는지를 연습한다는 점에서 실용적이었다.

나는 몇 달 동안 인지행동치료에 관해 공부했다. 그리고 그 어느 때보다 큰 자신감을 되찾았다. 그 자신감은 업무로 인한 스트레스를 다스리고, 어머니의 건강 문제에 대처해 나가면서 더욱 커졌다. 그래서 다리에 힘이 빠지는 신체 이상 증상이 어떻게 됐냐고? 모두 어느 날 갑자기, 사라졌다.

합리적 낙관주의로 가는 길

9월 11일, 나의 세계 그리고 모두의 세계가 영원히 바뀌었다. 미국 땅에서 벌어진 최악의 테러 공격 이후, 우리는 새로운 삶의 의미를 찾아 헤매야 했다. 그 혼란 속에서 나는 9.11 테러를 겪은 민간인들과 구조, 복구, 지원에 헌신한 응급구조요원들의 치료를 책임지게 되었다.

그전까지 나는 환자들에게 필요한 정신과 의사가 되기 위해 트라우마 치료에 몰두했다. 그 노력이 나를 세계무역센터(NYU 메디컬 센터·벨뷰 병원)의 WTC 정신건강 프로그램(WTCMHP) 초대 의료 디렉터이자 정신과 주치의로 일하게 만들었다. WTC 정신건강 프로그램은 9.11 테러로 신체적·정신적 건강에 영향을 받은 사람들에게 의료 모니터링과 치료를 제공하는 미국의 연방 의료 프로그램이었다. 그렇다. 나는 테러로 초토화가 된 사람들의 정신건강을 돌보아야 했다. 동시에 어머니가 심각한 심장 질환과 암으로 투병하는 과정을 지켜보았다.

WTC 정신건강 프로그램의 디렉터로 일하는 것은 내게 엄청난 변화를 불러일으켰다. 당시 나는 병원에서 민간인과 응급구조요원을 혼자 감당했다. 그 과정에서 다양한 스트레스와 트라우마를 겪는 사람들을 만났다. 놀라운 것은 일부 사람들은 9.11 테러 당시 생명을 위협하는 극적인 상황에 심각하게 노출되었음에도 정신건강장애 기준에는 전혀 부합하지 않았다는 것이다. 한 가지 의문이 나를 괴롭혔다. 어떻게 어떤 사람들은 그렇게 깊은 고난을 겪고도 살아남고 심지어 더 강해질까? 어떻게 해야 스트레스로부터 자기를 보호하고 통제할 수 있을까?

인지행동치료는 스트레스, 불안, 우울증 증상을 완화해 준다. 하지만 애초에 그런 증상이 아예 발생하지 않게 할 수는 없을까? 의사들이 환자들을 기능장애 상태에서 정상 상태로 회복시키는 것에 그치지 않고, 정상 상태에서 최상의 상태로 이끌 수 있다면 얼마나 좋을까? 나는 의사로서 완전히 새로운 영역에 발 들이고 있음을 느꼈다. 설명할 수 없는 신체화 증상을 경험한 환자이자 아픈 어머니를 모시는 딸로서, 수많은 환자를 만나고 그들을 치료하는 과정에서 중요한 무언가가 빠져 있다는 생각이 들었기 때문이다.

가정폭력 생존자, 주거가 불안정한 여성, 수감자 등 이 세상에는 고통 속에서 살아가는 사람들이 많다. 나는 오랫동안 그들을 대면하면서 누군가에겐 일상이 얼마나 벅찰 수 있는지, 감정의 소용돌이 속에서 꾸준히 나아가기란 얼마나 많은 용기와 인내가 필요한지를 알게 되었다. 그 깨달음이 나를 합리적 낙관주의로 이끌었다. 또한 합리적 낙관주의가 나를 먼 곳 그리고 깊은 곳까지 데려갔다.

하지만 낙관주의가 실제 현장에서 의미가 있을까? 서양 의학과 정신교육은 고장 난 것을 고치고 병리에 집중하는 '결핍 모델'에 초점을 맞춘다. 반면에 '감정 기반 모델'은 강점, 자원, 자산을 최대한 활용해 회복을 돕는다. 정상 상태로 돌아가게 할 뿐만 아니라 최상의 상태로 나아갈 수 있게 만든다. 무엇보다 우리는 장점에 집중할 때 최선을 끌어낼 가능성이 더 높다.

그렇다. 결국 모든 길은 낙관주의로 이어졌다. 그렇다면 내가 이미 잘 알고 있는 결핍 모델을 감정 기반 모델과 결합할 수 있을까? 낙관적인 사람이 아니어도 회복탄력성을 키울 수 있을까? 나아가 삶이 번영할 수 있을까? 회복탄력성은 중요하다. 하지만 번영하는 삶이 그보다 더 유의미하다. 번영은 역경에서 회복하는 것 이상이기 때문이다. 역경 속에서 더 번성하는 것이 번영이다.

합리적 낙관주의의 구현

내가 그토록 찾아 헤맸던 합리적 낙관주의 모델은 가까운 곳에 있었다. 바로 아버지였다. 그는 뉴욕의 성공한 정신과 의사였으나, 성장 과정이 순탄하진 않았다. 하지만 아버지는 인도에서 보낸 어린 시절에 대해 "내게는 태어날 때부터 필요한 것들, 사랑과 다정함 그리고 책이 충분히, 아니 넘치도록 있었단다." 하고 말했다. 물론 다른 사람의 눈에는 초라해 보일지도 모른다. 아버지의 어린 시절에는 낙타 타기, 몬순 댄스파티, 사막의 밤, 촛불을 켜고 먹는 가족 저녁 식사, 모닥불을 피워 놓고 나누던 귀신 이야기, 별이 가득한 옥상에서 가족과 함께한 밤샘 파티까지 생동감 넘치는 추억으로 가득했다. 평생 동안 아버지는 그 시절의 이야기를 하며 그리움이 담긴 따뜻한 미소를 지었다.

"정말로 중요한 것들은 결코 부족함이 없었단다. 사랑, 배움, 웃음 그리고 비전이 거기에 있었거든."

"어떤 비전을 말하는 거예요, 아빠?"

"소박하게 살고 깊이 생각하는 거지."

"그리고 또 뭐가 있었어요?"

"모든 것에서 가장 좋은 면을 보고, 어떤 상황에서도 최선을 다하며,

모든 일이 결국 나에게 가장 좋은 방향으로 일어났다는 걸 깨닫는 거지.”

물론 아버지에게도 힘든 시절이 있었다. 어떤 것도 풍족하지 않았던 상황에서 생활을 꾸려나가야 했고, 집 안의 물건들은 족족 고장 났고, 학생 때는 낙제하기도 했으며, 의대에도 불합격했다. 하지만 아버지는 포기하지 않았다. 고장 난 가전제품과 가구를 수리하거나 임시로 만드는 데 달인이 되었고, 노력으로 낙제 상황을 극복했으며, 불합격했던 의대의 다음 해 합격자가 되었다. 아버지가 합격한 주립 의대는 인도에서 가장 문턱이 높은 학교 중 하나였다. 아버지의 말에 따르면 아버지보다 훨씬 뛰어난 수재들도 그 학교의 문턱을 넘지 못했다.

그렇다면 아버지는 무엇이 달랐을까? 그저 해맑기 만한 낙관적인 마음가짐이나 한두 번의 좌절을 극복하는 회복력과는 달랐다. 오랜 시간에 걸쳐 깊이 체득한, 삶의 전장에서 만들어진 단단한 낙관과 회복력이 아버지에게 있었다. 삶의 부서진 조각들을 하나하나 붙여서 스스로 만들어낸 낙관 말이다. 이것이야말로 진정한 번영이었다.

합리적 낙관주의 8원칙

합리적 낙관주의는 경력, 재정, 건강, 개인적 목표와 인간관계의 목표를 더 빠르게 달성하고, 그 과정에서 동력을 잃지 않게 돕는 특별한 사고방식이자 기술, 행동 방식이다.

많은 사람이 ‘합리성’과 ‘낙관주의’를 서로 반대되는 개념이라고 생각한다. 하지만 의외로 이 두 가지를 하나로 묶을 때 진정한 힘이 발휘된다. ‘낙관주의’는 자신과 타인의 무한한 긍정적 가능성을 믿고, 이를 바탕으로 사고방식을 길러나가는 것이다. ‘합리적 사고’는 가능한 한 모든 행동 방안

중에서 가장 실용적이고 이성적인 선택을 하도록 돕는다.

합리적 낙관주의에는 8가지 원칙이 있다.

1. **목적** 활력을 주고 의욕을 자극하는 진정한 목표를 찾아 투자한다.

2. **감정 다루기** 감정에 대한 통찰과 인식을 깊이 있게 다듬는다.

3. **문제 해결** 직관과 논리, 감정 조절을 조화롭게 활용한다.

4. **자부심** 부정적인 생각과 행동을 바로잡고, 자기 연민을 통해 단단한 자존감을 쌓는다.

5. **능숙함** 능력에 대한 자신감을 키우고, 능력을 계속 발전시킨다.

6. **현재성** 불필요한 생각과 걱정을 떨쳐, 잃어버린 시간을 되찾는다.

7. **사람** 자신과 타인 사이의 관계를 돌보는 습관을 길러 외로움을 줄이고, 소속감과 연결감을 키운다.

8. **건강한 습관** 합리적 낙관주의를 비롯한 과학적으로 입증된 방법들을 통해 새로운 습관을 형성하고 꾸준히 유지한다.

합리적 낙관주의 원칙은 수년간의 과학적 연구와 접근 방식을 바탕으로 하며, 우울증과 불안치료부터 고통 극복, 일상에서의 스트레스와 도전에 대처하는 방법까지 아우른다. 이 원칙들은 누구나 쉽게 실천할 수 있는 최적의 모델이다. 현명한 삶을 살기 위한 사고방식을 제공해, 폭풍우가 몰아치는 바다에서 휩쓸리지 않는 법을 알려준다. 거기에 더해 순조롭게 항해 중일 때도 올바른 방향을 찾는 방법까지 안내한다.

이런 생각을 해본 적 있는가?

- 내가 조금만 다르게 행동하면 더 행복해질 수 있지 않을까?
- 내 목표는 무엇이고, 그것을 어떻게 이룰 수 있을까? 나를 진정으로 충만하게 만드는 것은 무엇인가?
- 어떤 날은 그냥 무의미하게 흘러가는 것 같다.
- 위기가 잇달아 일어났다. 어떻게 평정심을 유지할 수 있을까?
- 나는 인생의 전환기에 접어들었고 (새 학교 · 직장, 부모가 됨, 독신이 됨, 진지한 관계를 시작함, 자녀들이 독립하고 빈 집에 남음, 가족을 간병하게 됨 등) 큰 부담감을 느낀다. 나는 대처 능력을 더 키워야 한다.
- 세상의 부조리와 고통에 대해 무언가를 하고 싶지만, 어디서부터 시작해야 할지 모르겠고, 그 동력을 잃지 않는 것이 더 어렵다.

하나라도 공감한다면 합리적 낙관주의가 도움이 된다. 합리적 낙관주의를 찾는 시기와 이유는 사람마다 다르다. 어려운 시기에 감정을 다스리고자 할 때, 관계나 일에서 더 효과적인 방식을 찾고 싶을 때, 근본적인 삶의 변화를 모색할 때, 인생을 더 깊이 즐기고 싶을 때, 진정한 나로서 세상에 가장 좋은 것을 기여하고 싶을 때. 합리적 낙관주의는 각자의 속도와 필요에 맞게 조정된다. 8가지 원칙에 담긴 기술들은 삶에 막연한 불만족과 무기력을 느끼는 사람들에게 큰 변화를 가져다준다. 이는 사람들에게 발생한 문제가 고질적인 스트레스 요인이 되지 않도록 해결해 주는 궁극의 자기 관리 도구이다.

나는 환자들에게 삶이 평온할 때 새로운 대처 기술을 익혀두라고 말한다. 배를 타면 거친 파도를 만날 때를 대비해 구명조끼를 준비해 두어야 한다. 천천히 합리적 낙관주의 개념을 흡수하고, 차근차근 도구들을 익혀보라. 어떤 기술이든 실질적인 도움이 되려면 반복적인 연습이 필요하다.

내가 그랬듯, 당신도 일상 속에서 합리적 낙관주의를 자주 실천하게 될 것이다. 합리적 낙관주의야말로 당신을 위한 것이다.

나에게 아버지는 8가지 합리적 낙관주의 원칙이 삶에 어떤 도움이 되는지 보여준 첫 번째 사례였다. 아버지는 북인도 최초의 아동 정신과 전문의 중 한 명으로, 아동의 권리를 옹호했다. 그 후 미국에서 정신과 수련을 마치고 뉴욕에서 탄탄한 경력을 쌓았지만, 정기적으로 인도로 돌아갔다. 인도 사회에서 신체 장애나 학습 장애, 주의력 결핍, 행동 문제가 있는 아이들은 짐으로 여겨져서 가혹한 처벌을 받거나 쫓겨났다. 아버지는 이 아이들을 돌보는 방법을 의사, 교사, 사회복지사, 보육교사들에게 가르치는 봉사 활동을 했다.

나는 아버지가 처음부터 지혜롭고, 창의적이고, 유연하고, 개방적인 사람인 줄 알았으나, 아버지는 그 모든 자질을 갈고닦기 위해 매일 노력했다. 어려움 앞에서도 감정을 다스리며, 늘 차분하고, 참을성 있고, 온화한 태도로 맞섰다. 멀티태스킹과 산만함의 시대에 흔들림 없이 옛 방식을 고수하며, 한 번에 하나씩 현재에 온전히 몰두했다. 아버지는 사람들의 이야기를 귀 기울여 듣고, 내용을 기억하며, 심지어 당사자들조차 잊었던 중요한 일들을 전화, 엽서, 방문, 이메일로 꼼꼼히 챙겼다. 아버지는 술을 전혀 마시지 않지만, 칵테일 파티에서 가장 환영받는 손님이었다. 다양한 그룹에서 항상 분위기를 주도했다. 또한 명상, 요가, 근력 운동, 걷기 등 건강한 습관을 매일 실천했다. 그 모든 습관이 아버지의 장수 비결이자, 건강한 삶의 비결이다. 아버지는 여든이 훌쩍 넘은 나이에도 여전히 스스로를 돌보고, 우리 모두를 챙긴다.

어머니의 암 투병이 나를 무릎 꿇렸던 절망의 시기에도 아버지는 한 발 한 발 현실 속에 발을 딛고, 어머니와 감정적으로 깊이 연결된 채, 직면

해야 할 고통스러운 진실들을 마주했다. 강인하고 유능하던 어머니가 고통스러운 현실을 받아들이고 이생을 떠나려 할 때 아버지는 어머니의 손과 발이 되어 지극정성으로 어머니를 돌보았다.

아버지의 집 거실에는 일본에서 가져온 아름다운 도자기, 킨츠기가 있다. 내가 어렸을 때, 아버지는 깨진 도자기에서 아름다움을 창조하는 일본의 예술 킨츠기에 대해 설명해 주었다. 깨진 조각들을 다시 이어 붙여 원래의 아름다움을 넘어선 새로운 무언가로 복원한다는 개념은 내 마음을 깊이 파고들었다. 그것이야말로 합리적 낙관주의의 본질이다. 정신과 의사로 일하며 만난 환자들은 스스로를 "망가졌다."고 말한다. 나는 그들이 삶을 다시 이어 붙일 수 있도록 돕는 데 그치고 싶지 않았다. '조금 나아졌지만 완전하지는 않은 상태'로는 충분하지 않았다. 나는 그들이 꿈꾸지 못했던 더 단단하고 아름다운 무언가를 만들 수 있기를 바랐다.

합리적 낙관주의는 삶의 기복(불완전함, 흠집, 균열, 단절 그리고 가능성과 잠재력)을 끌어안고 살아갈 힘을 준다. 인내, 실용성, 창의성, 지혜, 능력, 사랑을 금빛 접착제로 삼아 이전보다 더 아름답게 장식되고 더 단단해진 작품으로 거듭나게 한다.

1부

왜 합리적 낙관주의인가?

1장
합리적 낙관주의란 무엇인가?

비관주의자는 바람을 탓하고, 낙관주의자는 바람이 바뀌기를 기다리며,
현실주의자(합리적 낙관주의자)는 돛을 조정한다.
— 윌리엄 아서 워드(William Arthur Ward)

사람들은 문제를 해결하고자 진료실을 찾는다. 그중에는 인생에서 가장 어두운 시기를 보내고 있는 사람도 있다. 또 인생을 살며 겪는 시련과 상처의 파도 속에서 숨 쉬는 것조차 버거운 사람도 있다. 어느 쪽에 속하든 무조건 긍정적인 면을 보라고 하는 것은 효과적인 치료법이 아니다. 의사에게 그런 말을 들은 환자는 자신이 겪는 고통의 무게를 가볍게 여긴다고 생각해 아마도 정중하게(혹은 정중하지 않게) 고개를 끄덕이고는 두 번 다시 진료실을 찾지 않을 것이다. 긍정적인 면을 보라고 말하는 것은 낙관이 아니라 부정이기 때문이다.

바로 이 지점에서 합리적 낙관주의가 필요하다. 합리적 낙관주의는 낙관주의자들의 회복탄력성을 담고 있으면서도, 지나치게 긍정적이라 낙관주의자들을 곤경에 빠뜨리는 현실 부정은 배제한다. 더하여 충만한 삶

을 이끌어갈 수 있는 능동적인 실천 방안을 제시한다. 합리적 낙관주의자들은 고장 난 것을 직시하고 고치는 데서 멈추지 않는다. 그들은 문제를 더 나은 무언가로 변화시킨다.

합리적 낙관주의는 긍정적인 변화를 만들 수 있다는 확신과 주도적인 태도로 삶의 본질적인 불확실성과 존재의 불가해함을 담담히 받아들이고, 때로는 그것을 깊이 이해하고 음미하는 마음가짐이다. 합리적 낙관주의는 가혹한 현실을 견디고, 일상의 어려움을 다스린다. 꿈과 목표를 향해 나아가도록 내면에 자리한 회복탄력성을 일깨우고 더욱 단단하게 키워준다.

합리적 낙관주의는 태어나지 않고 길러진다

나는 타고난 낙관주의자는 아니지만, 그렇게 생각하고 살아가려 한다. 대개 낙관주의자는 주어진 상황을 밝게 바라보고, 긍정적인 결과를 기대한다. 타고난 명랑함으로 세상을 밝게 바라보기도 한다. 상황을 너그럽게 해석하므로 긍정적인 감정을 더 쉽게 느끼지만, '이유 없이' 행복한 것도, '어떤 일이 있더라도' 명랑한 것은 아니다.

낙관주의자도 감정의 물결을 피할 수 없다. 삶에서 마주하는 일들과 세상의 움직임에 따라 그들의 마음도 흔들린다. 하지만 낙관주의자가 비관주의자보다 더 큰 만족감과 행복을 느낀다. 그들이 대체로 긍정적인 기분을 유지하는 이유는 태도에서 비롯된다. 어느 순간에 주목하느냐, 세상에서 일어나는 일들을 어떻게 해석하느냐에 따라 차이가 생긴다.

낙관주의자들은 주어진 상황에서 긍정적인 면을 바라보고, 자신이 통제할 수 있는 부분에 집중한다. 덕분에 난관 앞에서도 한결 단단한 자신감을 가진다. 그들은 자기 몫의 책임을 온전히 받아들이되, 그 외의 것은 담담히 흘려보낸다. 또한 공격받고 있다고 느낄 때 수치심이나 남 탓에 빠지기보다 필요한 대처법을 능동적으로 꺼내 쓸 줄 안다. 그렇기 때문에 비관주의자보다 스트레스를 더 잘 견디고, 시련과 좌절 속에서도 다시 본래의 평온한 상태로 돌아갈 수 있다. 낙관주의자는 실패 앞에서도 쉽게 무너지지 않으며 더 열린 마음으로, 유연하고 희망적인 시선으로 세상을 바라본다. 그런 태도가 그들을 끊임없이 나아가게 하고 다가올 장애물 앞에서도 주도적으로 길을 찾게 만든다.

낙관주의는 신경학에 기반을 두고 있다. 좌뇌 활동이 활발해지면 낙관적인 태도가 강화되고, 마음이 차분해지며, 주체적인 결정력과 능동적인 사고·행동이 자연스럽게 촉진된다. 좌뇌와 우뇌는 함께 작용하며 우리가 세상과 스스로를 온전히 경험하도록 돕는다. 좌뇌와 우뇌의 역할을 이해하고 현명하게 활용하면 더 긍정적으로 세상을 바라보고 원하는 방향으로 나아갈 수 있다(예를 들어, 우뇌는 주변의 위협과 위험을 감지하는 역할을 하기 때문에 이 영역의 활발해지면 비관적인 시선이 짙어지고, 우울과 무기력, 회피의 경향이 깊어진다).

합리적 낙관주의의 원칙과 그에 따른 실천법들은 신경 생리학적으로 낙관적인 태도를 길러준다. 따라서 낙관주의자에게 있는 긍정적이고 희망적인 시선, 능동적인 태도가 형성된다. 이런 마음가짐은 타고난 기질과 무관하게 누구나 익히고 키울 수 있다. 낙관주의자는 타고나는 것일지도 모른다. 하지만 합리적 낙관주의는 스스로 기를 수 있다.

낙관주의자는 더 오래 살고, 건강하며, 스트레스나 부상, 병에서 빠르게 회복하고, 더 깊고 편안하게 잠든다. 2019년 9월 세계적으로 신뢰받는 권위 있는 학술지 〈JAMA 네트워크 오픈Network Open〉에 게재된 연구에 따르면, 낙관적인 태도는 심혈관 질환의 위험을 낮출 뿐만 아니라, 전반적인 사망률을 줄이는 데까지 영향을 미친다고 한다. 연구진은 15개 이상의 연구를 종합하고 20만 명이 넘는 사람들의 데이터를 분석해 이 결론에 도달했다. 낙관주의에 대한 83개 연구를 종합한 메타 분석 결과, 낙관적인 태도가 면역 기능을 높이고, 심혈관 건강을 개선하며, 암과 임신, 신체 증상, 통증 관리에도 긍정적인 영향을 미치는 것으로 나타났다.

또한 낙관주의자는 더 큰 성취를 이루고, 소득과 직업 만족도가 높으며, 생활 습관이 건강하다(더 균형 잡힌 식사를 하고, 꾸준히 운동하며, 흡연 가능성이 낮다). 인간관계가 더 깊고 탄탄하고, 삶의 만족도가 크며, 무엇보다 더 행복하게 살아간다.

여기서 흥미로운 사실이 있다. 연구에 따르면 낙관주의는 어느 정도 타고나는 기질이지만, 그중 유전적 요인은 25퍼센트밖에 안 된다. 심리적 건강은 유전의 영향을 받지만, 그것이 우리의 운명을 완전히 결정하지는 않는 것이다.

낙관주의를 타고났는지 여부는 그다지 중요하지 않다. 낙관주의가 삶 속에서 길러지고 활용될 수 있는 힘이라는 사실을 밝혀내려는 연구들이 점점 늘어나고 있다. 이러한 연구 중 일부는 우리에게 긍정적인 미래를 떠올리라고 한다. 예를 들어, 우리가 노력한 일이 모두 원하는 대로 이루어진다면 삶이 어떻게 달라질지를 상상해 보는 것이다.

긍정적인 기분을 북돋우고 희망을 키우는 연습이 유익하다는 점에는 전적으로 동의한다. 하지만 그 효과는 일시적이다. 지속적인 변화를 이루려면, 세상을 바라보는 방식뿐만 아니라 세상과 관계를 맺는 방식까지 바꿔야 한다.

실제로 낙관주의자들도 합리적 낙관주의 원칙을 배워야 한다. 앞서 언급했듯이 비현실적인 낙관주의는 위험하다. 비현실적인 낙관주의자는 '타조 증후군'에 빠지곤 한다. 타조 증후군이란 불편한 진실이나 어려운 일이 발생하면 애써 현실을 외면하며 모든 일이 괜찮을 거라고, 결국 잘될 거라고 믿어버리는 것이다. 혹은 이런 태도로 책임을 벗어나려 한다. 무모한 행동을 하거나, 예방 치료를 미루거나, 위험을 가볍게 보고 자신의 능력을 지나치게 믿는 식이다. 합리적 낙관주의는 단순히 긍정적인 미래를 상상하는 것에서 끝나지 않는다. 그 목표를 이루기 위한 사고방식, 기술, 행동 방식을 갖추도록 돕는다. 특히 낙관적인 태도를 취하기 어려운 시련 앞에서도 본능적으로 이를 적용할 수 있도록 해준다.

합리적 낙관주의가 비관주의를 줄여줄 수 있을까?

긍정 심리학과 낙관주의 연구의 선구자인 마틴 셀리그먼 박사에 따르면 낙관주의자와 비관주의자가 겪는 부정적인 삶의 사건 수는 대체로 비슷하다. 하지만 비관주의자는 부정적인 일을 해석할 때 세 가지 P 패턴을 보인다.

첫째, 개인화Personal. 나쁜 일이 생기면 자신을 탓한다. 둘째, 전면화Pervasive. 한 가지 문제가 생기면 삶 전체가 흔들린다고 생각한다. 셋째, 영속화Permanent. 지금의 불행이 영원히 지속될 거라 믿는다. 그리고 나는 여기에 네 번째 P를 더하고 싶다. 장애물 앞에서 주저앉고 아무것도 하지 않는 수동성Passive이다.

여기서도 유전이 일정 부분 영향을 미친다. 2011년, UCLA 연구진은 낙관주의가 옥시토신 수용체 유전자(OXTR 유전자)와 관련 있으며, 회복탄력성과도 깊은 관계가 있다는 사실을 밝혀냈다. UCLA 연구진은 이 심리적 자원을 낙관주의, 숙달감, 통제력과 주체성, 자존감이라고 정의했다.

옥시토신은 흔히 '포옹 호르몬' 혹은 '유대 호르몬'으로 알려져 있다. 이 호르몬은 엄마가 아기와 유대감을 형성할 때, 출산과 수유 과정에서, 성적 활동 중에 분비된다. 하지만 옥시토신은 단순 '유대 호르몬'이 아니다. 뇌에서 신경전달물질로도 작용하며, 스트레스에 반응해 증가하고, 공감, 신뢰, 관계 형성, 타인과 함께하는 시간을 즐기는 능력 등의 사회적 기술과 관련이 있다. 뿐만 아니라 심리적 자원과도 밀접하다. 옥시토신의 차이가 그저 잠시 실망하고 슬퍼하느냐와 깊은 우울 속으로 가라앉히느냐를 가른다.

흥미롭게도 OXTR 유전자에도 여러 가지 변이가 존재한다. A(아데닌) 변이를 가진 사람은 스트레스에 더 쉽게 휘둘리고, 사회적 관계에 서투르며, 정신적으로도 더 취약할 가능성이 크다.

분명히 말하겠다. 비관은 신체 및 정신 건강에 독이 된다. 비관주의자는 과거의 일을 반복해서 곱씹기 때문에 우울에 더 깊이 빠져든다. 비관주의자는 미래에 대한 불안으로 감정을 소모하다가, 결국 더 커다란 불안에 사로잡힌다. 어떤 방식으로든 그들은 지금 이 순간에 온전히 머물지 못한다. 그러다 보니 마음을 편히 내려놓거나, 기쁨의 순간을 온전히 느끼기 어려워진다. 과거의 낡고 비효율적인 방식에 얽매인 경우도 많다. 그로 인해 자기 생각을 분명히 드러내지 못하고, 눈앞의 문제를 해결하는 일마저 벅찰 수 있다.

비관주의 성향의 사람들에게는 몇 가지 공통점이 있다. 부정적인 믿음은 때때로 사람과 친밀한 관계를 맺고 신뢰를 형성하는 데 방해가 된다.

과거의 상처와 거절의 경험이 쌓여, 친밀한 관계가 피곤하고 버거워진다. 이들은 자신과 타인에게 지나치게 높은 기준(때로는 주관적이거나 비현실적인 기준)을 요구하며, 때로는 비현실적이고 불분명한 잣대로 스스로를 옭아매다 보니, 좋은 일이 일어나도 그것을 인정하지 못한 채 스스로를 몰아붙인다. 비관주의 성향을 가진 사람들의 뇌와 신체는 코르티솔, 노르에피네프린, 에피네프린 같은 스트레스 호르몬에 지속적으로 노출된다. 스트레스 호르몬이 지속적으로 높은 수준으로 분비되면 우리 몸에 여러 가지 문제가 생긴다. 몸에 염증이 증가하고, 혈관이 손상되며, 동맥경화가 진행될 가능성이 높아진다. 그 결과 우울증부터 뇌졸중, 심장병, 혈관성 치매 등 다양한 질환에 노출된다.

하지만 다행히도 감정적 회복력은 OXTR 유전자 하나로 결정되지 않는다. 우리 대부분이 스스로를 더 깊이 들여다보고, 몇 가지 기술을 익혀 나가며, 스트레스를 다스리는 힘을 기르고, 내면을 더욱 단단하게 만들 수 있다. UCLA 연구진은 인지행동치료를 통해 참가자들이 자신의 심리적 자원을 더욱 단단하게 다듬고, 스트레스와 우울, 불안 속에서도 스스로를 지켜낼 수 있다고 보았다.

인지행동치료(CBT)란?

인지행동치료는 오랜 연구와 임상적 근거를 바탕으로 개발된 심리치료법으로, 우울증, 불안 장애, 중독, 부부 갈등, 섭식 장애, 심각한 정신질환 등 다양한 문제에 효과적이다[○]. 과거의 경험을 반영하긴 하지만, 이 치료의 핵심은 현재의 삶을 더 나아지게 만드는 것이다.

인지행동치료는 사람, 사건, 미래, 세상 그리고 자신을 어떻게 해석하느냐가 중요하다. 심리적 문제는 종종 왜곡된 사고, 익숙하지만 도움이 되지 않는 행동 패턴(때로는 오래된 믿음이나 왜곡된 생각에서 비롯된 '스크립트'), 지속적인 부정적 감정에서 비롯된다. 왜곡된 사고, 비뚤어진 사고, 불필요한 행동 패턴이 현실과 어긋날 때, 과거를 곱씹거나 끝없는 걱정 속에 갇힌다. 그렇게 시간이 지나면 결국 불안과 우울이 삶을 집어삼킨다.

비효율적인 사고 패턴을 인식하고, 그것을 더 정확하고 현실적이며 논리적인 사고로 바꾸는 과정은 삶의 주도권을 쥐고 있다는 감각을 키워 준다. 인지행동치료를 받는 사람들은 치료사와 다양한 기법을 연습하고, 상담실을 벗어나 일상 속에서 직접 그것을 실험해 본다. 실험 과정에서 사람들은 긴장을 푸는 법, 자기 생각을 분명하게 표현하는 법, 회피 대신 사람과 관계 맺고, 삶 속으로 천천히 걸어 들어가는 법 등 점차 다양하고 긍정적이며 능동적인 대처 기술을 익힌다. 때로는 사고 기록Thought Log을 활용할 수도 있다. 사고 기록은 왜곡된 생각과 불안한 감정, 그에 따라 반복되는 행동, 이를 유발하는 순간들까지 그 모든 흐름을 살펴보고 스스로 조율하는 연습이다. 인지행동치료에서는 '걱정 일기'를 사용해 걱정이 어떻게 반복되는지를 인식하게 한다. 우리가 하는 걱정들은 실제로 그리 심각하지 않으며, 우리에게는 그 상황을 생각보다 더 잘 해결할 능력이 있다.

낙관주의의 과학은 정신과에서 면역학, 심장학, 외과에 이르기까지

○ 인지치료 및 인지행동치료 분야에서 에런 T. 벡(Aaron T. Beck) 박사의 연구는 전 세계적으로 인정받고 있으며, 오늘날 이 치료법은 다양한 정신건강 문제를 다루는 데 널리 활용되고 있다. 인지행동치료는 인지적 접근과 행동 치료 요소를 결합한 방식으로, 행동주의와 행동심리학 연구를 바탕으로 발전했다. 이제는 단순한 치료법을 넘어, 인지 기반 심리치료 전반을 포괄하는 용어로도 사용된다.

거의 모든 의학 분야에서 연구자들의 관심을 끌고 있다. 합리적 낙관주의의 8가지 원칙은 뇌과학, 정신의학, 신경과학, 행동 및 긍정심리학, 사회과학, 신경생물학, 요가, 마음 챙김, 철학 등과 같은 다양한 학문적 연구와 검증된 실천 방법을 기반으로 한다. 이 원칙들은 우리 내면에 단단한 심리적 기반을 쌓고, 삶이 흔들릴 때 기댈 수 있는 기술이 된다. 또한 감정의 완충 장치가 된다. 삶이라는 길 위에서 누구나 마주하는 크고 작은 충격을 흡수해 주고, 예상치 못한 장애물 앞에서도 균형을 잃지 않도록 돕는다.

낙관과 비관, 그 사이에서 선택하고, 조율할 수 있는 힘

대부분은 낙관과 비관 사이를 오간다. 어떤 순간에는 희망을 품고, 어떤 순간에는 불안을 안는다. 때론 하나의 순간에도 두 감정이 엉켜 있다. 가령 직장에서 혼자만 애쓰는 듯 느껴지는 상황을 떠올려보자.

보너스가 팀 전체의 성과에 따라 결정된다면 동료들과의 관계나 직장 내 미래는 불안할 것이다. 하지만 자신의 능력에 대한 확신은 흔들리지 않는다. 이것은 비관주의를 의미하지 않는다. 다만 현실을 있는 그대로 바라보는 것일 뿐.

낙관주의와 비관주의는 공존할 수 있다. 우리는 희망을 품으면서도 두려워하고, 최선을 기대하면서도 의심한다. 인간이기에 자연스러운 현상이다. 중요한 것은 두려움과 의심을 받아들이면서도 긍정적인 태도를 유지하는 것이다. 탄탄한 대처 능력을 발휘하고, 필요한 부분을 개선하기 위해 최선을 다하는 것. 그것이 바로 핵심이다.

'두 마리 늑대' 이야기를 들어본 적 있는가. 이 이야기에는 여러 가지 버전이 있지만, 내가 아는 버전은 이것이다. 한 할아버지가 손자에게 인생에 대해 가르친다. "내 안에서 싸움이 벌어지고 있단다." 그는 손자에게 말한다. "몹시 힘겨운 싸움이지. 내 마음속에서 두 마리의 늑대가 맞서고 있어. 한 마리는 악한 늑대야. 그 늑대는 분노와 시기, 슬픔과 후회, 탐욕과 오만으로 가득해. 자기 연민, 죄책감, 원망, 열등감, 거짓과 허영, 우월감과 이기심의 지배를 받지."

그리고 잠시 숨을 고른다. "다른 한 마리는 선한 늑대야. 그 늑대는 기쁨과 평온, 사랑과 희망을 안고 살아. 고요함과 겸손, 친절과 선의, 공감과 너그러움, 진실과 연민 그리고 신뢰가 그의 길을 밝히지. 두 마리 늑대의 싸움은 너의 안에서도, 모든 사람의 안에서도 끊임없이 벌어진단다."

손자는 말없이 생각에 잠긴다. 잠시 후 조용한 목소리로 묻는다. "할아버지, 어느 늑대가 이겨요?"

할아버지는 미소를 지으며 답한다. "네가 먹이를 주는 늑대."

이는 스스로에게 책임을 지는 태도와 인간이 지닌 가능성에 대한 이야기이다. 《심리학과 노화Psychology and Aging》에 실린 한 연구에 따르면, 유방암 회복 과정에서는 낙관적인 태도를 가지는 것보다 비관적인 태도를 가지지 않는 것이 더 중요하다. 이것은 우리가 눈여겨봐야 할 발견이다. 비관과 낙관은 서로 배척하는 개념이 아니라 함께 존재하는 두 개의 길이다. 어느 길을 걷고, 어느 늑대에게 먹이를 줄 것인가? 결국, 오롯이 당신에게 달려 있다.

'두 마리 늑대' 이야기는 개인뿐만 아니라 우리 사회에도 그대로 적용된다. 우리는 더 나은 방식으로 자신을, 그리고 서로를 돌볼 수 있을지도 모른다.

건강이란 그저 질병이 없는 상태를 뜻하는 것이 아니다. 세계보건기구(WHO)는 정신건강을 자신의 가능성을 깨닫고, 삶의 무게를 감당하며,

가치를 창출하고, 공동체 속에서 의미를 찾는 과정이라고 정의한다. 하지만 지금의 우리는 그 지점에 닿지 못한 채 비관 문화에 빠졌다. 2023년, 미국의 세계행복지수 순위는 19위였다(2024년 기준 한국 52위-편집자주). 우리는 알고 있다. 신체적·정신적 건강을 온전히 지키는 것이 누군가에게는 얼마나 어려운 일인지. 가난과 차별은 질병이 된다. 배울 기회와 일자리, 치료받을 권리가 닿지 않는 곳에서 사람들은 더 쉽게 범죄를 저지르고, 폭력에 노출되며, 마음이 병들고, 약물에 기대다 사라진다. 이 모든 것이 불안과 스트레스로 이어지므로, 우리는 더 나은 선택을 못 하게 된다. 목표를 세울 힘도, 문제를 해결할 여유도 잃어버린 채. 2020년대에 접어들면서 사람들의 외로움은 깊어졌고, 자살률은 올랐으며, 오피오이드 중독이 번져갔다. 그리고 이것은 코로나19가 닥치기 전의 일이었다. 이 가운데 팬데믹이 몰고 온 예측할 수 없는 사건들과 거대한 압박 속에서 의료적·정서적·사회적·경제적 고통은 감당할 수 없는 수준에 이르렀다. 2022년 '미국의 스트레스 조사'에 따르면 응답자의 65~80퍼센트가 경제적 불확실성, 정치적 대립과 전쟁, 건강 문제 등의 이유로 스트레스에 짓눌렸다.

우울증과 정신건강질환은 전 세계에서 가장 흔하면서도 깊은 영향을 미치는 장애 요인 중 하나이다. 이로 인한 사회적 비용이 미국에서만 매년 2,500억 달러에 이른다. 무엇보다 중요한 문제는 정신건강질환을 앓고 있는 성인의 54.7퍼센트가 여전히 치료를 받지 못한 채 홀로 견딘다는 사실이다.

정신건강 문제로 도움을 구하는 사람들은 약물이 모든 사람에게 똑같이 효과적이지 않다는 현실을 마주한다. 연구는 계속되고 있지만, 아직 명확한 답은 없다. 그러나 한 가지만은 분명하다. 심리치료에서 얻은 통찰이 오래도록 우리 안에 남아 삶을 바꾸는 씨앗이 된다는 것이다. 심리치료는 평생을 두고 사용할 수 있는 기술을 배우는 과정이다. 단순한 깨달음에서 그치지 않고, 우리의 뇌를 다시 쓰고, 사고의 패턴을 바꾸며, 행동의 방향을 재정립하는 과정이다. 자신을 더 깊이 들여다보고, 스스로에게 따뜻해지며, 감정을 다스리는 법을 익히는 것. 삶의 굴곡 앞에서 유연한 방식으로 반응할 힘을 기르고, 세상을 있는 그대로 받아들이며 더욱 섬세하게 느끼는 것. 우리 모두가 삶을 지탱하는 기술을 배워야 한다. 꾸준히 연습하다 보면, 스스로를 바라보는 시선이 달라지고, 타인을 이해하는 방식이 유연해지며, 세상을 마주하는 태도가 바뀐다. 그 작은 변화들이 결국 삶을 더 나은 방향으로 이끈다. 심리적 자원들은 스트레스를 완충해 주고, 긍정적인 감정과 대처 능력을 키우는 원천이 된다. 우리는 이를 통해 삶의 의미를 발견하고, 감정을 있는 그대로 받아들이며, 문제를 해결하고, 현재에 집중하는 힘을 키운다. 그리고 타인과의 관계 속에서 더 깊이 연결되는 법을 배운다. 이것이 바로 합리적 낙관주의의 핵심이다.

합리적 낙관주의의 가장 큰 장점은 문제가 생긴 후 대응하는 것이 아니라, 미리 준비하고 대처하는 것이다. 다쳤던 경험을 떠올려보자. 팔이 부러졌다고 가정해 보면 석고 붕대는 뼈가 붙도록 도와주지만, 석고 붕대를 푼다고 팔이 곧바로 완전한 기능을 되찾진 않는다. 회복에는 많은 시간이 필요하다. 정신질환치료도 마찬가지다. 치료를 받으면 회복이 시작되지만, 그것이 곧 완전한 건강을 의미하진 않는다. 나아졌다고 해서 온전히 괜찮아진 것은 아니다. 평생을 살아가는 동안, 다섯 명 중 한 명은 정신질환을 진단받는다. 하지만 누구에게나 삶의 의미를 찾고, 성장하며, 즐거움과 목표를 만들 가능성이 존재한다. 삶의 질은 여러 요소에 의해 결정된다. 건강, 주변의 지지, 치료 과정, 생활 습관, 무엇보다도 삶을 바라보는 태도가 중요하다.

너무 많은 사람이 정신적으로 충만하지 않다. 그저 버티는 수준에만 머무른다. 전문가들은 이를 '무기력'이라고 명명한다. 무기력은 그럭저럭 버티는 정도의 정신건강을 의미한다. 하지만 우리가 지향해야 할 목표는 최상의 정신건강 상태인 '충만함'이다.

무기력은 단순한 불편함이 아니다. 심혈관 질환의 위험 증가, 결근 일수 증가, 생산성 저하, 삶의 질 저하, 불안과 우울증 발병 위험 상승을 초래한다. 무기력은 정신건강장애로 진단될 정도는 아니지만, 최적의 기능을 하지 못하는 상태로 만든다. 무료함, 공허함, 허무함, 제자리걸음, 정체된 느낌이 지속되지만, 심각한 문제로 인식되지 않고 지나치게 된다.

그렇다면 충만함이란 어떤 것일까? 충만함은 삶의 의미와 기쁨을 온전히 느끼고, 자신을 받아들이며, 성장하는 것이다. 도전하고, 성장하며, 관계 속에서 기쁨을 찾는 것이다. 삶의 즐거움과 목적을 키우고, 부정적인 요소를 줄이는 과정이기도 하다. 세상 속에서, 그리고 타인에게도 유의미한 존재라고 느끼는 것. 자기와 타인을 위해 중요한 일을 해내는 것. 그것이 '선한 늑대'에게 먹이를 주는 방법이다. 충만함과 회복력을 실천하는 방법이야말로 합리적 낙관주의의 본질이다.

합리적 낙관주의의 힘:
완벽하지 않은 세상에서, 온전히 그리고 기쁘게 살아가기

합리적 낙관주의는 불안과 우울을 완화하고, 스트레스를 효과적으로 다스리며, 대처 능력을 키우기 위해 활용되는 기법들을 바탕으로 한다. 이 기법들은 과학적으로 검증되었으며 스트레스와 어려운 시기를 견디는 힘을 길러준다. 삶의 깊은 바닥으로 짓눌릴 때, 어깨를 누르는 무게를 덜어주고 다음번에는 그곳까지 가라앉지 않도록 손 내민다.

합리적 낙관주의는 건강을 바라보는 새로운 방식이다. 전통적인 서양 의학이 질병과 결핍을 중심으로 구성되었다면, 합리적 낙관주의는 개인의 강점과 가능성에 주목한다. 불편을 덜어주는 데서 끝나는 것이 아니라, 개인이 지닌 본연의 힘을 끌어내어 더 나은 삶으로 나아가도록 돕는다. 의미와 즐거움, 사람들과의 연결이 있는 삶. 바로 그것을 위한 실천이다.

합리적 낙관주의자가 되면 역경 속에서 헤매거나 쓸모없는 것에 집착하는 습관에서 벗어나게 된다. 우울과 불안을 부추기는 반추의 늪에서 빠져나올 수 있다. 그 대신 '가능성'이라는 넓고 열린 공간 속에서 살아가는 법을 배운다.

합리적 낙관주의는 단순히 삶에 닥친 문제를 해결하는 도구가 아니다. 더 나은 사고방식, 더 따뜻한 감정, 더 효과적인 행동 전략을 익혀 스스로를 변화시키는 과정이다. 따라서 목적의식을 더욱 선명하게 만드는 삶의 경험과 검증된 원칙 위에 세워진 철학이자 기술이다.

좋은 사람과 좋은 기회는 합리적 낙관주의자 곁으로 자연스럽게 모인다. '성공을 끌어당기는 사람'이 되는 것이다. 그러나 합리적 낙관주의자들은 행운이 찾아오길 기다리지 않는다. 일상의 작은 긍정적인 순간을 놓치지 않고, 부정적인 상황에서도 반전을 만들어내며, 좋은 일도 더 나아지게 직접 만든다. 아무리 매력적인 기회도 성장에 도움이 되지 않거나 자기에게 무의미하다면 과감히 돌아설 줄 안다. 그들은 에너지를 가장 필요하고, 가치 있고, 정당한 곳에 집중한다. 그것이 진정한 자유를 주는 힘이다. 합리적 낙관주의자들은 불완전한 세상 속에서도 충만하고 기쁘게 살아가는 내면의 힘이 있다.

실행 전략

●합리적 낙관주의를 나의 것으로 만드는 법●

이 연습은 합리적 낙관주의의 여덟 가지 원칙을 활용해, 현재의 삶이 어떤 상태인지 가만히 들여다보는 과정이다. 마치 거울을 들여다보듯 나만을 위한 '인생 셀카'를 찍어보자. 삶에서 잘 굴러가는 부분, 그럭저럭인 부분, 원하는 만큼 만족스럽지 않은 부분을 점검해 보자. 스스로를 판단하지 않고 가만히 들여다보면 앞으로 어떤 방향으로 나아가야 할지가 선명해진다. 이 연습은 진단 내리기 위한 것이 아니다. 삶에서 조금 더 마음을 기울여야 할 부분이 어디인지, 균형이 흐트러진 곳은 없는지, 그리고 합리적 낙관주의가 닿는 자리마다 어떤 감정이 피어나는지를 천천히 바라보면 된다.

아래 각 문장을 읽고, 대체로 해당된다고 느껴지는지, 아닌지 답해보자. 정답은 없다. 자신을 들여다보는 조용한 성찰의 시간, 스스로에게 건네는 작은 선물이라 생각하면 된다.

1. 나는 좀처럼 지루함을 느끼지 않는다.

2. 아침이면 하루를 기대하며 대체로 긍정적인 기분으로 시작한다.

3. 내가 하는 일들은 나를 활력 있게 하고 만족감을 준다. 또한 완전히 몰입할 수 있는 활동이 최소한 하나는 있다.

4. 나는 삶의 방향성이 분명하고 앞으로의 미래가 기대된다.

5. 나만의 방식으로 세상에 기여하고 있다고 느낀다.

6. 내면을 성찰하고, 감정을 인식하고 명확하게 표현할 수 있다.

7. 나는 강력한 긍정적 감정 혹은 부정적 감정이 들 때, 그 원인이나 계기를 짚어낼 수 있다.

8. 부정적인 감정이 불편하게 느껴질 때도 있는 그대로 들여다보고 받아들이며, 건강하지 않은 방법으로 회피하지 않는다.

9. 나는 가족, 친구, 직장 동료에게 감정을 적절히 표현할 수 있다.

10. 나는 특별한 이유 없이 나타나는 신체적 증상이 많지 않다. 즉, 의사에게 충분히 검진을 받아 두통, 심장 두근거림, 무기력감, 피로감 등이 단순한 스트레스 때문이 아니라는 점을 확인했다.

11. 문제가 주어지면 비교적 쉽게 몇 가지 해결책을 떠올린다.

12. 가능한 선택지를 정리한 후에는 불필요한 것들을 걸러내고 비교적 쉽게 결정을 내린다.

13. 감정을 건강하게 조절할 줄 알기에 좌절이나 실망에서 빠르게 회복하고, 그것이 일상적인 업무나 인간관계에 지장을 주지 않도록 한다.

14. 화가 나는 상황에 부딪혔지만 상황을 바꿀 수 없을 때는, 상황을 바라보는 태도를 바꾸려 노력한다. 관점의 전환으로 불편할 수 있었던 상황도 견딜 만한 경험으로 바뀌고, 때로는 그 안에서 작은 기쁨을 발견한다.

15. 나는 한번 시작한 일은 끝을 봐야 한다고 생각한다. '뜻이 있으면 길도 있다.'고 믿기 때문이다.

16. 실수를 했을 때는 지나치게 자책하지 않는다. '그때 이렇게 했어야 했는데…'라며 오래 곱씹지도 않는다.

17. 다른 사람이 성공하는 걸 보면 기쁘고 마땅히 칭찬받아야 할 사람에게 자연스럽게 공을 돌린다. 남들에게 칭찬을 아끼지 않는다. 남의 성

취를 인정하는 일이 어렵지도, 어색하지도 않다.

18. 나는 남 탓도, 내 탓도 하지 않으며 다른 사람의 나쁜 행동을 내 탓으로 돌리거나 마음에 담아두지도 않는다.

19. 나는 정중하게 나를 지킨다. 내가 자리를 차지할 자격이 있고, 그럴 만한 가치가 있다고 믿기 때문이다.

20. 나는 필요할 때 쉰다. 누구에게도 허락을 구하지 않는다. 쉬는 일조차 증명할 필요는 없으니까.

21. 내가 잘하는 것이 무엇인지 안다. 그리고 확신이 있다.

22. 어떤 일을 썩 잘하지 못해도, 새로운 목표를 세워도, 필요한 기술을 익혀 결국에는 해낼 수 있다고 믿는다.

23. 두려움, 걱정, 후회가 나를 막지 못하게 한다. 실패와 좌절은 배움의 기회이며 다시 적극적으로 도전할 이유다.

24. 나는 원하는 것을 이루기 위해 피드백 구하기를 두려워하지 않는다. 롤 모델과 멘토에게 조언을 요청하는 것도 마찬가지다.

25. 나는 내 환경을 통제할 수 있다. 혼란 속에서도 감정을 다스리는 힘이 내게 있다.

26. 나는 주의를 흩트리는 요소와 방해를 최소화한다. 이를 위해 소셜 미디어를 끄고 휴대폰을 무음으로 하고 메시지를 확인하는 시간도 정해둔다. 한꺼번에 여러 일을 하거나 서두르는 습관을 경계한다.

27. 무언가를 놓치는 것에 집착하지 않는다. 내가 선택한 일에 깊이 몰입하고, 내 앞에 있는 사람에게 집중한다.

28. 남과 나를 비교하는 일이 거의 없다.

29. 과거의 후회에 짓눌리지 않는다.

30. 미래에 대한 걱정으로 지치지도 않는다.

31. 내 친구들과 소중한 관계의 깊이와 폭에 충분히 만족한다. 내 삶에서 중요한 사람들에게 이해받는다고 느끼며, 그들에게 의지할 수 있다.

32. 사람들과 어울리는 즐거움과 혼자만의 시간을 누리는 법을 적절히 조율한다.

33. 새로운 친구를 사귀고 유지하는 일에 적극적이며, (특히 외로움을 느낄 때도) 관계를 이어가는 데 큰 어려움이 없다.

34. 스스로 감정을 추스를 줄도 알지만, 필요할 때는 주저 없이 타인의 위로를 받아들인다.

35. 관계에서 갈등을 피하지 않고 해결하려 하고, 상대에게 위로와 지지를 아끼지 않는다. 사람들은 때때로 나에게 감정적인 위안을 구한다.

36. 나는 몸과 마음을 돌보려 하며 (또는 그렇게 하기 위한 방법을 이미 찾았으며) 그중 하나는 규칙적인 운동이다.

37. 나는 필요한 진료와 건강 검진을 받기 위해 신경 쓴다.

38. 나는 목표를 세우고, 이를 이루기 위한 습관을 만들어 가려 한다.

39. 나는 새로운 것을 배우는 데 마음을 열어둔다.

40. 나는 조용한 시간과 성찰의 순간을 일부러 마련한다.

'1~5 목적, 6~10 감정 다루기, 11~15 문제 해결, 16~20 자부심, 21~25 능숙함, 26~30 현재성, 31~35 사람, 36~40 건강한 습관 실천'을 점검해 볼 수 있다. 각 문장은 특정한 합리적 낙관주의의 원칙과 연결된다. 자기가 어떤 부분에 관심이 있는지를 이해하는 데 도움을 줄 것이다. 어떤 부분에서는 이미 잘하고 있을 수도 있다. 하지만 그 과정에서 놓쳐버린 것들도 있을 것이다. 어쩌면 한 영역에서 너무 많은 에너지를 쓰고 있을지도 모른다.

어떤 문장들은 멀게 느껴질 수도 있다. 마음이 무거운 날에는 더 그럴 것이다. 몇몇 문장이 전혀 와 닿지 않는다 해도 걱정할 필요는 없다. 다만 이 질문들을 깊이 들여다보고 싶어졌다면, 특히 정신건강 전문가와 상담해 볼 의향까지 생겼다면, 합리적 낙관주의가 그 과정에서 의미 있는 도구가 되길 바란다.

삶의 어딘가 막혔다고 느껴진다면, 다시 원칙을 돌아보자. 그리고 자기에게 물어보라. '지금 내게 필요한 원칙은 무엇일까?' 감정이 버거울 때는 '감정 다루기'를, 어떤 문제 앞에서 멈춰선 기분이라면 '문제 해결' 부분을 살펴보자. 낙담하지 않아도 된다. 누구에게나 강점이 있다. 그것들은 언제나 우리 안에 존재한다.

2장 목적
나를 살게 하는 것에 연결되기

어느 항구로 향하는지 모른다면 어떤 바람도 도움이 되지 않는다.
— 세네카(Seneca)

47세의 마케팅 임원인 샘은 아내의 권유로 나를 찾아왔다. 최근 그는 아내와 아이들에게 자주 화를 냈고, 아내는 그런 샘에게 완전히 지친 상태였다. 사실 샘 역시 자신에게 지쳐 있었다.

무엇이 삶을 행복하게 만드는지, 매일 아침 무엇이 그를 침대에서 일어나게 하는지 물었을 때 그는 이렇게 말했다.

"제 삶의 방향을 잃어버린 것 같아요. 일하는 시간이 길고 고되게만 느껴지거든요. 게다가 하루에 두 시간 반 걸려서 출퇴근하는 것도 지치고요. 무엇보다… 아무리 노력해도 제대로 된 인정을 받지 못하는 기분이 들어요. 그냥 기계적으로 일하면서 회사 돈만 불려주고 있는 기분이랄까요. 마흔일곱 먹고 이렇게 살고 있을 거라고 누가 예상했겠어요."

나는 샘에게 집에서도 비슷한 무력감을 느끼는지 물었다.

"최근에 부쩍 예민해졌어요. 아내는 제가 점점 멀어진다고 하더라고요. 아내가 저보다 일찍 잠자리에 드는데, 솔직히 저를 피하는 것도 같아요. 가끔은 서재에서 그대로 잠이 들어요. 아내와 언제 데이트를 했는지, 마지막으로 웃은 게 언제인지도 모르겠네요. 세 아이를 키우다 보니 하루가 끝날 무렵엔 둘 다 지칠 대로 지치거든요."

피로와 번아웃에 시달리는 샘에게는 사실 또 다른 고민이 있었다. "젊고 매력적인 직장 동료가 저에게 많은 관심을 보여요. 저는 아내를 사랑하고 절대 바람을 피우고 싶지 않지만 솔직히 동료의 관심이 싫지는 않아요. 그 동료를 포함해 다른 동료들과 종종 술을 마시는데, 요즘 들어 술을 더 많이 마시는 것도 같고요."

샘의 말 속에는 그가 풀어야 할 문제들이 숨어 있었다. 그중 하나는 삶의 목적에서 점점 멀어지는 듯한 공허함, 바로 내면의 싸움이었다.

의미와 목적, 깊이 혹은 방향을 찾는 것은 인간이라면 누구나 경험하는 보편적인 갈망이다. 이 주제는 신화, 종교 경전, 대중 문학에서도 반복적으로 등장하는데, 대부분의 사람이 태어날 때부터 자신의 목적을 알고 있지 않다는 것을 보여준다. 하지만 명확한 목적이 없어도 너무 걱정할 필요는 없다. 삶의 목적에 관한 고민은 누구나 한다.

샘 역시 삶의 기쁨과 즐거움을 누릴 기회를 놓치고 있었다. 즐거움과 목적이 함께할 때 삶은 풍요로워지고 이것이 바로 합리적 낙관주의가 지향하는 상태이다. 즐거움을 배제하고 목적만 좇다 보면, 아무리 의미 있는 일이라도(그것이 일이든, 육아든, 사랑하는 이의 돌봄이든, 공동체 봉사든) 지루하고 고된 노동이 된다. 반대로 즐거움만 추구하다 보면 행복이 점점 얕고 허전하게 느껴진다. 샘의 상황처럼 즐거움과 목적이 모두 사라지면 삶은 무기력해지고, 심지어 고통스러워진다. 이 상태가 오래 이어지면 희망도,

삶을 통제할 힘도 없어진다. 그 순간 우울은 현실적인 위험으로 다가온다.

목적과 즐거움이 함께할 때 삶은 어떠한가? 관계에서 즐거움을 느끼고, 일에서 나만의 의미를 찾고, 때로는 역할을 새롭게 정의하며, 무엇보다 몰입의 순간을 경험할 수 있는 활동을 추구하는 것이다.

1975년에 심리학자 미하이 칙센트미하이가 설명한 '몰입Flow'은 돈이나 명예 같은 외부적 보상 없이도 순수한 즐거움으로 활동에 빠져드는 경험을 말한다. 몰입이란 즐거움과 도전을 동시에 제공하는 대상에 깊이 빠져 완전히 몰두하는 상태이다. 몰입의 순간에 의식과 행동이 만난다. 완전히 몰두해 있고 깨어 있으며 에너지가 흐른다. 그 외에는 잠시 잊힌다. 자신의 능력과 과제의 난이도가 절묘하게 맞아떨어지는 상태, 최고의 경지에 다가선 느낌이다. 배우고, 성장하며, 마음 깊은 곳에서 진정한 즐거움이 피어난다. 몰입할 때는 목적과 즐거움이 완벽하게 어우러진다.

의미와 즐거움 그리고 몰입이 있는 삶을 만들기 위해서는 의식적으로 추구해야 한다. 목적을 다시 찾게 해줄 구체적인 계획을 소개할 것이다. 이를 활용하면 자신만의 로드맵을 차근차근 만들어갈 수 있다.

목적 명확히 하기

'목적'이란 내가 무엇을 하고 싶은지 의식적으로 고민하고 선택하는 것이다. 아침에 눈을 뜨고 일어나게 만드는 힘, 그것이 바로 목적이다. 목적은 우리를 움직이게 하고, 설레게 하며, 더 나은 방향으로 이끈다. 누군가에게 긍정적인 영향을 주는 일을 하며 설레고, 그 목표를 추구하는 일이 내 삶에도 좋은 변화를 가져온다면 목적이 있는 삶이다.

목적을 가지고 살아갈 때는 많은 것들이 자연스럽게 풀린다. 결정을 내리는 것도 훨씬 단순해진다. '이것이 내가 추구하는 목적과 맞는가?'라는 질문이 그 기준이 된다. 목적은 시기심, 비교, 포모FOMO, Fear of Missing Out(놓치는 것에 대한 두려움)로부터 우리를 지켜주는 든든한 방패이다. 합리적 낙관주의의 첫 번째 원칙이 목적인 이유는 목적이 삶을 그려내는 지도이자, 삶을 하나씩 쌓아 올리는 뼈대가 되기 때문이다.

목적이 사라지면 그 공허함은 다양한 방식으로 드러난다. 우리도 때때로 샘처럼 삶이 무의미하게 반복되는 듯한 느낌에 빠진다. 불확실함, 의심, 짜증이 일상의 일부가 된다. 샘이 겪었던 직장 동료에 대한 끌림이나 과음 같은 행동은 목적이 희미해지고 즐거움이 부족할 때 나타나는 신호일 수 있으며, 그런 행동들은 우리 내면의 가장 소중한 가치와 어긋나기도 한다.

나는 환자들의 말 속에서 신호를 담고 있는 작은 문장들을 놓치지 않으려 한다. "예전에는 내가 하는 일이 설렜는데 요즘엔 배우는 것도, 성장하는 것도 없고 즐겁지도 않아. 점점 더 미루게 되고 피하게 돼. 길을 잃어버린 것 같아. 지루하고, 냉소적이고, 늘 짜증이 나고, 아무도 나를 알아봐주지 않아."

이런 말들은 우울이나 번아웃을 나타내는 징후일 수 있다. 특히 냉소적 태도, 자신감 저하, 일에 대한 두려움, 극심한 신체적·정신적 피로가 함께 나타난다면 전문적인 검사가 필요하다. 샘에게는 직장이 여러 스트레스 요인 중 하나였다. 샘은 많은 부분에서 상황이 나아질 기미가 없다고 생각해 걱정했고, 그 불안은 그의 일상을 조금씩 무너뜨렸으며, 삶의 질마저 떨어트렸다. 우울의 징후일 수도 있다.

샘은 제 삶의 목적이 무엇인지, 살아야 할 이유는 무엇인지 의심했다고 고백했다. 자기가 없는 것이 가족에게 더 나을지도 모른다는 생각이 문득 스쳤다고 덧붙였다.

과학은 여전히 자살의 조기 발견과 예방 능력을 개선하기 위해 노력하고 있다. 자살의 중요한 특징 중 하나가 충동성이기 때문에 더욱 그렇다. 샘에 대해서도 다른 환자들과 마찬가지로 철저하게 위험을 평가했고 결과적으로 그의 자살 위험은 낮다고 판단했다. 하지만 이 상태를 유지하려면 샘의 삶에 분명한 변화가 필요했다. 위험의 경계는 가끔씩 흐려진다. 그 경계를 넘어가기 전에, 자신이 무가치하다는 감정과 타인에게 짐이 된다는 생각이 조용히 찾아올 때가 있다. 우울증이 깊어지면 강렬한 죄책감과 수치심이 사람을 잠식해 결국 무력감과 절망감을 키운다. 위험 수준이 높아질 때를 대비해 명확한 계획을 세워두는 것이 중요하다.

"1년 전에도 이런 기분을 느낀 적이 있나요?" 샘은 고개를 저었다. "전혀요. 사실 그때는 50살이 되는 게 기대됐어요." 샘은 고개를 떨궜다. 눈가에 고인 눈물이 천천히 흘렀다. 그는 우울해했고, 그의 말에서는 삶의 목적이 희미해진 흔적이 느껴졌다. 나는 그 공허감이 절망으로 변하지 않을까 염려했다. 그렇게 된다면 정신건강이 악화될 수도 있었다.

우울과 목적의 부재를 명확히 구분하기란 생각보다 어렵다. 사람은 의미 있는 일을 하면서도 우울이라는 어둠과 싸울 수 있다. 삶의 목적을 찾았다고 우울증 같은 의학적 문제에서 벗어날 수도 없다. 게다가 우울증이 삶의 목적을 가리는 안개처럼 작용하기도 한다. 목적이 사라진 상태는 그 자체로 깊은 우울감을 남긴다. 목적만 있고 즐거움이 없다면 삶은 공허하고 무의미할 수 있다. 그래서 나는 샘 같은 환자들을 도울 때 전체적인 관점에서 접근한다. 의료 검사와 위험 분석을 철저히 하고, 필요하면 약물치료, 상담, 생활 습관 개선을 병행한다. 삶에서 의미와 목적을 찾는 일은 정신건강을 지키는 든든한 보호막이기 때문이다.

불만족, 지속적인 미루기, 정체감이나 무기력은 목적을 다시 찾아야 할 때가 되었음을 알리는 신호다. 그 목적 속에서 더 많은 즐거움을 찾을 방법이 있는지 모색해야 한다. 때로는 아주 작은 변화일 수도 있다. 자녀의 학교에서 자원봉사를 해 자녀의 삶에 더 가까워지고, 회의가 끝난 후 가볍게 모임을 가지는 것처럼 소소한 시도도 괜찮다. 야근과 주말 근무에 지친 사람이라면 자신의 시간을 되찾기 위해 토요일마다 커뮤니티 정원에서 흙을 만지며 봉사할 수도 있다. 노력이 반드시 거창할 필요는 없다. 중요한 것은 다음의 핵심 질문에 답하는 것이다. '내가 가진 재능과 관심으로 다른 사람들에게 가치를 전하면서, 나 역시 즐거울 수 있는 방법은 무엇일까?'

삶의 목적을 찾으려는 갈망은 새로운 것을 시도하고 싶은 호기심, 더 깊은 무언가를 찾으려는 열망, 작게나마 세상에 긍정적인 변화를 만들고 싶다는 바람으로 드러난다. 외부의 영향도 분명 존재한다. 우리는 감동을 주는 일을 하는 사람들을 볼 때 그런 생각이 더 강해진다. 어쩌면 새로운 상사가 일과 목적을 자연스럽게 결합하는 모습을 보고 영향을 받을지도 모른다. 전 세계적으로 발생한 사건이 우리를 행동하게 만드는 계기가 되기도 한다. 많은 사람에게 코로나19 팬데믹은 삶의 목적과 우선순위를 다시 생각하게 만든 전환점이 되었다.

가족과 문화적 뿌리도 우리가 무엇을 추구할지 결정하는 데 중요한 역할을 한다. 우리 부모님은 미국에서 성공적인 커리어를 쌓았지만 그들의 진정한 목적과 일, 봉사해야 할 공동체는 인도에 있다고 믿었다. 힌두교에서 중요한 개념인 다르마Dharma는 산스크리트어에서 유래된 단어로, 윤리적·종교적·도덕적 행위, 옳고 바른 삶의 길을 의미한다. 다르마는 정의롭고 바른 삶을 실천하라고 속삭이고, 그럴 때 비로소 삶의 목표가 완성된다고 말한다. 부모님은 모든 사람에게 저마다의 다르마가 있다고 생각했다. 또한 그들의 다르마는 세상에 다시 돌려주는 삶이었다.

인도에서 부모님은 아동정신건강의 개념을 알리기 위해 힘썼다. 학교 내에서 학습 장애 평가와 치료가 이루어질 수 있도록 지원하며, 강점 중심 모델을 통해 아이들이 분리된 교실이 아닌 통합된 환경에서 학문, 예술, 문화적 기회를 고루 누릴 수 있도록 애썼다. 이 일은 당시로서는 혁명적인 변화였다. 그전까지 다르다는 이유로 몇몇 아이들은 낙인찍히고 차별받았기 때문이다.

뉴욕으로 온 후, 어머니는 인도에서의 목적 있는 활동을 떠난 공백을 채우기 위해 인도 문화 연구소를 세웠다. 그곳에서 지역 아이들에게 힌디어, 인도 문화, 인도 연극을 가르쳤고, 이중 언어를 사용하는 아이들의 학습적 이점에 관한 연구 논문을 썼다. 어머니는 정체성과 공동체 의식, 소속감이 아이들의 자존감을 키우는 중요한 토대라고 믿었다. 어머니의 연구소는 이런 철학을 바탕으로 인도 공동체 아이들의 삶을 더 나아지게 만드는 일에 전념했다.

부모님의 본보기와 어린 시절, 누군가를 돕기 위해 봉사했던 경험 덕분에 나는 내가 하는 일에서 의미와 보람을 찾을 수 있었다. 내가 어떤 이들에게 작은 위로와 도움을 줄 수 있다는 사실이 늘 나를 지탱해 주었다.

하지만 우리가 목적을 추구할 때 걸림돌이 되는 세 가지 오해가 있다.

오해 1. 목적은 직업에서만 찾을 수 있다.

새로운 관점 1. 목적은 월급 이상의 것이다.

목적은 취미, 관심사, 관계 등 삶의 다양한 영역에서 찾을 수 있다.

직업을 통해 목적을 충족할 수 있다면 정말 멋진 일이다. 하지만 일이 변하거나 나 자신이 변하면, 그 목적이 흔들릴 수 있다.

샘이 나를 찾아온 직접적인 이유는 아내와의 관계 문제였다. 하지만 진짜 문제는 직장 스트레스와 번아웃에서 시작되었고, 그것이 그의 자존감을 크게 무너뜨렸다. 샘은 그리스 출신 부모 밑에서 자랐고, 부모님은 그를 위해 밤낮없이 일했다. 샘은 가족 중 처음으로 대학원 학위를 땄고 부모님은 늘 그에게 "절대 그 학위를 낭비하지 마라."고 말했다.

"부모님 세대에 직업 만족의 개념은 없었어요. 그들에게 중요한 것은 다음 세대의 삶을 더 나아지게 하고, 이전 세대가 가지지 못한 기회를 주는 것이었죠. '학교를 나와서 안정적이고 좋은 직장에 들어가고 그 직업을 놓치지 마라.' 같은 말이 일상이었어요."

샘에게 일은 곧 자존감이자 정체성의 큰 부분이었다. 직장에서 일이 잘 풀리지 않으면 그 영향은 가정으로 이어졌다. 샘은 직장 문제로 무력감과 절망감을 느꼈고, 그로 인해 자기 가치에 대한 의문까지 품었다.

목적은 급여에 좌우되지 않고 어디서든 함께할 수 있다. 그 점을 기억하면 직장에서 어떤 상황이 벌어지더라도 자기의 목적을 놓지 않을 수 있다. 다양한 곳에서 삶의 의미와 목적을 찾을 때 우리는 더 깊고 풍요로운 삶을 살 기회를 얻는다. 배우자, 자녀, 친구, 동료와의 관계는 물론이고 취미와 관심사도 목적의 중요한 원천이 될 수 있다.

만약 직장이 그저 생계를 위한 일터일 뿐이더라도 걱정하지 말자. 목적이 반드시 급여로 연결될 필요는 없다.○

오해 2. 목적은 거창해야 한다. 혹은 남들의 인정을 받아야 한다.

새로운 관점 2. 목적은 거창할 필요도, 누군가의 승인을 받을 필요도 없다.

목적은 소셜 미디어에 자랑할 만한 일이 아니어도 괜찮다. 이웃이나 화려한 삶을 자랑하는 셀럽들의 보조를 맞추려 애쓰지 않아도 괜찮다. 다른 사람의 기준에 얽매이지 않고, 자신의 길을 천천히 찾아가면 된다.

샘은 가족을 부양하기 위해 어떤 일이든 해야 한다는 사고방식에 사로잡혀 있었다. 설령 그 일이 더는 의미 없고, 고단하게 느껴져도 벗어날 수 없었다. 가끔 자신의 사업을 꿈꾸다가도 부모님과 가까운 친척들에 의해 매번 그 생각이 꺾였다. "그분들은 내가 당신들처럼 고생하길 원하지 않으니까요."

"다른 삶을 바라는 내가 너무 이기적인 걸까요?" 샘은 그렇게 물었다. "가족을 행복하게 해주려고 시작한 일인데, 어느새 그들의 행복과는 반대로 가고 있는 것 같아요."

목적은 스스로 생각하고 이루는 것이다. 그 목적이 중요하다고 느낄 사람은 오직 자기 자신이면 된다.

○ 그렇지만 일이 급여와 연결된다고 해서 반드시 즐거움이나 목적과는 무관하다고 단정하면 안 된다. 1975년 미하이 칙센트미하이는 《몰입의 기술》에서 "우리는 해야만 하는 일은 즐거울 수 없다는 관념에 익숙해졌다. 그래서 일과 여가를 분리하며, 일은 억지로 해야만 하는 것, 여가는 비록 무용해 보이지만 하고 싶은 것으로 구분한다. 결국 직장에서는 지루함과 좌절감을 느끼고, 여가 시간에는 죄책감을 안게 된다."라고 지적했다.

오해 3. 목적은 평생 한결같아야 한다.

새로운 관점 3. 목적은 시간의 흐름에 따라 변하고 성장할 수 있다.

우리의 삶이 변하듯 목적도 그에 맞춰 모습을 바꾼다. 우리 어머니는 미국에서 자신의 목적을 새로운 형태로 펼쳐냈다. 인도 문화 연구소를 설립하고, 공립학교에서 학습 평가를 진행하며, 아버지와 함께 만든 단체로 남아시아 교사들의 목소리를 대변했다. 어머니는 뉴욕에서 목적을 재정리했고, 새로운 방식으로 좋은 일을 이어갔다.

열여덟의 목적과 여든의 목적은 다를 수밖에 없다. 자연스러운 변화이다. 심리학 저널 〈심리학과 노화Psychology and Aging〉에 발표된 63년간의 종단 연구에 따르면, 성격은 서서히 변하고 나이가 들수록 어린 시절의 성격과 제법 달라진다.

지금 내 삶에 필요한 것이 무엇인지를 깨달으면 목적과 방향을 맞추는 데 큰 도움이 된다. 소프트웨어 업데이트와 같다. 많은 이가 목적을 잃었다고 느끼며 그 자리에 머무른다. 하지만 실상은 자신에게 맞지 않는 목적을 붙들고 있어서인 경우가 많다.

목적의 힘: 베푸는 삶이 주는 과학적 이로움

목적이 있는 삶은 개인의 건강, 학업, 직장, 공동체 속에서의 생활 등 삶의 모든 부분에 긍정적인 영향을 준다.

8년 6개월 동안의 추적 조사에 따르면 삶의 의미와 목적을 느끼는 사람들은 사망 확률이 30퍼센트 낮았다. 반면 삶의 만족도가 낮은 사람들은 그 위험이 훨씬 더 높았다(의학 저널 〈란셋The Lancet〉). 또한 삶의 목적 척도에서 점수가 1점 오를 때마다, 심장병 환자의 2년간 심장마비 위험이

27퍼센트 줄어들었다(〈행동 의학 저널Journal of Behavioral Medicine〉). 성인에게 삶의 목적 점수가 1점 높아질 때, 뇌졸중 위험이 22퍼센트 감소하기도 했다(〈정신신체 연구 저널Journal of Psychosomatic Research〉). 즉 이타적인 행동이 신체적 고통을 줄여주는 것이다.

삶에 목적이 있으면 수명이 늘어난다. 매주 2시간 이상 자원봉사를 하면 수명이 길어지고 정신건강이 좋아진다는 사실을 아는가? 50세 이상 약 1만 3천 명을 대상으로 한 건강 및 은퇴 연구에서는 연간 100시간 이상 자원봉사를 한 사람들이 자원봉사를 하지 않은 사람들에 비해 사망 위험이 44퍼센트 낮은 것으로 나타났다(〈미국 예방 의학 저널American Journal of Preventive Medicine〉). 이들은 더 긍정적이고, 목적의식과 낙관성이 더 강했으며, 절망감, 우울, 외로움은 훨씬 적었다.

자원봉사에 참여하는 것은 청소년들의 건강에도 좋은 영향을 준다. 매주 초등학생들의 숙제나 미술, 요리, 스포츠를 돕는 자원봉사를 한 청소년들에게서 심혈관 질환 위험이 감소하는 것을 볼 수 있었다(〈소아 과학 학술지JAMA Pediatrics〉). 염증 수치가 낮아지고, 콜레스테롤 수치가 개선되었으며, 비만 발생률도 감소했다. 연구에 따르면 도움을 받는 것보다 주는 것이 생명에 더 긍정적인 영향을 미쳤다(하지만 나는 두 가지 모두 우리의 행복과 관계에 중요하다고 생각한다).

더 큰 비전과 넓은 시야를 가지면 삶의 고달픔을 더 잘 견디게 된다. 목적이 있는 사람들은 스트레스 호르몬인 코르티솔과 에피네프린 수치가 낮다. 목적이 있으면 스트레스가 감소한다. 목적의식은 우울과 불안, 부정적인 생각, 번아웃을 막아주는 든든한 방패이다. 그 덕분에 기쁨과 즐거움을 더 온전히 누릴 수 있으며, 수면의 질이 더 높고, 치매 위험이 낮으며, 독감 예방 접종, 유방촬영술, 대장 내시경 같은 건강검진에도 적극적이다.

스트레스는 세포 단위에서 변화를 일으킨다. 때로는 지나친 스트레스가 신체에 손상을 주어, 생물학적 나이가 실제 나이보다 더 많아질 수 있다(50세인데도 훨씬 나이 든 사람의 몸처럼 변할 수 있다). 생물학적 노화의 징후 중 하나는 텔로미어Telomere가 짧아지는 것이다. 텔로미어는 유전자의 끝을 감싸는 작은 보호막으로 나이가 들수록 점점 줄어드는데, 심리적 스트레스는 텔로미어가 짧아지는 원인이 되기도 한다.

하지만 고도 스트레스 상태에 있지만 명상을 하는 사람을 연구한 결과, 명상은 텔로미어 단축을 예방하고 그 과정에서 목적을 회복하거나 새롭게 인식하는 데도 큰 힘이 되었다. 명상은 단순히 앉아서 조용히 마음을 비우는 데서 그치지 않고, 우리의 행동을 이끌어주는 깊은 내면의 성찰 과정이 되기도 한다.

목적의식은 더 나은 학습 습관과 업무 습관을 만들어준다. 예를 들어 교육이 자신의 삶과 연관이 있다고 느낀 학생들은 지루하거나 어려운 수업이라면 더 열심히 노력한다. 나는 16살에 예과 과정에 도전하며, 학비를 벌기 위해 풀타임으로 일했다. 그 경험을 통해 내가 목표와 연결되어 있다는 것이 공부를 지속하는 강력한 힘이었음을 깨달았다.

목적은 비즈니스에도 강력한 힘이 된다. 여론 조사 기업 갤럽의 '미국 직장 현황State of the American Workplace' 연례 보고서에 따르면, 이익보다 목적을 우선시하는 기업이 장기적으로 직원들에게 더 좋은 환경을 제공하고, 재정적으로도 더 성공한다. 목적이 분명한 회사는 직원들이 몰입할 수 있는 환경을 제공한다. 이는 정신건강 향상, 생산성 증가, 더 큰 번영, 직업의 지속성으로 이어진다. 결근율이 낮아지고, '프리젠티즘Presenteeism'(직장에서 많은 시간을 보내지만 집중하지 못하거나 실수가 잦은 상태)도 줄어든다.

목적을 가지는 것은 개인에게 이로울 뿐만 아니라, 사회 전체에도 긍정적인 영향을 준다. 목적에서 비롯된 행동은 그 행동의 대상이 되는 이들과 우리를 더 가깝게 잇는다. 병원 직원들은 손 씻기가 자신이 아니라 환자의 질병 예방에 도움이 된다는 사실을 알게 되었을 때, 손을 45퍼센트 더 자주 씻었다. 자신의 행동을 봉사의 의미와 연결하자 더 나은 변화가 일어났다. 목적의식, 특히 이타적인 목적은 전반적인 삶의 만족도를 높이는 것과 밀접하게 연결된다.

AIM으로 다시 목적 찾기: 삶의 목적을 되찾는 3가지 길

AIM은 명사이자 동사이다. 내 안에 있는 무언가임과 동시에 움직이는 행위이다. 명사로서는 의도, 목표, 바라는 결과를 의미하고, 동사로서는 방향을 정하고 목표를 향해 나아가는 선택을 의미한다. AIM은 인간의 삶을 설명하기에 적합한 단어이다. 우리는 생각하는 대로, 행동하는 대로 살아간다. AIM은 목적을 찾는 여정을 정의할 때도 적합하다. 내면의 감정과 선택으로 목적이 만들어지고, 우리의 행동으로 표현된다. '목적을 찾는다.'라는 것은 곧 이런 질문을 던지는 일이다. '나는 어디로 가고 싶은가? 그리고 그곳까지 어떻게 갈 것인가?'

이 책에 제시된 3가지 길에서 AIM은 이런 의미를 담고 있다.

- 인정하기Acknowledge: 지금까지 내린 인생의 모든 결정을 인정하라. 특히 그 선택들이 어떻게 현재에 이르게 했는지 되돌아보라. 후회와 불만이 있을 수 있다. 그러나 그것들이 무엇을 가르쳤고, 이 순간을 위해 어떤 준비를 시켜줬는지 깊이 생각하라. 현재를 인정할 때, 과거를 떠나 새로운 길을 선택할 때 느끼는 혼란과 슬픔에도 불구하고 앞으로 나아갈 힘이 생긴다.

- 찾아내기Identify: 내 삶에서 무엇이 효과적이고 효과적이지 않은지 확인하라. 어떤 순간이 울림을 주고, 어디에서 즐거움을 느끼는지 찾아내고 그 경험들을 더 자주 하려면 어떤 변화를 시도할 수 있을지 생각하라.
- 앞으로 나아가기Move forward: 삶의 의미를 찾기 위해 능동적으로 움직여라. 과거를 돌아보며 새로운 아이디어를 얻고, 멘토와 친구들의 이야기를 들어라. 한 걸음씩 나아가며 작은 성취를 축하하고, 변화에서 느껴지는 기쁨을 즐겨라.

목표가 분명할 때 선택은 더욱 선명해진다. 과거의 선택에 책임질 힘이 생긴다. 목표를 안다는 것은 목적이 늘 직선의 길로 이어지지 않는다는 걸 깨닫는 일이다. 우리가 아는 가장 매력적이고 지혜로운 사람들은 수많은 굴곡을 지나왔다. 그들은 그 모든 과정을 삶의 멋진 여정으로 받아들이는 법을 알고 있다. 이런 태도는 경험들 속에서 교훈을 얻고, 새로운 길을 선택하며, 더 이상 필요 없는 것들은 과감히 놓아줄 수 있게 해준다.

첫 번째 길: 인정하기

대부분의 사람은 바쁜 일상 속에서 자기 성장을 미룬다. 샘도 그랬다. 직장에 들어갔을 때 그는 자신의 200퍼센트를 쏟아 부었다. 그 대가는 번아웃이었다. 샘은 빠르게 자리를 잡고 승진했다. 하지만 가족과 보내는 시간, 취미, 여가를 놓치면서 재충전의 기회와 삶의 즐거움을 잃어버렸다. 즐거움도 목적도 사라진 삶은 괴로웠다. 그는 보람 없는 직장에서 자기를 순교자처럼 몰아붙이고 몸이 부서지도록 일하며 자신이 가족까지 고통스럽게 만들고 있다는 사실을 뒤늦게 깨달았다. 샘의 아내는 부드럽지만 단호하게 말했다. “나는 당신이 이렇게 불행할 거라곤 생각 못 했어. 그게 당신이 원하던 삶인 줄 알았어." 샘도 한때는 그렇게 믿었다. 하지만 이제는 그걸로 충분하지 않았다. 샘의 돌파구는 자신의 삶을 온전히 받아들이는 것이었다. 그는 더 이상 직장과 가족을 탓하지 않고 솔직히 인정했다. "이건 내가 선택한 길이었어. 한동안은 괜찮았고, 후회하지 않아. 이 일에서 정말 많은 것을 배웠으니까." 샘은 자신의 직업이 준 기회와 경험, 커리어에서의 성장 그리고 경제적 안정을 새삼 감사하게 여겼다. 그러나 그 과정에서 잃어버린 것도 있었다. 가족, 친구들과 함께할 수 있었던 소중한 추억, 축하해야 할 순간들을 놓쳤다. 이제 그는 그 상실을 애도하고, 상실을 인정하며 앞으로 나아가야 했다.

지나온 시간을 인정한다는 것은 자책하거나 무언가를 '고치는' 것이 아니다. 또한 누구의 잘못도 아닐 수 있다. 고칠 수 없는 일도 있다. 우리가 할 수 있는 건 그 경험에서 교훈을 얻고, 어디로 향할지 신중히 선택하는 것뿐이다.

이런 생각들을 바탕으로 스스로에게 질문해 보라.

- 내 인생에서 내가 더 책임져야 할 상황이 있는가?
- 지금의 상황을 만든 데 내가 한 역할은 무엇인가?
- 어떤 이유로 이 길을 선택하게 되었는가?

  (그땐 내가 정말 원했던 것이지만 지금은 아니다. 그때는 그게 유일한 선택이었다. 가족이 원한 길이었다. 당시엔 그게 최선이라고 생각했다 등)
- 지금 이곳에서 더는 머물고 싶지 않아도, 이 길이 나에게 남긴 무언가가 있을까? 그 길에서 만난 사람들 혹은 얻은 기회에 감사할 부분은 없을까?
- 삶을 바꾸기 위해 내가 받아들여야 하는 것은 무엇일까?

목표를 향해 너무 바쁘게 달리느라, 삶의 다른 중요한 부분들을 소홀히 하고 있지는 않은가. 목적이 분명한 성취조차도 때로는 대가를 요구한다. 샘의 이야기와 나의 이야기가 그것을 증명한다.

우리 몸처럼 삶의 한 부분이 지나치게 발달하면(비대), 다른 부분은 소외되고 약해질 수 있다(위축). 이런 불균형은 시간이 지나면서 문제를 일으킨다. 때때로 우리는 목적에 지나치게 몰두한 나머지, 즐거움을 충분히 누리지 못한다.

일이나 가정에서의 역할이 버거워지기 시작할 때, 그 의미는 여러 가지이다. 현재 하는 일의 가치를 다시 느껴야 할 필요가 있다(현재 하는 일에서 의미를 되새겨야 한다)는 신호일 수 있다. 또는 번아웃의 징조일지도 모른다. 그대로 두면 무기력에 빠지고, 우울로도 이어질 수 있다.

번아웃은 에너지가 바닥나고 지친 상태가 계속되는 것이다. 일에 대해 점점 냉소적으로 되고, 부정적인 시선이 깊어지며, 결국 일의 효율과 생산성도 떨어진다. 삶에서 의미와 즐거움을 주는 무언가를 다시 찾는다면 번아웃을 막는 데 도움이 된다. 그 누구도 번아웃에서 완전히 벗어날 수는 없다. 일에서 뚜렷한 목적과 깊은 만족, 즐거움을 느끼더라도 번아웃을 피할 수 없는 순간이 온다. 통제할 수 없는 요소들이 번아웃의 씨앗이 되어 비관과 우울로 발전할 위험도 있다. 예를 들어 반복적인 단순 업무, 관료적 절차로 인한 시간 낭비, 끊임없이 발목을 잡는 장애물, 차별, 이어지는 과로, 지속적인 불공정함, 지원 부족, 노력에 대한 인정이나 보상의 부재 등이 이에 해당한다. 그런 요소들은 일의 본질을 희미하게 만들고, 결국 그 일을 지속할 에너지마저 빼앗는다. 코로나19 팬데믹으로 인해 의료 종사자들이 겪었던 번아웃이 좋은 예이다. 이미 과중한 부담을 안고 있던 의료 시스템에 가중된 압박이 결국 그들을 지치게 만들었다.

자기의 상태를 점검하고, 가족과 이야기하고, 필요할 때 직장에서 스스로를 점검해야 한다. 번아웃을 피하려면 시스템 자체의 변화가 필요하다. 하지만 작은 변화가 주는 힘도 무시할 수 없다. 노력의 가치를 인정받고, 고마움을 느낄 때 에너지는 다시 샘솟는다. 삶의 다양한 영역에서 성장의 기회를 찾아 스스로를 가치 있는 사람으로 만들어가는 과정 또한 중요하다. 노력이 인정받고 그에 따른 감사의 표현이 돌아올 때, 직장에서나 일상 속에서 우리는 다시 힘을 얻는다. 이는 번아웃을 막기 위해 꼭 필요한 요소이다. 주변 사람의 노력을 눈여겨보고, 그들에게 긍정적인 영향을 전할 기회를 찾는 것도 잊지 말아야 한다.

두 번째 길: 찾아내기

환자들은 치료 중에 자신의 삶 속 여러 요소가 서로 영향을 주고 있다는 사실을 깨닫고 놀란다. 샘 또한 그 연결이 만들어낸 도미노 같은 변화에 깊은 충격을 받았다. 직장에서의 불만은 집으로 이어졌고, 가정에서의 긴장감은 직장 생활을 더 힘들게 만들었다. 이 두 가지가 얽혀 직장 동료에게 끌리는 마음을 부추겼다. 긴 통근 시간 속에서 즐거움은 사라졌고, 퇴근 후 술자리가 샘에게 점점 큰 유혹이 되었다. 건강을 돌보지 않으니 기력이 소진되었고, 50세를 눈앞에 두고는 전성기가 지나갔다는 생각에 사로잡혔다. 샘은 경제적 안정에 감사했지만, 동시에 자신이 삶의 여러 부분에서 힘겹게 버티고 있다는 사실에 놀랐다.

뒤돌아보면 인생이 조금 더 명확해진다. 그것이 인생을 잘 살았을 때 오는 깨달음이다. 후회가 하나쯤은 있어야 제대로 산 인생이다. 농담처럼 들리겠지만 절반은 진심이다. 돌이켜보았을 때 후회가 하나도 없다면, 정말로 인생을 제대로 살았다고 볼 수 있을까? 당시 상황에서 할 수 있는 최선의 선택을 했을 뿐이다.

이 질문들로 조심스레 스스로를 점검해 보자.

- 우리 가족이 몸담았던 문화가 내 삶의 목적에 어떤 영향을 주었는가?
- 지금 가고 있는 길이 나에게 맞는 길인가? 아니면 이제 변화를 생각할 때가 된 걸까? 그 변화는 어떤 모습일까? (건강하지 않은 관계 정리하기, 벗어난 역할에서 자유로워지기, 낡은 기대를 내려놓거나 새로운 인연에 투자하기 등)
- 지금까지의 경험을 바탕으로 이번에는 어떤 길을 선택할 것인가?
- 변화를 선택할 때 내가 감수할 위험과 떠나보낼 것들은 무엇인가?
- 내가 얻게 될 것과 배우게 될 것은 무엇인가?
- 앞으로를 위해 어떤 도움이 필요할까?
- 저울을 떠올려보자. 한쪽에 삶의 목적을, 다른 쪽에 삶의 즐거움을 올려두었을 때 저울은 균형을 이루고 있을까, 아니면 한쪽으로 기울어져 있을까?
- 어떤 활동이 나를 설레게 하고, 만족감이나 보람을 느끼게 할까? 마지막으로 그런 활동을 해본 건 언제였는가?
- 내가 돕고 싶은 사람은 누구인가? 마음을 되돌려주고 싶은 이는 누구인가?
- 언제, 어디서, 누구와 함께할 때 몰입의 순간을 경험하는가? 배움은 언제 찾아오는가? 성장은 언제 찾아오는가? 무엇이 영감을 불러일으키는가? (영감을 주는 사람의 목록에는 이미 세상을 떠난 사람들, 역사적 인물, 허구의 존재도 포함될 수 있다.) 왜 이 장소, 활동, 사람들은 나에게 영감을 줄까?

이 질문들에 대한 답이 쉽게 떠오르지 않는다면, 잠시 멈춰 숨을 골라도 된다. 그리고 자신만의 속도로 천천히 다시 돌아와도 좋다.

다음은 합리적 낙관주의에 관한 핵심 조언이다. 이 내용들을 명심하길 바란다.

- 더 이상 원하지 않는 것에 감사하면서 한때 소중했던 것을 잃는 슬픔을 받아들일 수 있다. 슬픔과 감사는 공존할 수 있다.
- 지금까지 쌓아온 삶에서 벗어나 새로운 길을 택해도 괜찮다.
- 주변 사람들과 다른 길을 걷거나, 아무도 이해하지 못하는 길을 선택해도 상관없다.
- 즐거움과 의미를 함께 추구하는 것도 충분히 가능하다. 타인을 위한 삶이 반드시 자신의 행복을 희생하는 것은 아니다.
- 천천히 가도 괜찮다.

세 번째 길: 앞으로 나아가기

샘은 자신의 상황과 감정, 진짜 원하는 것을 조금 더 분명히 알게 되었다. 그제야 삶을 더 의미 있고 만족스럽게 만드는 방법을 찾을 수 있었다.

샘은 자신의 정체성이 직업에서 큰 영향을 받고 있음을 알았다. 그래서 현재 직장에서 스스로 목적을 만들기 위해 더 적극적으로 움직이기로 했다. 공정한 보상은 여전히 그에게 중요했지만, 그것만으로는 충분하지 않았다. 그는 누군가에게 도움이 되고, 유의미한 영향을 미치는 일을 하고 싶어 했다. 샘은 상사에게 지속 가능성, 교육, 건강 메시지를 전달하거나 자선 활동과 연관된 브랜드 관리를 맡고 싶다고 요청했다. 그야말로 가치관과 잘 맞는 일이었다.

자신이 참여한 프로젝트가 세상에 작지만 긍정적인 변화를 가져오는 걸 보며, 샘의 목적은 천천히 형태를 갖추기 시작했다. 자신을 넘어 더 큰 무언가에 기여하는 일로. 그 변화는 자신의 행동이 다른 사람에게 긍정적인 영향을 줄 수 있다는 점을 깨닫는 것으로 이어졌다. 이전에는 다른 사람들의 행동이 본인에게 어떤 영향을 미치는지만 생각했지만, 이제는 시선이 달라졌다.

삶의 목적과 다시 연결되면서 샘의 태도도 변했다. 짜증을 내는 일이 점점 줄어들었다. 그는 더 이상 누군가가 자신의 노력을 알아주지 않는다고 서운해하지 않았다. 그가 받는 연봉의 절반을 받는 '젊고 참신한' 인재들이 새로 들어와도 자신의 가치를 의심하지 않게 되었다. 나이 드는 것에 대한 그의 생각이 어떻게 삶의 목적을 방해하고 있었는지 깨달으며 샘의 태도는 서서히 변해갔다. 샘은 의식적으로 더 친절해지려 노력했고 인내심을 가지기 시작했다. 동료들에게 칭찬을 아끼지 않았고, 예전엔 경쟁자로 여겼던 젊은 후배들에게 멘토 역할을 자처했다. 사람들은 그를 후배들의 성장을 돕는 존재로 바라보게 되었다.

샘은 집에서도 더 풍요로운 삶을 살 수 있기를 바랐다. 나는 그에게 아내와 대화를 다시 시작하고(동료와의 지나친 교류는 줄이며), 부부간의 친밀함을 높이고, 더 많은 친구를 만나도록 권했다. 이 모든 행동이 즐거움의 저금통을 채웠고, 지루하고 고된 감정은 더 이상 쌓이지 않았다. 또한 휴식과 배움, 운동을 위한 시간을 가질 수 있는 방법을 찾았다. 휴식을 충분히 취하자, 그는 아이들의 활동에 더 많이 함께할 수 있었다. 아이들의 학교에서 자원봉사를 시작했고, 스포츠 팀을 돕는 일에도 참여했다.

그 과정에 성실히 임하고 변화를 하나씩 차근차근 받아들인 덕분에, 샘은 더 깊고 행복한 삶으로 나아가게 되었다. 그의 즐거움은 동료들과의 점심 식사, 아내와의 데이트, 아이들과 장난치며 보내는 시간에 있었다.

어떤 행동은 마음속에서 이루어진다. 샘이 나이에 대한 부정적인 믿음에 질문을 던지거나 자신 안에 피어오른 짜증을 바라본 순간처럼. 어떤 변화는 밖으로 모습을 드러낸다. 샘이 자신에게 맞는 일을 찾아 나서고, 가족과 더 따뜻한 시간을 보내기 위해 건강을 챙기고, 직장에서 후배들의 멘토가 되기로 한 것처럼.

다음 단계는 '목적 실행' 계획을 세우는 것이다. 실행 계획은 목적을 현실로 만드는 첫걸음이다. 목적을 실현하기 위해 어떤 행동을 할 것인가? 뜻밖의 일이 닥쳤을 때 무엇을 배우고, 어떤 결정을 내리며, 그 경험을 어떻게 새로운 의미로 만들 것인가?

지금 당장 목적을 찾아야 한다는 부담을 가질 필요는 없다. 목적을 찾으려는 여정 속에 이미 많은 단서가 자리한다. 아래는 몇 가지 제안이다. 이 중 한두 가지를 골라 하루 몇 분만이라도 실천해 보자.

1. 책과 다큐멘터리, 팟캐스트, 기사들을 통해 호기심을 키워보자. 친구들의 추천 목록을 기록하고, 읽고 본 것들을 정리하자. 반복해서 눈에 띄는 관심사가 있다면 그곳에 이미 중요한 답이 숨겨져 있을지 모른다.

2. 스스로 선택한 도전 속에서 몰입의 순간을 찾아보자. 호기심과 적절한 도전은 삶에 활력을 주고, 무기력과 번아웃을 이겨내는 좋은 해독제가 된다. 수업에 등록하거나 새로운 기술을 배워보자. 새로운 기술을 익히고 승진에 도전하거나, 언어 또는 스포츠 실력을 향상시키는 것도 좋다. 이 모든 과정은 목적을 이루는 여정 속에서 성장하고 배우며 익히는 중요한 순간들이다.

3. 행동 활성화의 방법을 써보자. 어떤 목적을 선택해야 할지 막막할 때는 행동이 먼저 목적을 이끌도록 맡겨보라. 동기와 에너지, 의미와 흥미

를 불러올 수 있는 활동들로 달력을 채워보는 것이다. 지금 당장은 내키지 않더라도 상관없다. 여름을 해외에서 보내고 싶은데 어디서부터 시작해야 할지 모르겠는가? 먼저 언어 수업을 들어보자. 그곳에서 사용할 언어부터 익히는 작은 준비가 더 큰 걸음을 향한 시작이 될 수 있다.

4. 경이로움을 느껴보자. 내가 더 큰 무언가의 일부라는 사실을 기억하는 것만으로도 삶에 다시 기여하고 싶은 마음이 피어오른다.

5. 멘토를 찾고 멘토가 되자. 당신을 잘 아는 세 사람에게 당신이 가장 잘하는 것이 무엇인지 물어보자. 목표에 꾸준히 다가가기 위해 때로는 타인의 도움이 필요하다. 나를 진심으로 응원하는 사람들에게 목표를 함께 점검해 달라고 부탁해 보는 것이다. 앞서 영감을 주는 사람들의 이름을 적어보았다. 그들이 추구하는 이상에 한 걸음 더 가까워지려면 어떤 생각과 행동을 바꾸어야 할까? 내가 가진 능력과 열정이 다른 사람들에게 어떤 도움을 줄 수 있을까?

6. 직장에서 내가 맡고 있는 역할을 재점검하면 더 깊은 의미를 찾을 수 있을까? 예를 들어 상사와 대화하며 새로운 활력을 주는 업무를 추가하고, 일부 업무를 다른 사람에게 넘기는 방법(업무 설계)을 고려해 볼 수 있다. 혹은 더 보람을 느낄 수 있는 부서나 팀을 찾아보는 것도 방법이다. 때론 같은 일을 하면서도 새로운 시각을 갖는 것이 중요하다. 회사에서 법안, 프로젝트 혹은 사회적 역할을 맡아보는 것도 방법이 된다. 즐겁거나 의미 있는 일 혹은 자신의 가치관과 맞는 일을 찾는 것이다. 지금 하는 일이 이미 누군가에게 도움이 되고 있다는 사실을 되새겨도 좋다. 이 과정을 '인지적 업무 설계'라고 한다. 온라인 테스트를 활용해 자신의 강점을 객관적으로 살펴봐도 좋다.

7. 공통의 목적을 찾아보라. 네트워킹 모임, 로터리 클럽, 함께 책을

읽는 모임에 참여하거나 직접 만들 수도 있다.

8. 고통을 의미로 바꾸자. 내가 겪은 아픔이 나에게 새로운 통찰을 주었거나, 내 생각을 변화시켜 누군가에게 도움이 될 가능성이 있을까? 나는 깊은 상실과 트라우마, 삶의 고난을 겪어야 했던 사람들을 안다. 그들은 자신이 배운 것들을 다른 이들과 나누었고, 그 과정에서 스스로를 치유했다. 극심한 스트레스를 경험한 사람들에게 때로는 이타심이 가장 큰 치유가 될 수 있다. 내 환자들 중 일부는 애도 상담, 재활 등의 과정에서 자신이 겪은 경험과 상실, 고난과 극복의 과정을 바탕으로, 신체적 부상을 입은 사람들 또는 중독 문제를 겪는 이들을 돕고 싶어 했다. 고통의 한가운데에서 누군가에게 무언가를 베푸는 일이 버겁게 느껴진다면 아무것도 하지 않아도 된다. 하지만 준비되는 순간이 오면 무언가를 나누는 일이 반드시 크고 대단할 필요는 없으며, 나 자신을 소진시키지 않아도 된다는 사실을 떠올리자. WTC 정신건강 프로그램(9.11 테러 이후 생존자, 응급 구조대원, 구호 활동가, 지역 주민 등이 겪은 정신 건강 문제를 지원하는 프로그램)에 참여한 많은 환자는 다른 환자들과 병원에 동행하는 봉사 활동을 했다. 단순한 봉사 활동이었으나 의미 있는 역할이었다. 그저 누군가의 곁에 있어 주는 것, 그것이야말로 그들에게 필요한 가장 큰 위안이었다.

9. '목적을 위한 움직임'을 시작해 보자. 운동은 목적의식을 키운다. 운동은 삶의 목적을 선명하게 만들고, 목적이 있는 삶은 다시 운동과 움직임을 촉진한다. 원하는 운동을 정해 일주일에 세 번씩 해보자. 운동이 기분, 기억력, 집중력, 동기에 어떤 변화를 주는지 기록해 보자. 운동이 삶의 다른 목표를 만드는 데 도움이 되는지 확인하는 것이다.

10. 즐거움을 위한 실천을 시작해 보자. 기운을 떨어뜨리는 일은 줄이고, 기분을 북돋는 일들을 더해보라. 직장에서든(6번 참고), 파트너에게

서든, 주변 사람들에게서든 말이다. 목적은 우리에게 중요한 가치를 다시 찾아가는 과정이다. 이를 위해서는 자기 관리를 하고, 즐거운 시간을 보내고, 끊임없는 방해 요소(멀티태스킹이나 산만한 습관 포함)를 줄여야 한다. 지금 하고 있는 일의 의미를 곱씹고, 대화에 더 집중하고, 내가 세상에 어떤 영향을 주고 있는지 생각해 보라. 나는 자연 속에 있을 때, 다시 살아나는 기분이 들고 즐거움이 커진다. 바쁜 날이면 짧은 아침 커피 한 잔, 회의 사이의 점심시간이 작은 쉼이 된다. 노트북을 들고 야외에서 일하거나, 책상 위에 식물이나 신선한 꽃을 두는 것만으로도 자연을 가까이할 수 있다. 하루 동안 어떤 활동에 얼마만큼의 시간을 썼는지 기록하고, 감정의 기복을 살펴보며, 가장 큰 즐거움을 준 상황과 활동을 주의 깊게 관찰하다 보면 목적의 실마리가 보일지도 모른다.

길은 유연하게, 목적은 흔들림 없이

오스트리아의 저명한 정신과 의사 빅터 프랭클은《죽음의 수용소에서》로 아우슈비츠 강제 수용소에서 살아남으며 배운 것들을 기록했다. 그가 강조한 것은 삶의 목적이 우리를 어떻게 버티게 하는지였다. "삶에 더 이상 의미도, 목표도, 목적도 찾지 못한 사람에게는 비극이 찾아온다. 그는 곧 희망을 잃고 사라진다."

대부분은 강제 수용소에서의 끔찍한 고통을 직접 경험하거나 목격할 일이 없다. 꼭 그런 경험이 아니더라도 삶을 지탱하는 목적이 없다면 건강, 행복, 사랑하는 사람들과의 관계는 쉽게 흔들린다. 철학자 대니얼 데닛은 말했다. "행복의 비결은 자신보다 더 중요한 것을 찾아 그 일에 삶을 바치는 데 있다."

2장이 영혼을 살찌우는 무언가를 찾는 출발점이 되었기를, 삶을 이끄는 목적을 다시 확인하거나 새롭게 불러일으켰기를 그리고 목적을 풍요롭게 하는 즐거움과 다시 연결되는 계기가 되었기를 바란다. 지금 이 순간과 다가올 미래를 스스로 선택하고 책임지는 것, 그것이 합리적 낙관주의의 핵심이다.

긴 삶, 건강한 삶, 의미 있는 삶을 위해서는 목적이 필수적이다. 목적을 찾아가는 과정이 나를 지치게 하는 것이 아니라, 오히려 나를 살아 있게 하는 여정이 되도록 하라. 어느 날 이유 없이 가슴이 뜨거워지고, 영혼이 충만해지는 순간이 찾아올 것이다. 그것은 다른 어떤 감정과도 비교할 수 없는 경험이다.

2부

감정과 사고를 전환하라

3장 감정 다루기
감정의 주인이 되는 법

인간적인 것은 무엇이든 말할 수 있고,
말할 수 있는 것들은 다루기 더 쉽다.
— 프레드 로저스(Fred Rogers)

"아기가 잘 때 같이 자라는 조언, 듣기엔 그럴듯하죠." 몇 년 전 니콜이 첫 상담에서 한 말이었다. "하지만 그 말을 한 사람은 아마 아기를 키워 본 적이 없을 거예요."

니콜은 눈물을 머금으면서도 빛나는 웃음을 지을 수 있는 사람이었다. 그녀가 나를 처음 찾아온 것은 첫아이를 출산한 뒤, 불안과 우울이 몰려왔을 때였다. 우리는 엄마가 된다는 것에 대해 이야기했다. 첫아이를 낳고 난 후 변해버린 몸과 정체성, 예상보다 훨씬 준비되지 않은 상태에서 맞닥뜨린 현실에 대해서였다. 아기에 대한 깊은 사랑과 걱정, 끊이지 않는 불안이 그녀를 짓눌렀기에, "아기가 잘 때 같이 자라."는 조언이 공허하게만 들렸다.

나는 니콜의 둘째 아이가 한 살이 될 때까지 그녀를 상담했다. 그즈음 니콜은 치료 과정에서 배운 것들을 혼자 실천할 수 있었다. 우리 둘 모두 그때가 치료를 마칠 적기라고 생각했다. 니콜은 언제든 다시 도움이 필요하면 연락하기로 하고 진료실을 떠났다. 그녀의 상태는 안정적이었고 본인 또한 다시 직장과 사람들 속으로 돌아가도 괜찮겠다고 판단했다. 그로부터 시간이 얼마간 흘러 니콜에게서 연락이 왔다. 몇 달 전, 셋째 아이를 출산했다고 말하며 그녀가 이렇게 덧붙였다. "우리, 이야기 좀 해야겠어요."

니콜은 이제 미취학 아동 셋을 둔 워킹맘이었다. 최근에 출산 휴가가 끝나 생후 8개월 된 엠마를 어린이집에 보내고, 다시 직장으로 돌아갔다. "너무 벅찬데 산후우울증이랑은 또 느낌이 달라요." 니콜이 말했다. "이번엔 뭐가 나를 힘들게 하는지 알겠어요. 그런데 여전히 어떻게 해야 할지는 모르겠어요. 마음이 무거워요. 마치 커다란 코끼리가 가슴 위를 짓누르는 것 같다니까요."

첫째와 둘째를 키울 때만 해도 니콜과 남편은 아이들의 학교, 운동, 놀이 약속 사이에서 어떻게든 균형을 맞추며 하루를 버텼다. 하지만 셋째가 태어나면서 일정들을 능숙하게 조율하기 힘들어졌다. 여기저기에서 일정이 엉키고, 놓치는 순간이 더 많아졌다. 막내 엠마는 중이염에 자주 걸렸고, 부부(대부분은 니콜)가 휴가를 내고 병원에 데려가거나, 집에서 간호해야 하는 상황이 이어졌다. 몇 차례 약을 써도 나아지지 않자, 엠마의 소아과 의사는 감염을 줄이려면 귀에 튜브를 삽입하는 수술이 필요할지도 모른다고 말했다. 수술을 하고 싶지 않다면 마지막 방법으로, 두 달 동안 집에서 지내게 해보자고 말했다. 어린이집에서 다른 아이들과 접촉하지 않으면 귀가 더 잘 회복될 수도 있다는 것이었다.

그 말을 듣는 순간, 니콜은 배를 한 대 얻어맞은 듯한 기분이 들었다.

니콜은 남편보다 수입이 적었기에 결국 자신이 일을 포기하고 엠마를 돌보게 될 게 뻔했다.

니콜도 베이비시터를 고용하면 일을 계속할 수 있고, 엠마가 다른 아이들과 접촉하는 일을 줄일 수 있다는 것을 알았다. 다행히 재정적으로 그 선택을 감당할 수도 있었다. 하지만 한 가지 생각에서 벗어나지 못했다. "마음속에서 이런 목소리가 계속 들려요. 아이를 다른 사람에게 맡기는 엄마는 좋은 엄마가 아니야." 출산 전후 나타나는 정신건강 문제(임신 중에나 출산 후에 나타나는 정신건강장애)는 단순하지 않다. 단순히 개인적인 문제가 아니라, 더 큰 사회적 맥락 속에서 영향을 주고받으며 나타난다. 니콜은 치료를 통해 증상이 심해지지 않도록 스스로를 다독였다. 하지만 때로는 아무리 좋은 대처법도 주변의 지지가 없거나, 더 큰 구조적 문제 앞에 놓이면 힘을 잃는다.

니콜과 나는 엄마들과 어린 자녀를 둔 가족들이 부딪히는 현실, 그들을 위한 사회적 지원이 얼마나 제한적인지에 대해 자주 이야기했다. 성별에 따른 임금 격차는 여성들의 경력 단절로 이어졌고, 더 낮은 급여를 받는 여성이 결국 가족을 돌보기 위해 일을 그만두게 되었다. 게다가 여성이 직장인, 부모, 배우자로서 모든 역할을 완벽히 해내야 한다는 비현실적인 기대까지 더해지면, 달성하기 힘든 기준과 불가피한 희생이 뒤따랐다.

우리가 겪는 어려움이 사회적 구조에서 비롯되었음을 깨닫는 순간, 적어도 혼자가 아니라는 위안을 얻는다. 그렇다고 해서 모든 것이 우리 손을 떠난 것은 아니다. 어떤 변수들은 우리가 바꿀 수 있다. 선택지가 있다는 사실을 최대한 인식하는 것이 중요하다. 설령 선택지가 많지 않더라도, 스스로 결정할 수 있다는 생각만으로도 주체성을 되찾게 된다. 그것이 무력감에 빠지기를 막고, 우울로 이어지는 흐름을 끊는 힘이 된다.

나는 니콜이 처한 사회적 배경을 이해하면서도, 그녀가 감정을 정리할 시간이 필요하다고 느꼈다. 머리로는 몇 가지 해결책이 있다는 걸 아는데 왜 실행할 수 없다고 느끼는지, 그 이유를 함께 찾아가는 것이 중요했다. 니콜은 강한 감정들이 밀려오는 것을 막기 위해 스스로 둑을 쌓았지만, 그 둑 너머에 가능성과 해결책이 놓여 있었다. 그러나 둑은 점점 흔들렸고, 언제든 감정이 넘쳐흐를 것 같았다.

합리적 낙관주의란 결국 이것이다. "감정을 다스리지 않으면, 감정이 너를 삼켜버린다." 감정을 다룬다는 것은 감정에 이름 붙이고, 받아들이고, 조용히 다스린 뒤, 새로운 시선으로 바라보는 일이다. 이 과정을 통해 감정은 단순한 반응이 아니라, 문제를 해결하고 관계를 깊게 만드는 중요한 도구가 된다. 감정을 다스릴 때는 감정 다루기와 감정 조절이라는 두 가지 방법이 있다.

3장에서는 감정 다루기에 집중할 것이다. 이는 지금 내가 어떤 감정을 느끼고 있는지 알아차리고, 그 감정이 과거의 기억과 어떻게 맞닿아 있는지를 들여다보는 과정이다.

감정 조절은 4장에서 문제 해결과 연결해 이야기할 것이다. 이는 순간순간 변하는 감정을 정확히 파악하고 조절하는 능력을 의미한다. 감정 다루기와 감정 조절은 별개의 개념이지만, 합리적 낙관주의를 이루는 두 가지 중요한 원칙이다. 효과적으로 감정을 다스리려면 감정 다루기와 감정 조절이 모두 필요하다.

감정을 제대로 마주하지 않으면 결국 감정에 끌려다니게 된다. 강렬한 감정과 채워지지 않은 욕구, 오래된 사고방식, 두려움이 우리의 반응을 지배하고, 결국 스스로를 통제하기 어려워진다. 상황에 맞는 이성적인 판단이 점점 어려워진다. 니콜처럼 감정의 늪에 빠져 어떤 행동도 할 수 없을 것 같은 무력감 속에 갇힐 수도 있다. 감정 다루기는 감정을 이해하는 법을 배우는 것에 초점을 맞춘다. 그렇게 해야 문제를 더 잘 해결하고, 스스로를 위한 목소리를 낼 수 있으며, 주어진 상황에서 최대한 효과적으로 움직일 수 있기 때문이다. 무엇보다도 우리가 생각하는 것보다 더 많은 통제력을 가질 수도 있음을 깨닫게 된다. 설령 그 통제력이 오직 우리가 상황에 반응하는 방식뿐이라 해도 말이다.

빙산 효과

이런 말이 있다. "순식간에 성공한 것처럼 보이기까지 15년이 걸렸다." 소셜 미디어와 마케팅은 성공이 쉬운 것처럼 보이게 만든다. 우리는 우리에게 영감을 주는 사람이나 대단한 성과를 내는 사람을 볼 때, 그들이 침착하고, 자신감 넘치며, 유능하고, 결단력 있고, 공감 능력이 좋은 모습을 본다. 하지만 우리가 보는 모습은 빙산의 일각이다. 우리는 그들의 긍정적인 에너지와 행동에 매료된다. 그러나 그들이 자신과 타인의 잠재력을 키우기 위해 쏟아 붓는 내면의 노력은 보지 못한다.

그것이 바로 감정 다루기의 과정이다. 강렬하고 고통스러운 감정에 휘둘리지 않는 사람들은 명확하게 판단하고, 주변 사람들에게 긍정적인 영향을 미친다.

니콜은 영리하고, 무엇이든 해낼 수 있는 사람이었다. 니콜은 직장에서 늘 다른 사람들의 문제를 수습하느라 바빴다. 하지만 내면에서 타오르는 불길은 어쩌면 보이는 문제들보다 더 위험할지도 모른다. 그 불길이 우리 스스로를 온전히 느끼지도, 최선을 다하지도 못하게 만들지는 않는가? 우리는 현재의 상황을 있는 그대로 보는가, 과거의 상처와 기억에 가려진

시야로 보는가? 어떤 환자들은 이렇게 말한다. "파트너와 더 가까워지고 싶은데, 내가 한 말에 자꾸 그 사람이 상처받아요. 왜 그럴까요?"

자신의 감정을 모르면 적절하게 반응하기 어렵다. 감정은 원하든 원하지 않든 우리 안에 머물며 판단을 흐리기 때문이다. 그것이 우리를 뒤흔든다.

진정한 성공은 눈에 보이는 기술만으로 이루어지지 않는다. 가장 다루기 어려운 것, 우리 자신의 마음을 조율하는 능력이 필요하다. 이것이 바로 감정을 다루는 내면의 과정이다.

감정을 활용하는 법: 감정은 어떻게 우리를 돕는가

'감정Eemotion'이라는 단어는 프랑스어 'Emouvoir'에서 유래했다. 이는 사회적 움직임, 심리적 동요, 신체적 변화를 뜻하며 과거에는 욕구, 열정, 애착, 감정적 정서 같은 단어로 표현되던 것들이다. 오랫동안 감정은 자제심을 갖춘 사람이라면 억제해야 할 대상으로 여겨졌다. 그러나 과학은 반대의 이야기를 한다. 감정이 어떻게 생기고, 의식과 어떤 방식으로 연결되는지에 대한 연구는 여전히 진행 중이다. 감정은 환경 속에서 우리의 뇌와 신체가 반응하며, 순간적으로 강렬하게 솟아오르는 생물학적 경험이다. 두려움은 짧으면 몇 초, 길면 몇 분 정도로 짧게 지속된다. 그러나 슬픔은 2시간 혹은 그 이상 계속되기도 한다. 그리고 감정이 몇 시간에서 며칠 동안 이어진다면, 우리는 그것을 '기분Mood'이라고 부른다.

예전에는 감정이 불필요하게 여겨졌으나 감정에는 분명한 목적이 존재한다. 감정은 동기와 욕구와 밀접하게 연결되어 있다. 욕구는 특정한 행동을 촉진하고, 감정을 움직여 원하는 결과를 만들어낸다. 찰스 다윈은 감정이 인간과 동물의 생존과 번식을 돕는 적응의 산물이라 믿었다. 두려움은 위험에서 벗어나도록 만들고, 분노는 그 위험에 맞서 싸우게 한다. 사랑을 갈망하거나 그 사랑을 경험하고 싶다는 욕망으로 사람은 짝을 찾고 번식을 한다. 감정은 사고방식을 변화시켜 무엇에 집중해야 할지, 무엇에 관심을 가져야 할지 우선순위를 매긴다. 결국 감정은 위험을 피하게 하고, 적절한 시점에 적당한 위험을 감수해 번성하게 하며, 그 과정에서 쌓인 부와 지혜, 지식을 후대에 전해 생존의 가능성을 극대화한다. 이처럼 감정은 단순한 생리적 반응을 넘어, 우리 삶에 깊은 영향을 미친다. 폴 에크먼과 월리스 프리젠이 밝혀낸 바에 따르면 인간은 46개의 독특한 얼굴 움직임으로 7천 가지 이상의 표정을 짓는다. 감정이 긍정적인 역할을 하지 않았다면, 이처럼 경이로운 표현 능력을 갖추지 못했을 것이다.

진화론적으로 우리의 생존은 공동체와의 관계에 달려 있다. 감정은 서로를 이해하고, 그로 인해 집단의 결속을 이끌어낸다.

우리가 감정을 경험하는 방식에는 공통된 부분이 있지만, 표현 방식에는 문화적 차이가 존재한다. 문화적 차이는 우리가 어린 시절에 내면화한 사회적 규범에서 비롯된다. 한 고전적인 실험에서 연구자들은 일본인과 미국인 참가자들이 절단과 수술을 포함한 잔혹하고 폭력적인 이미지와 영상을 보는 모습을 관찰했다. 두 나라의 참가자들은 비슷한 표정을 지으며 얼굴을 일그러뜨리고 혐오감을 나타냈다.

하지만 연구자들이 방에 있을 때, 일본 참가자들은 자신의 감정을 미소로 감추는 경향을 보였다. 일본 문화에서는 다른 사람, 특히 권위적인 인물이나 공식적인 직함을 가진 사람들 앞에서 거센 부정적인 감정을 드러내는 것이 일반적이지 않은 반면 미국 문화에서는 그렇지 않았다. 표정을 가림으로써 일본 참가자들은 그들의 문화에서 전통적으로 지켜지는 감정 표현 규칙을 따랐다. 수많은 감정 표현이 선천적이지만, 사회적 압력과 문화적 영향, 이전의 경험이 우리의 감정 표현 방식에 영향을 미친다.

감정이 가진 긍정적인 역할이 많다면, 왜 가끔은 그것들이 방해가 될까? 인간은 다른 동물들보다 대뇌피질에 더 많은 신경세포를 지니고 있다. 그만큼 더 복잡한 사고와 감정을 경험한다. 자아 인식, 언어, 문제 해결, 추상적 사고, 실행 기능, 시각·공간 능력 등 우리가 가진 고유한 능력들은 모두 대뇌피질 덕분이다. 그러나 이 능력들에는 단점도 있다. 걱정을 하고, 반복적인 생각에 갇히며, 일어나지 않은 일을 금방이라도 일어날 것처럼 상상하는 것이다.

뇌는 생존을 위해 설계되었지, 행복을 추구하도록 만들어진 것은 아니다. 합리적 낙관주의는 뇌의 긍정적인 능력을 최대화하면서 비효율적인 사고는 제어하게 돕는다. 걱정이 도움이 된다고 생각할지도 모르지만, 문제를 예방하고 계획을 세우는 데 필요한 걱정과 지나친 걱정은 다르다.

대부분의 감정은 짧게 지나간다. 하지만 중대하고 부정적인 상황에서는 부정적인 감정이 오래 지속될 수 있다. 슬픔은 종종 상실이나 애도처럼 긴 시간에 걸쳐진 삶의 상황과 관련 있어서 훨씬 오래 이어진다. 감정은 우리의 정체성과 얽힌 사건, 우리가 진실이라고 믿던 것을 의심하게 만드는 상황, 그것을 확인시키는 상황에서 지속되기도 한다.

감정의 덧없는 성질을 이해하는 것이 중요하다. 그래야 감정에 휘둘리지도, 감정이 밀려드는 걸 두려워하지도 않게 된다. 감정을 손님처럼 대하면 된다. 오면 맞이하고, 가면 떠나보내면 그만이다. 인간은 감정과 반대로 행동할 수 있는 몇 안 되는 종이다. 우리는 감정을 즉각적으로 감지함과 동시에 이성을 통해 균형을 유지한다. 감정은 대부분 잠시 머물다 사라진다. 생각과 감정, 몸의 신호를 가만히 지켜보기만 하면 감정에 휘둘리지 않는다.

감정은 중요한 정보를 제공하고, 결정을 내리는 데 도움을 준다. 다만, 우리가 감정을 제대로 느낄 수 있어야 하고, 조절할 수 있어야 한다. 감정을 피아노 건반이라고 상상해 보라. 피아노에는 88개의 건반이 있다. 7개가 넘는 옥타브를 넘나들며 건반마다 고유한 소리를 만들어낸다. 높은음과 낮은음을 동시에 연주하기도 한다. 우리는 잘 조율된 피아노처럼 감정을 자유롭게 다룰 수 있어야 한다.

미처 다루지 못한 감정이 우리에게 미치는 영향

감정이란 본디 우리를 보호하고, 서로를 이어주는 다리이다. 하지만 감정이 해소되지 않으면 도리어 우리를 옭아매고, 때로는 타인을 다치게 한다. 사랑하는 사람을 잃은 슬픔, 끝없이 반복되는 불안, 트라우마가 남긴 수치심과 공포, 분노. 이런 감정이 해소되지 않으면, 결국 몸과 마음이 병든다. 나도 이 증상을 몸소 겪었다. 의학 공부로 인한 극심한 스트레스에 시달리고, 어머니의 병세가 악화되던 어느 날, 내 다리는 더 이상 나를 지탱하지 못했다. 감정이 한꺼번에 밀려와 몸이 무너진 것이다. 감정이 제대로 다루어지지 않았다는 신호는 여기저기서 나타난다. 그중 대표적인 신호들을 다루고자 한다.

위협은 커 보이고, 감당할 자신은 없을 때

위협을 과대평가하고 스스로의 능력을 과소평가하면, 불안과 두려움 속에서 움츠러들거나 회피하게 된다. 하지만 이렇게는 문제를 해결할 수도, 괴로움을 덜 수도 없다.

감정적 반응에 취약한 사람들은 주변의 미묘한 변화나 외부 영향을 더욱 예민하게 받아들이고, 상황의 여러 가능성을 깊이 고민한다. 그들에게는 어떤 일이 불러올 파장이 더 크고 무겁게 다가온다. 위험하지 않은 상황조차 과장되어 보이고, 결국 불안과 우울에 빠지는 계기가 된다.

관련 예시를 찾을 수 있는 곳은 많다. 사람들은 수많은 이유로 연봉 인상 요구를 주저한다. '나에게 그럴 자격이 없다고 할 거야.' '아직 때가 아니라고 할 거야.' '지금 직장을 다니는 것만으로도 감사해야 해.' 이들은 늘 최악의 시나리오부터 떠올리고 객관적인 근거들을 외면한다. 지난 1년 동안 부서를 책임졌다고 해도, 지난주에 칭찬을 받고 감사 인사를 들었다 해도, 사실 필요한 걸 충분히 요구할 수 있는 사람이라고 해도 말이다.

니콜은 베이비시터의 급여를 어떻게 협상해야 할지 막막했다. 아이를 돌보는 일에 값을 매기는 게 부담스러웠다. 나는 그녀에게 상기시켰다. "당신은 인사팀에서 일하며 몇 년 동안 직원들의 연봉을 협상하고 직무를 조정하는 일을 해왔잖아요." 니콜에게는 충분한 능력이 있었다. 단지 스스로를 과소평가했을 뿐이다.

과한 스트레스와 적당한 스트레스

적절한 수준으로 통제 가능한 스트레스는 오히려 긍정적인 영향을 미친다. 실제로 해마에서 신경세포 성장, 즉 신경 생성이 촉진되기도 한다. 부업을 하거나, 좋아하는 취미를 즐기거나, 스스로 선택한 프로젝트를 진행하는 것 혹은 아이를 키우는 일 등이 그렇다. 하지만 긍정적인 도전도 우리가 감당하고 회복할 수 있는 범위를 넘어서면 부담이 된다. 조절할 수 없는 만성적 스트레스는 해마의 신경 생성을 감소시키므로, 우울증이나 기억력 저하로 이어질 수 있다. 스트레스란 결국 외부에서 가해지는 요구와 기대가 내면의 역량과 자원을 초과하는 상태이다.

하지만 '스트레스받을까 봐' 도전을 외면하면 꿈과 목표에서 멀어질 수밖에 없다. 많은 사람이 자기감정이 '너무 과하다.'는 생각을 내면화한 채 살아간다. 성공을 가르는 것은 감정이 있느냐 없느냐가 아니다. 중요한 것은 그것이 우리가 감당할 수 있는 크기인지이다.

적당한 불안은 우리를 움츠러들게 하는 대신, 더 나아가게 만드는 원동력이 된다. 적당한 수준의 에피네프린, 즉 아드레날린(살짝 들뜨는 느낌 정도)이 생리적 반응을 촉진하고, 결국 뇌에서 노르에피네프린 수치를 높여 기억과 학습을 돕는다. 우리가 감당할 수 있는 적절한 스트레스는 지루함을 막고 동기를 부여하며, 최고의 성과와 생산성을 끌어낸다. 반면에 과도한 스트레스는 정반대의 결과를 낳는다. 기억을 방해하고 집중력을 흩트린다. 시험을 준비하는 대학생들을 대상으로 한 연구에 따르면 적당한 불안은 성적 향상과 연관이 있었지만, 그 불안이 일정 수준을 넘어서면 성적이 급격히 떨어졌다. 스트레스가 심해지면 외부의 스트레스나 압박은 불안만 키울 뿐이고, 성과는 나빠진다.

감정을 다루는 것은 압박 속에서도 감정을 내 편으로 만들어, 자신이 가장 잘할 수 있는 환경을 조성하는 것이다. 동화《골디락스와 곰 세 마리》의 이야기를 예로 들 수 있다. 이 동화에서 주인공인 골디락스는 우연히 오두막집에 들어가게 되고 그곳에서 죽 세 그릇을 발견한다. 한 그릇은 너무 뜨겁고, 한 그릇은 너무 차가웠지만, 남은 한 그릇은 알맞은 온도였다. 골디락스가 한 그릇을 깨끗이 비운 그 죽처럼 우리도 너무 차갑지도 뜨겁지도 않은 적절한 도전을 찾아야 한다.

사실 합리적 낙관주의에는 비밀이 하나 더 있다. 문제는 스트레스 자체가 아니라는 것이다. 그보다는 우리가 상황을 어떻게 바라보느냐가 더 중요하다. 어떤 상황을 두고 감당할 수 있다고 생각하면, 실제로도 감당할 수 있게 된다. 생각해 보라. 이게 얼마나 강력한 힘인가? 그 첫걸음은 나에게 적절한 불안의 수준을 아는 것이다. 이런 깨달음은 감정을 외면하고 밀어낸다고 얻어지지 않는다. 오히려 그 감정과 함께 머무르며, 차분하고 다정한 방식으로 다루면서 길러진다. 그렇게 해야 우리는 불안을 억누르는 대신에 나아가게 하는 동력으로 바꿀 수 있다. 불안이 성장으로 이어질 수 있다면, 시도해 볼 이유가 충분하다.

감정의 무한 루프: 곱씹기

대부분의 감정은 금방 사라지지만 몇 가지 예외도 존재한다. 특히 부정적인 감정은 끊임없이 되뇌는 습관과 밀접한 관련이 있다. 과거의 기억과 과거의 감정을 계속 되풀이하며 떠올리는 것이다. 중요한 시험에서 낙제했거나 승진의 기회를 놓쳤다고 생각해 보자. 며칠째 우울한 상태에서 헤어 나오지 못한다면, 감정의 무한 루프에 빠졌다고 볼 수 있다. '나는 뭘 해도 제대로 못 해.' 같은 생각이 머릿속을 지배하고 있을지도 모른다.

때로는 부정적인 감정의 반복이 우리를 괴롭힌다. 어떤 날은 그 감정이 선명하게 다가와 우리를 짓누르고, 어떤 날은 희미한 잡음처럼 스며들어 있다가 감정을 들여다보는 순간에 비로소 그 무게를 깨닫는다. 니콜이 베이비시터를 구하는 문제로 극심한 불안을 느끼는 이면에도 오래된 감정의 무한 루프가 작동하고 있었다.

많은 여성이 그렇듯, 니콜 역시 아이에게 반드시 모유를 먹여야 한다는 부담이 있었다. "내 친구들이나 병원에서는 '모유 수유가 최고'라는 말을 당연하게 받아들여요. 저도 그렇게 생각하는 편이고요." 하지만 니콜은 출산 후 직장에서 유축 시간을 보장받지 못했다. 회의로 빼곡한 일정 속에서 간신히 20분을 쪼개 유축을 하려 해도, 마땅한 공간이 없었다. 그녀는 비품 창고 문에 기댄 채 유축을 하며, 누군가가 펜을 찾으러 오지 않기를 조용히 바랐다. 불규칙한 유축 일정과 높은 스트레스 탓에 모유량이 크게 줄었고, 이는 그녀의 불안을 더욱 키웠다. "막내에게는 다른 두 아이처럼 모유 수유를 오래 못 했어요. 혹시 제가 아이의 면역력에 도움이 될 기회를 놓친 건 아닐까요?"

게다가 니콜은 아이를 키우기 위해 외부에 도움을 구하는 여성을 비판적으로 보는 가정에서 자랐다. 니콜의 가족과 친구들은 어린이집에 대한 부정적인 시각을 가지고 있었다. 그녀의 가족은 집에 아이를 돌보아줄 풀타임 베이비시터를 두는 건 아이를 직접 키우기 싫어하는 특권층 여성들이나 하는 짓이라고 여겼다. 니콜은 자신의 집안에서는 여성들이 '모든 걸 혼자서 다 해내는' 사람이었다고 말했다.

많은 여성이 육아에 어려움을 겪으면 자신을 탓한다. 사실 아이를 키우는 일에는 공동체의 도움이 필요하다. 일을 하면서도 아이에게 모유를 먹이려면 적절한 지원이 있어야 한다. 보육 문제는 늘 고민거리다. 게다가 주변엔 꼭 한마디씩 보태는 사람들이 있다. 그러다 보면 감정의 무한 루프에 빠지기 쉽다. '내가 제대로 하고 있는 걸까?' '더 노력해야 하는 거 아닌가?' '나는 좋은 엄마가 아닌 것 같아.'

멈춰 선 작은 기관차: 학습된 무기력

학습된 무기력은 아무리 애를 써도 부정적인 결과를 막을 수 없다고 느낄 때 찾아온다. 쥐와 개, 인간을 포함한 다양한 동물 실험에서 이런 현상이 반복적으로 확인되었다. 1967년, 미국의 심리학자 J. 브루스 오버미어J. Bruce Overmier와 마틴 셀리그먼은 실험을 통해 학습된 무기력이라는 개념을 제시했다. 그들은 개에게 피할 수 없는 전기 충격을 여러 번 가했고, 시간이 흐르자 개들은 탈출할 수 있는 환경에서도 벗어나지 않았다. 이후 마틴 셀리그먼과 스티븐 F. 마이어Steven F. Maier는 추가 실험을 통해 그 가설을 입증했다. 개들이 움직이지 않은 이유는 처음 경험한 전기 충격이 통제할 수도, 피할 수도 없는 위협이었기 때문이었다.

이 실험들은 비관과 수동성이 불안과 우울로 이어지는 과정을 설명하는 데 중요한 기초를 마련했으며 그 후 50년 넘게 이어진 신경과학 연구를 통해 이 개념을 더 깊고 정교하게 이해할 수 있었다. 셀리그먼과 마이어는 〈학습된 무기력 50년: 신경과학의 통찰Learned Helplessness at Fifty: Insights from Neuroscience〉이라는 논문에서 그동안 자신들의 이론이 거꾸로 해석되어 왔다고 썼다. 처음에는 개들이 전기 충격을 받고 수동적으로 변한 것이 학습된 결과라고 생각했다. 하지만 50년이 지난 후에 개들이 보인 반응은 포유류가 오랜 시간 힘든 상황에 처했을 때 자연스럽게 보이는 본능적인 반응이라는 사실이 밝혀졌다. 우리가 배우는 것은 '무력함'이 아닌 '통제력'이다. 우리는 본능적으로 수동적인 반응을 보이지만 스스로 선택하고 통제할 수 있다는 인식으로 그 패턴을 바꿀 수 있다.

그렇다면 이 과정은 뇌에서 어떻게 이루어질까? 복내측시상하핵 전전두엽 피질(vmPFC)은 우리가 통제력을 인식하게 한다. 이 영역이 활성화되면 계속되는 부정적 경험으로 인해 불안과 수동성을 만들어내는 등쪽 솔기핵(DRN)의 세로토닌 활동이 억제된다. 마이어의 표현을 빌리자면, 진화적으로 더 늦게 발달한 이성적인 전두엽이 원초적 반응을 담당하는 뇌 영역에게 '진정해, 우리가 이 상황을 통제하고 있어.'라고 말하는 것과 같다. 복내측시상하핵 전전두엽 피질을 활성화하는 법을 익히면 상황을 조절할 수 있다는 인식이 강해지고, 스트레스를 어쩔 수 없는 것으로 받아들이는 기본적으로 '무력한' 상태에서 벗어나게 된다.

여기서 합리적 낙관주의가 중요한 역할을 한다. 합리적 낙관주의는 다양한 방법으로 우리가 통제력을 감지하고 키울 수 있게 돕는다. 문제를 해결하고, 익숙해지며, 왜곡된 생각을 바로잡고, 부정적인 감정을 다시 구성하는 과정에서 합리적 낙관주의는 우리의 '희망 회로'를 작동시킨다.

'이건 내 힘으로 어쩔 수 없어.'라고 믿게 되면, 우리는 점점 자신의 삶을 주도하기보다 방관하는 입장이 된다. 삶이 우리를 계속 내동댕이치고, 다시 일어나 숨 돌릴 기회조차 주지 않는다면 우리는 점점 회의적으로 되고, 나아가 비관적으로 변한다. 미래를 바꿀 수 있다는 희망이 희미해지면서 슬픔과 절망, 무력감에 빠지고, 자기 의심에 갇혀버린다. 존재의 의미마저 흔들릴 때 문득 이런 생각이 스친다. '내 삶은 나아지지 않을 거야. 점점 더 나빠질 뿐이야.' 그 순간이 오면 우울은 순식간에 깊어지고 자살 위험도 급격히 높아질 수 있기 때문에 의사가 서둘러 개입해야 한다.

인지 부조화: 나와 세상의 충돌

"제 일을 놓고 싶지 않아요." 니콜이 말했다. "여기까지 오는 데 정말 많은 걸 쏟아 부었거든요." 그녀는 가정을 꾸리려면 맞벌이가 필수임을 잘 알았다. 하지만 베이비시터를 구하는 일에는 망설였다. 자라면서 당연하게 여겨온 기대들 때문이었다.

니콜이 생각하는 '이상적인' 엄마는 새벽 다섯 시에 일어나 운동하고, 남편과의 시간을 보낸 뒤, 세련된 헤어와 메이크업, 완벽한 스타일링을 마치고, 아침에는 직접 글루텐프리 팬케이크를 만들고, SNS에 올려도 될 만큼 예쁜 도시락을 싸는 일을 오전 일곱 시까지 끝내는 사람이었다. 그리고 아이들을 학교에 데려다준 후, 여덟 시 회의에 맞춰 사무실(혹은 재택근무

책상)에 앉아 있어야 한다. 그 모든 걸, 외부의 도움 없이, 힘든 내색조차 하지 않고 해내야 한다.

우리는 이런 여성들을 알고 있다. 적어도 소셜 미디어에서는. 하지만 그 화려한 모습 뒤에 감춰진 이야기는 좀처럼 보이지 않는다. 니콜은 사실 활기차고, 매력적이며, 탄탄한 몸과 세련된 감각을 가진, 다른 사람들이 이상적인 엄마라고 생각할 만한 사람이었다. 하지만 그녀 역시 의심과 불안 앞에서 흔들리는 인간이었다. 남들의 겉모습과 내 내면을 비교하는 일은 결국 나를 더 깊이 흔들리게 할 뿐이라는 뜻이다.

니콜처럼 현실의 삶과 내면 깊숙이 새겨진 기대 사이에서 갈등하는 것을 인지 부조화라고 한다. 우리가 사회적 기대를 완전히 받아들이지 않더라도 어떤 수준에서는 여전히 그 기준에 맞추려 애쓴다.

경제학자 라케시 사린과 마넬 바우셀에 따르면, 기대를 이해하고 조절하는 것은 행복을 결정짓는 핵심 요소이다. 그들은 《행복의 해답》에서 다음과 같은 공식을 소개했다. 행복=현실－기대. 이 공식에 따르면 행복을 극대화하는 방법은 두 가지이다. 현실이 기대보다 낮아지거나(스스로든 누군가에 의해서든), 기대치를 스스로 낮추는 것.

니콜은 사회의 무리한 기준에 자신을 끼워 맞추려 했다. 하지만 나는 궁금했다. 혹시 그녀는 행복을 유지하기 위하여 타인에 대한 기대를 의도적으로 낮춰왔던 걸까? “기대를 안 하면 실망하지도 않아요.” 니콜은 그렇게 말했다.

그녀와 어머니의 관계는 복잡했다. “엄마는 술을 너무 많이 마셨고, 그럴 때면 항상 날카로웠어요.” 니콜의 어머니는 술이 들어가면 평소보다 까다롭게 굴었고, 특히 니콜의 육아 방식에 대해 비판적이었다. 하지만 도움을 주지는 않았다. 니콜과 아버지의 관계도 크게 다르진 않았다. 가족

중 누구에게도 육아를 부탁할 수 없었다. 남편도 바빴다. "남편도 이미 충분히 하고 있어요." 그녀가 말했다. "남편은 저보다 돈을 더 많이 벌고 일에 관한 압박도 훨씬 심해요. 더 바라는 건 무리예요." 니콜은 자신의 근무 일정을 조금이라도 조정하면 직장에서 덜 인정받을 거라고 느꼈다. 이미 6개월간의 출산 휴가도 달갑지 않은 시선을 받았다.

그녀의 현실은 최소한의 기준조차 충족하지 못하고 있었지만, 자신에게 요구하는 기대만큼은 여전히 가차 없을 정도로 높았다. 충족되지 않는 현실, 가족과 직장에서의 미약한 지원, 스스로에게 부과한 지나치게 높은 기대, 그 기대를 채우지 못하고 있다는 느낌. 결국 그녀가 얻은 것은 불행뿐이었다. 이런 사고방식은 우울과 비관으로 미끄러지기 쉬운 길이 된다. 그리고 또 다른 형태의 인지 부조화를 만든다.

인지 부조화: 나와 나의 충돌

때때로 가장 큰 스트레스는 내면의 가치들이 충돌할 때 발생한다. 니콜은 스스로 모든 것을 감당해야 한다고 믿었다. 하지만 그녀에게는 누군가의 도움이 절실했다. 그녀는 여성이 자신의 목소리를 내야 한다고 생각했지만 중간에 낀 둘째 딸로서 가족 내에서 평화를 유지하고, 모두를 만족시키는 역할을 해온 탓에 갈등을 일으키기가 쉽지 않았다. 이 상충하는 가치들은 니콜의 핵심 정체성을 정면으로 건드렸다. 니콜은 자신의 사고방식을 현실에 맞게 업데이트할 필요가 있었다. 경계를 설정하고, 도움을 요청해야 했다. 마치 '과거의 니콜'과 '새로운 니콜'이 링 위에서 맞붙은 격이었다. 어떤 날은 과거의 니콜이, 또 어떤 날은 새로운 니콜이 승기를 잡았다.

인지 부조화는 나와 세상의 충돌이든 나와 나의 충돌이든 불편한 감정을 자극하며, 때로는 강렬한 감정을 동반한다. 니콜의 인지 부조화는 심한 불안을 유발했다. 그녀는 문득 멈춰 서서 울음을 삼키곤 했다. 무언가를 간절히 바라면서도 말할 수 없다는 느낌은 점차 억울함과 분노로 변해갔다. 그 감정을 억누르는 데 드는 에너지는 결국 그녀에게 부담으로 돌아왔고, 커다란 코끼리가 가슴을 짓누르는 것 같은 답답함을 느꼈다.

자기 인식의 4단계

나는 니콜처럼 성공한 여성들에게 자주 이렇게 말한다. "삶을 버겁다고 말하는 게 꼭 아이들이나 자신의 삶을 덜 사랑한다는 뜻은 아니에요." 오히려 감정을 드러내는 것은 자신을 합리적으로 이해하고, 자신의 감정과 솔직히 마주하는 사람만이 할 수 있는 일이다. 나는 그들의 감정을 인정하고 공감하려 애쓴다. 하지만 위로가 지나치면 안 된다. 지나친 위로는 오히려 그들이 불편한 감정을 소화하고 정리하는 능력을 무뎌지게 만들 수 있기 때문이다. 다만 그들이 겪는 일이 특별하지 않다는 사실을 알길 바란다. 동시에 자신의 감정을 마주하고 새로운 길을 찾을 수 있는 힘을 가지길 바란다. 자기 인식이 그 첫걸음이다.

자기 인식은 있는 그대로 바라보는 것에서 시작된다. 신비주의 철학자 루미는 이렇게 물었다. "자신의 내면을 정기적으로 들여다보고 있는가?" 우리는 종종 감정을 차단한다. 무감각해지거나, 무언가에 몰두해 잊으려 하거나, 스스로를 달래는 방식으로 감정을 누른다. 그러면 뇌는 감정을 이해하고 마주하는 대상이 아니라, 회피할 대상으로 받아들이게 된다. 그 결과 두통이 찾아오고, 다리에 힘이 빠지고, 불안, 우울, 불면, 위염, 고혈압, 만성 통증과 염증, 자가면역질환, 심장병을 겪게 된다. 사람마다 강한 감정을 피하는 나름의 방식이 있다. 우리가 감정을 피하는 방식은 대개 과거에서 비롯된다. 어쩔 수 없이 적응해야 했던, 감당하기 힘들던 상황에서 익힌 것들이다. 그 당시에는 그 방법이 필요했을지라도, 지금의 우리에게, 그리고 주변 사람들에게는 건강하지 않을 수 있다.

우리는 니콜처럼 감정을 억누르고 그 무게를 홀로 감당하며 살아갈지도 모른다. 과식, 음주 혹은 또 다른 방식으로 감정을 잠재우려 할 수도 있다. 어떤 경우에는 타인에게 짜증과 화를 낼 수도 있다.

감정을 눌러두거나 분노로 표출하는 대신, 감정을 바라보고 다루는 데 도움이 되는 네 가지 단계가 있다.

1단계: 이름 붙이기

감정은 종종 몸의 감각으로 먼저 찾아온다. 감정을 몸과 마음으로 충분히 느낀 뒤, 그 감정에 이름을 붙이면 두려움이 조금씩 옅어진다. 뇌에서 공포를 관장하는 편도체의 활동이 줄어들기 때문이다. 감정을 언어로 표현하는 순간, 나를 지배하는 힘도 약해진다. 이처럼 감정에 이름을 붙이는 것을 정서 명명Affect Labeling이라고 한다. 정서 명명은 놀라울 정도의 해방감을 준다.

반면, 감정을 억누르는 일은 많은 에너지를 소모한다. 지속적인 억제 과정이기 때문이다. 한 연구에 따르면 감정 억제는 질병 위험 증가, 자율신경계 이상(싸우거나 도망치려는 반응이 비정상적으로 작동하는 현상), 면역 기능 저하와 연관이 있다. 심리치료를 시작하면 신체적인 문제로 병원을 찾는 횟수도 점점 줄어든다. 고통스럽거나 트라우마가 된 경험을 말하거나 글로 쓰는 행위는 단순히 감정의 무게를 덜어내는 것 이상의 의미가 있다.

그 과정에서 우리는 고통스러웠던 사건을 받아들이고, 이해하고, 나름의 의미를 찾게 된다.

처음에는 감정에 이름을 붙이기가 어색할 수도 있다. 니콜이 그랬던 것처럼 신체 반응이 동반될지도 모른다.

"슬퍼요." 나는 니콜의 말에 조용히 공감하며 고개를 끄덕였다. 잠시 침묵이 흐른 뒤, 그녀에게 조심스럽게 물었다. "니콜, 이 감정을 조금 더 들여다볼 수 있을까요? 지금 떠오르는 다른 감정이 있어요?" 하지만 니콜은 말을 꺼내기 힘들어했다. 나는 조심스레 니콜에게 나의 생각을 이야기해도 되냐고 물었고, 그녀는 고개를 끄덕였다.

"당신의 말에서 깊은 슬픔이 느껴져요. 지금껏 나눈 대화를 보면 거절당한 느낌, 실망, 배신감, 좌절, 분노 같은 감정들이 뒤섞여 있어요. 하지만 동시에 가족을 향한 연민도 보여요."

"좋은 사람들이에요." 니콜의 눈물이 볼을 타고 흘렀다.

"그래요, 니콜. 그들은 당신의 부모님이고, 당신은 그들을 사랑하죠. 하지만 화도 나요. 양가적인 감정을 받아들이는 게 어렵다는 거 알아요. 그래도 감정을 표현해 줘서 고마워요. 무엇보다 지금 자신과 솔직하게 마주하고 있다는 게 정말 중요해요."

감정에 이름 붙이고도 그것에 휘둘리지 않을 때 비로소 주도권을 쥐게 된다. 누군가에게 몹시 화가 난 감정을 인정하면서도 당장 전화를 걸어 상대에게 소리칠 필요는 없다. 단지 화가 난 상태를 인식하는 것만으로도 자유로워질 수 있다. 인식을 통해야만 진정한 문제 해결로 나아갈 수 있기 때문이다. 이 과정에서는 멈춤의 순간을 만드는 것이 가장 중요하다. 잠깐의 멈춤이 있어야 반사적인 반응이 아닌 진짜 자신이 원하는 방식을 찾을 수 있다. 성급하게 이메일을 보내지 않고, 배우자나 아이들과 거리 두기를 하며, 긴장되는 순간에도 감정을 가라앉히는 힘이 생긴다.

2단계: 받아들이기

이제 감정의 뿌리와 그 촉발 요인을 더 깊이 들여다볼 차례다. 연구에 따르면 감정을 세밀하게 구분하고, 어떤 순간이 감정을 촉발했는지 명확히 아는 사람일수록 감정을 효과적으로 조절하고 외부 세계에 잘 적응한다. '기분이 나쁘다.'는 막연한 감정에서 벗어나, 감정을 구체적으로 짚어보고, 그 감정이 어떤 상황에서 비롯되었는지 바라볼 차례다. "그(그녀)가 ㅇㅇ을 했을 때(말했을 때) 나는 모욕감을 느꼈다."

자신의 감정을 이해하고 촉발 원인을 파악하면 내가 어떤 상황에서 취약한지 알 수 있다. 그렇게 과거와 현재를 연결하며 앞으로 나아갈 방법을 찾을 수 있다.

3단계: 다스리기

감정을 다스리는 방법에는 여러 가지가 있다. 나는 감정을 처리하는 힘을 기르기 위해 네 가지 핵심 연습을 실천한다.

- 건강한 대처법 4C를 활용해 감정의 부정적 패턴을 끊는다.
- 디센터링Decentering을 통해 부정적인 감정의 악순환을 끊는다.
- 마음 그리고 몸과 친해진다.
- 불안을 스팸 메일함에서 꺼내 '걱정 일기'에 비운다.

건강한 대처법 4C를 활용해 감정의 부정적 패턴 끊기

감정을 다스리는 핵심 전략 중 하나는 건강하고 유연한 대처법을 갖추는 것이다. 좋은 대처법은 나를 더 괴롭게 하지 않고, 나아지게 한다. 좋은 대처법은 다음의 4C를 충족해야 한다.

첫 번째, 따뜻할 것Compassionate. 효과적인 대처법은 자신에게 너그러워야 한다(자기 비난은 금물!).

두 번째, 바로잡을 것Corrective. 대처법은 문제의 근본 원인을 다루거나, 최소한 악화시키지 않아야 한다. 회피 행동(과식, 자해, 약물 남용, 게임이나 SNS 몰입, 과소비, 도박 등)은 결국 죄책감만 남기고, 문제는 더 깊어진다. 효과적인 대처법은 자신이 처한 상황을 객관적으로 바라볼 수 있게 도와야 한다. 니콜은 베이비시터 고용에 죄책감을 느꼈지만, 생각을 이렇게 정리했다. '사실 우리 가족에게 이 낡은 가치관이 도움이 된 적이 있나? 내가 자랄 때는 베이비시터가 필요 없었어. 이모들이 가까이 살았고, 나이가 더 많은 사촌도 있었으니까. 엄마가 집에 없을 때는 내가 동생을 돌봤고, 엄마가 우리를 24시간 지켜본 것도 아니었어. 그때는 온 동네가 서로를 돌보고 있었어.'

세 번째, 진정시킬 것Calming. 건강한 대처법은 분노, 불안, 공격성을 가라앉히고 문제를 해결할 수 있게 한다. 화내기가 습관이 된 사람은 감정을 제대로 다루거나 조절하는 방법을 배우지 못했을 가능성이 크다. 어릴 때부터 분노와 공격성을 통해서만 자신의 감정을 표현할 수 있다고 학습했기 때문일지도 모른다. 반대로 니콜처럼 감정을 억누르는 것은 해결책이 되지 않는다. 억누른 감정이 쌓이다가 결국 더 큰 부담으로 돌아온다. 간단하지만 꾸준한 호흡 연습, 마음 챙김, 명상, 일기 쓰기를 습관화하면 마음을 차분하게 다스리게 된다. 어떤 사람들은 자연 속을 거닐거나, 운동을 하거나, 요가를 하거나, 요리를 하거나, 정원을 가꾸는 등의 활동을 통해 감정을 조절하기도 한다. 하지만 이런 활동이 감정을 회피하는 수단이 되지 않도록 적절한 수준으로만 해야 한다. 그리고 감정이 감당하기 어려울 만큼 벅차다면, 누군가의 도움을 받는 것도 용기 있는 선택이다.

네 번째, 관계를 이을 것Connective. 이상적인 대처법은 사람들과의 관계를 더 건강하게 만들고, 원활한 소통을 가능하게 한다. 예를 들어 상사, 동료, 가족과의 관계를 긍정적인 방향으로 이끌어 주어야 한다.

부정적인 감정의 악순환에서 벗어나기(디센터링)

우리는 감정을 붙잡고, 거기에 자신만의 해석을 덧붙이며 감정의 악순환에 빠진다. 하지만 감정을 그저 바라보고 거기에 휘말리지 않는다면, 몸의 반응도 자연스럽게 가라앉는다.

디센터링은 마음 챙김 기반 인지치료(MBCT)[○]의 핵심 원칙 중 하나로, 자신의 감정과 생각을 한 발짝 떨어져서 중립적이고 비판 없는 시선으

○ 마음 챙김 기반 인지치료(MBCT)는 인지행동치료(CBT)의 기법과 명상적 실천을 결합한 심리치료 방식으로, 처음에는 우울증 재발 방지를 위한 치료법으로 개발되었다. MBCT는 자기비판, 끝없는 반추, 우울감의 악순환을 멈추게 한다. 이러한 악순환은 부정적인 사고 패턴을 강화하고, 만성적인 우울증의 재발을 촉진하는 하강 나선을 만든다. MBCT는 개인 치료뿐만 아니라 집단 치료에서도 활용할 수 있으며, 중독, 만성 질환, 지속적인 스트레스와 같은 다양한 정신건강 문제를 다루는 데 활용된다. 마음 챙김 기반 스트레스 감소(MBSR)는 MBCT와 비슷하지만 정신건강장애 치료보다는 보다 일반적인 스트레스 완화 기법으로 사용된다. 주로 통증 조절, 중독 치료, 임산부 대상 프로그램 등에 적용되며, MBCT와 달리 심리치료적 요소는 포함되지 않는다. MBCT의 목표는 자동적으로 일어나는 부정적인 인지 과정을 끊고, 그 흐름을 관찰하고 받아들이며, 가능하다면 그냥 놓아 버리는 것이다.

로 바라보는 것이다. 부정적인 감정이 올라올 때, 우리는 그것을 자신의 일부라고 믿거나, 그 감정이 현실을 반영한다고 단정 짓는다. 하지만 디센터링을 통해 감정과 생각을 잠시 머물다 가는 손님처럼 바라보면, 감정에 휩쓸리지 않고 가볍게 경험할 수 있다. 인지치료에서는 비논리적이고 왜곡된 사고(인지 왜곡)를 분석하고 반박하는 과정을 거친다. 반면 마음 챙김에서는 떠오르는 생각을 그냥 바라보다가 자연스럽게 흘려보내는 연습을 한다. 모든 생각을 다 믿을 필요는 없다.

앞서 다룬 예시로 돌아가 보자. 시험에서 떨어졌거나 승진하지 못해 분노와 수치심 속에서 감정의 악순환에 갇혔다. 마음 챙김 기반 인지치료에서는 이 감정 뒤에 있는 생각을 찾는다.

'나는 제대로 할 줄 아는 게 없어.' 하지만 연습을 통해, 그 생각의 범위를 좁힐 수 있다. '나는 단지 이번 일에서 어려움을 겪었을 뿐이야. 내가 제대로 할 줄 아는 게 없다는 생각은 지나쳐. 잘하고 있는 부분도 분명히 있어. 이 일이 내게 중요한 만큼 강한 감정이 드는 것도 당연해. 연습하고 도움을 받으면 분명 더 잘할 수 있어.'

마음 그리고 몸과 친해지기

이 단계에서는 감정을 그냥 받아들여야 한다. 마치 손님에게 차 한 잔을 대접하듯 감정을 맞이하고, 그 감정을 편안하게 흘려보내면 된다.

니콜은 자신의 상황에 대한 분노를 억누르며, 그 에너지를 불안으로 바꾸었다. 그것은 감정의 피아노에서 하나의 음만 계속 누르는 것과 같다. 내 역할은 그녀가 모든 감정을 받아들이고(특히 그녀가 받아들이고 표현하기 어려운 감정인 분노) 그 모든 감정을 수용할 수 있음을 알게 하는 것이었다. 그렇게 해야만 다른 곡을 연주할 수 있게 된다.

마음 그리고 몸과 친해지는 연습은 언제든지 할 수 있다. 하루를 시작하기 전에, 중요한 회의를 앞두고, 퇴근 후, 잠자기 직전에 시도해 보자. 스트레스가 심한 상황 전후로 해도 좋다. 이 연습을 기분이 안 좋을 때뿐만 아니라 평소에 자주 반복하면 감정에 대한 순간적인 인식을 강화하는 데 도움이 된다. 실시간으로 감정을 조절하는 데 중요한 역할을 하기 때문이다.

불안을 스팸 메일함에서 꺼내 '걱정 일기'에 비우기

불안이 치솟으면 자기 확신은 쉽게 무너진다. 그럴 땐 불안을 꺼내어 '걱정 일기'에 적어보라. 걱정 일기는 인지행동치료에서 권하는 방법으로, 가장 건강한 습관 중 하나이다. 믿기 어렵겠지만 걱정을 쏟아낸 학생들이 수학 시험에서 더 좋은 성적을 냈다. 시험을 앞두었든, 무대에 서야 하든, 중요한 순간을 앞두고 있다면, 시작하기 전 10분 동안 걱정을 글로 적어보라.[oo]

걱정을 멈추어야 하는데 왜 걱정하는 데 시간을 쓰냐고? 이유는 간단하다.

- 마음이 한결 가벼워진다. 끓어오르는 냄비 뚜껑을 살짝 열어 김을 빼는 것과 같다. 참는 데 드는 힘이 내보내는 데 사용되는 힘보다 훨씬 크다.
- 어느 순간 깨닫는다. 대부분의 걱정은 현실이 되지 않는다. 혹여 현실이 되

oo 2013년 〈심신 의학(Psychosomatic Medicine)〉에 실린 연구에 따르면, 일주일에 세 번, 20분씩 글을 쓴 사람들은 의학적 생검 후 상처가 더 빨리 아물었다.

더라도 우리는 더 잘 대처할 수 있다. 글로 적는 과정이 그에 대한 두려움을 조금씩 흐릿하게 만들기 때문이다. 이걸 '노출 치료'라고 한다.

- 어느 순간 패턴이 보인다. 감정이 불쑥 찾아와 나를 휘두르지 않게 된다. '또 실패할까 봐 걱정하고 있군(하지만 나는 언제나 준비되어 있잖아). 또 남에게 부담이 될까 봐 신경 쓰고 있네(하지만 나는 사람들은 도와주는 걸 좋아해).'
- 걱정을 잠시 멈춰 세울 수 있다. 머릿속에서 꺼내 글로 옮기는 순간, 그것들은 더 이상 같은 무게로 나를 짓누르지 않는다.

4단계: 재구성하기

감정을 다루는 마지막 단계는 재구성으로 연습할수록 익숙해지고 능숙해진다. 재구성이란 결국, 새로운 시각에서 바라보는 시도이다. 어쩌면 작은 희망, 피할 수 있었던 위기, 아슬아슬하게 지나간 순간을 3인칭 시선으로 보거나, 그 안에서 무언가를 배워보려는 작업이다.

재구성하기는 공감과 이해로 자신과 타인을 바라본다. 재구성을 통해 우리를 가두던 부정적인 감정이 서서히 풀린다. 그리고 전에는 보이지 않던 길, 생각지도 못한 가능성이 하나둘 모습을 드러낸다. 재구성은 우리를 더 유연하게 만들고, 문제 해결 능력을 키우며, 위기 앞에서도 다시 일어설 수 있게 돕는다. 감정을 다스리는 일 중 가장 어려운 과정이지만, 재구성이야말로 가장 강력하고 정교하며 오랫동안 감정을 다스리는 방법이라고 과학 연구는 말한다.

감정을 다루는 연습을 하다 보면 이 갈등이 누군가의 해결되지 않은 감정에서 비롯된다는 사실을 알게 되기도 한다. 니콜은 가슴을 짓누르던 '코끼리'가 자신의 마음속 분노였음을 깨달았다. 검진 결과, 건강에는 이상이 없었지만 그녀는 여전히 숨이 막혔다. 그 감정은 니콜의 어머니가 해결되지 않은 감정으로 본인과 가족에게 미친 영향에 대한 분노였다.

니콜은 어머니 세대의 여성들이 가족을 최우선으로 여기며 헌신했다고 생각했다. 그건 과연 기꺼운 선택이었을까, 감당해야 했던 희생이었을까? 어머니는 혹시, 진단조차 받지 못한 산후 우울증과 불안을 안고 평생을 버텨온 것은 아닐까. 이런 깨달음에 당시 가해지던 사회적 압력에 관한 이해가 더해지면서, 니콜은 해결되지 않던 어머니의 분노와 한계를 새롭게 바라볼 수 있었다. 술 한 잔, 날 선 말투, 그 모든 것이 니콜의 어머니가 벼랑 끝에서 버티는 방식이었을지도 모른다. 만약 니콜의 어머니가 세상의 기대에 부응하려 애쓰지 않았다면, 언제나 화를 품고 살 필요는 없었을 것이다. 누구나 세상이 요구하는 무게에 숨이 막힐 때가 있다. 모든 게 그녀의 어머니 탓은 아니었다.

니콜 역시 분노를 품고 있었다. 그런데 그녀는 그걸 눌러 담았다. "저는 화를 잘 못 내요. 결국 울어버리고 말아요." 니콜은 또 다른 분노를 꾹 삼켰다. 여성들이 짊어져야 하는 희생의 무게, 자신이 그 불합리한 기준에 맞추려 얼마나 애썼는지에 대한 억울함이었다.

니콜이 더 이상 상처받지 않으려면, 자신이 원하는 것을 건강하게 표현할 줄 알아야 했다. 분노가 속에서 곪아가도록 두지 않기 위해 그녀에게 필요한 것은 적당한 분노였다. 자신의 경계를 지키고, 타인에게 책임을 물을 수 있을 만큼의 분노가 필요했다. 니콜 혼자서 다 감당할 수는 없었다. 그녀에게 필요한 건 '이해해 주는 사람들'이었다. 비난만 하고 도와주지 않는 어머니가 아니라 진심으로 그녀를 지지해 줄 어머니, 육아를 함께 고민하고 그녀의 갈등을 존중해 주는 남편, 그녀의 현실을 이해하는 직장까지. 니콜은 이제 더 이상 혼자 애쓰는 사람이 되고 싶지 않았다.

니콜은 자신이 인정하지 않았던 분노와 욕구를 들여다보며 어머니를 바라보는 시각을 재구성했다. 어머니가 술을 마셨던 건, 때로 너무 많이 마셨던 건 어쩌면 스스로를 달래기 위한 방법이었을지도 모른다. 니콜의 어머니는 여러 아이를 돌봐야 했으며 그중에는 특별한 도움이 필요한 아이도 있었다. 하지만 그녀는 대부분 혼자였다. 니콜의 아버지는 일 때문에 항상 집을 떠나 있었다. 그제야 니콜은 어머니를 깊이 이해하게 되었다.

니콜이 핵심적으로 재구성한 관점은 무엇이었을까? 이제 스스로 삶의 운전대를 잡을 수 있다는 사실이었다. 그녀는 자신이 해야 할 일을 알면서도, 누군가의 허락을 기다리고 있었음을 깨달았다.

베이비시터를 고용하는 것, 남편에게 육아와 가사에 조금 더 신경 써달라고 요구하는 것 등 당연히 함께 헤쳐나가야 할 문제들이 자연스럽게 그녀의 몫으로 굳어졌고, 언제부턴가 니콜도 그것을 받아들이고 있었다. 게다가 더 이상 붙잡고 있을 필요 없는 것, 이를테면 타인의 인정 같은 것들마저 손에서 놓지 못하고 있었다. 니콜은 도움을 요청하거나 자기 입장을 고수한다고 해서 타인의 존중과 인정을 잃을 거로 생각하지 않게 되었다. 오히려 자신을 과소평가했던 것은 아닌지 돌아보았다. 그녀는 충분히 강했고, 여러 일을 능숙하게 해냈다. 물론 능숙한 저글러도 가끔은 공을 떨어뜨린다.

니콜은 생각을 바꾸기 시작했다. '나는 형편없는 엄마야.'에서 '나는 지금 상황에서 최선을 다하고 있는 엄마야.'로, '나는 제대로 해내지 못하고 있어.'에서 '어쩌면 생각보다 더 잘 해내고 있을지도 몰라.'로. '나는 도움을 요청할 권리가 있어.' '나는 더 나아질 권리가 있어.' '남들의 기대에 부응하려고 애쓰는 건 애초에 불가능하고 어쩌면 전혀 바람직하지 않을지도 몰라.' '그들의 기대는 결국 그들 자신의 사고방식과 환경에서 비롯된 것일 뿐, 나와는 상관없는 문제야.' '어쩌면 지금이 나에게 중요한 전환점이 될 수 있어.' 감정을 다루면서 니콜의 마음은 가벼워졌다. "그 압박감, 가슴을 짓누르던 그 코끼리가… 이제 사라졌어요." 훗날 그녀는 나지막이 말했다.

지혜롭게 살아가는 법

타인과 자기를 향한 공감 사이에서 균형을 찾아야 한다. 우리는 각자의 삶을 살면서도 결국 같은 세상을 산다. 나는 감정을 다루는 과정에서 다음의 내용을 기억하려 한다.

- 인간다움을 함께 나누자. 누구도 완벽하지 않다.
- 공감을 나누자. 모든 사람은 저마다의 고통을 안고 살아간다.
- 자신의 아픔을 인정하고 나누자. 끝내 해결되지 않을 상처일지라도, 그것을 받아들이고 애도할 시간을 주어라.
- 연민을 연습하자. 마음속에서라도 용서하라.
- 놓아주자. 어떤 형태로든 스스로 편한 방법으로 아픔을 흘려보내라(부치지 않을 편지를 쓰는 것도 좋다).
- 기대를 조정하자. 그 사람이 줄 수 없는 것을 기대하지 마라.
- 자책에서 벗어나자. 어떤 일이든 그 안에서 배울 수 있는 무언가가 있다.

감정을 마주하는 일은 바꿀 수 없는 과거와 화해하고, 원하는 방향으로 삶을 바꾼 힘을 찾는 첫 번째 과정이다. 이 글이 당신에게도 스스로의 이야기를 만들어갈 용기가 되기를 바란다.

실행 전략

●감정에 이름 붙이기●

조용히 앉아보라. 준비가 되면 부정적인 감정을 불러일으키는 상황이나 사람을 떠올려보라. 처음에는 감정적으로 부담스럽지 않은, 중간 정도의 강도를 가진 경험을 선택하는 것이 좋다. 몸에서 어떤 감각이 느껴지는가? 가슴이 답답한가? 속이 울렁거리는가? 턱이 저절로 꽉 다물어지는가? 손끝이나 발끝에 힘이 들어가는가? 지금 느끼는 감정을 어떤 말로 표현할 수 있을까?

이 감정에 이름을 붙여보라. 그 이름을 붙인 채, 조금만 더 머물러 보라. 이 감정은 한 가지 모습만 가지고 있는가? 조용히 자신에게 물어보라. "더 알고 싶어." 화가 난다면 스스로에게 "더 자세히 알고 싶어."라고 말해보라. 그러면 더 세밀한 목소리가 들려온다. "나는 부당한 대우를 받았다고 느껴. 나는 제대로 이해받지 못하고 있어. 나는 모욕감을 느껴." 충분히 표현했다고 느낄 때까지 감정에 이름을 붙여보라. 그다음 아래의 문장을 완성하거나 스스로에게 물어보라. 지금 어떤 감정을 느끼는가? 그 감정은 몸 어디에서 느껴지는가?

- 깊은 슬픔을 느낄 때 나는 ________________.
- 크게 상처받았을 때 나는 ________________.
- 두려움이 몰려올 때 나는 ________________.
- 분노가 치밀어 오를 때 나는 ________________.

●감정 받아들이기●

다음 질문에 대한 답을 적어보라.

- 나에게 더 어렵거나 '금지된 감정'처럼 느껴지는 감정이 있는가?
- 나를 위축시키거나 감당하기 어려울까 봐 두려운 상황이 있는가?
- 자주 빠지는 감정의 무한 루프가 있는가?
- 상황을 바꿀 수 없다는 무력감을 얼마나 자주 느끼는가?
- 자기에게 어떤 기대를 가지고 있는가? 다른 사람들에게 무엇을 기대하는가? 내 삶이 어떻게 흘러가야 한다고 생각하는가? 기대가 어긋날 때 나 자신과 타인, 삶에 대해 어떤 감정을 느끼는가?
- 틱낫한Thích Nhất Hạnh 스님은 이렇게 말했다. "분노를 당신의 정원을 위한 거름으로 삼아라." 이 말이 어떤 의미로 다가오는가?
- 내 안의 강한 감정들은 무엇을 말하고 있는가?

자신을 여기까지 이끈 힘을 기억하라. 우리는 예전과 다른 선택을 할 수 있다.

●호흡과 친해지기●

조용한 공간을 찾아라. 의자에 앉아 바닥에 발을 편안하게 놓는다. 어깨를 부드럽게 으쓱 들어 올렸다가 자연스럽게 내린다. 서서히 눈을 감는다. 코로 천천히 숨을 들이마시며 다섯까지 세고, 입으로 숨을 천천히 내쉬며 다섯을 센다. 원한다면 한 손을 배에 올려놓고 숨을 들이쉴 때 팽창하는 느낌을 느껴본다. 이를 통해 가슴이 아닌 배에서 시작하는 깊은 호흡을 유도할 수 있다.

● 몸과 친해지기 ●

'호흡과 친해지기'를 통해 준비가 되면 천천히 몸으로 시선을 돌려보라. 어떤 감각이 느껴지는가? 머리, 팔, 다리, 발 혹은 배에서 긴장감, 뻐근함, 무기력함, 통증이 느껴지는가? 심장은 빠르게 뛰고 있는가, 느리게 뛰고 있는가? 숨은 얕은가, 깊은가? 땀이 나고 있는가? 그저 알아차려라. 어떤 감정이 올라오는지 살펴라. 슬픔, 걱정, 분노, 혹은 평온함. 숨을 들이쉬고 내쉴 때에 그 감정들이 머물 수 있는 자리를 만들어라.

맞거나 틀린 방법은 없다. 그저 감각을 인정하되, 붙잡고 있지는 마라. 알아차리고, 놓아버려라.

4장 문제 해결
문제를 뚫고 답으로 나아가기

인간이 가진 모든 것을 빼앗을 수 있어도,
단 하나, 마지막 남은 자유만은 빼앗을 수 없다.
어떤 상황에서도 자신의 태도를 선택할 자유, 자신만의 길을 정할 자유.
— 빅터 프랭클(Viktor E. Frankl), 《죽음의 수용소에서》

누구도 진공 속에서 살아가지 않는다. 세상은 끊임없이 신호를 보내고 우리를 움직이게 한다. 변화가 생기고, 예상치 못한 도전이 찾아오고, 기회가 열리고, 때론 모든 것이 뒤엉킨다. 문제 해결이란 결국 그 모든 것들을 우리가 어떻게 받아들이고 풀어 가느냐의 과정이다.

사람들은 문제 해결이라고 하면 눈에 보이는 뚜렷한 답을 떠올린다. 사실 문제 해결은 표면과 내면에서 동시에 일어난다. 실제로 대부분의 문제 해결은 마음속에서 먼저 시작된다. 문제를 인식하는 순간, 우리의 뇌는 다음 할 일을 고민한다.

때때로 이 과정은 인식 너머에서 조용히 진행된다. 하지만 문제 해결 능력은 결국 얼마나 의식적으로 사고하는가에 달려 있다. 그렇다면 매 순간, 실시간으로 감정을 조절할 수 있을까? 감정과 사실을 구분하고 그에 따라 지혜로운 선택을 할 수 있을까? 논리적 사고와 감정적 자원을 조화롭게 활용하는 것, 그것이 감정 조절이다. 감정 조절이 우리 내면의 문제 해결 시스템이다.

앞서 감정을 제대로 인식하지 못하면 조절할 수도 없다는 이야기를 나누었다. 감정 인식은 감정 조절의 필수 요소이다. 그러나 감정에 이름을 붙이고 인정하는 것만으로는 아직 절반밖에 못 온 것이다. 문제 해결은 감정을 얼마나 능숙하게 조절하고 현실에 맞추어 행동하는지에 달려 있다.

감정을 조절하며 문제를 해결하는 과정에서는 다음을 따라야 한다.

- 잠시 멈춘다.
- 지금 느끼는 감정을 점검한다.
- 머릿속에 스치는 생각들을 하나하나 들여다본다.
- 상황을 이성적으로 판단해 즉각적인 반응이 아닌 신중한 대응을 한다.

이 모든 과정이 불과 몇 초 만에 일어난다. 문제 해결에서 내면의 과정이 중요한 이유는 문제를 바라보는 시각을 결정하기 때문이다. 의사로 일하며 나는 문제를 해결하려면 문제를 정확하게 평가해야 한다는 사실을 배웠다. 해결책이 얼마나 안전하고 효과적일지가 이 과정에 달려 있다.

감정 조절을 감정 억누르기나 무시로 오해할 수 있는데, 그렇게 하면 과잉 반응보다 더 깊은 상처를 남길 수도 있다. 상황에 맞게 반응해야 한다. 단순히 스트레스를 견디는 것이 아닌, 감정이 주는 지혜를 통해 더 깊이 있는 삶을 살아가는 것이 목표가 되어야 한다.

4장에서는 합리적 낙관주의자들이 활용하는 문제 해결 기술을 소개하려 한다. 자신이 어떤 유형의 문제 해결 방식을 가지고 있는지 파악하고, 합리적인 해결을 가로막는 인지적 오류에 대해서도 짚어볼 것이다. 또한 감정 조절과 현실적인 문제 해결을 위한 5R 전략을 소개한다. 타인과 함께 문제를 풀어나갈 때 도움이 되는 네 가지 원칙도 다룬다. 끝으로 환자들과 문제의 핵심을 찾아가는 과정에서 개발한 질문 중심의 빠르고 효과적인 해결 방법을 공유하려 한다.

이 도구들이 모든 문제를 단번에 해결해 주는 것은 아니다. 사람과 사람 사이의 관계는 생각보다 훨씬 복잡하고, 결코 타인의 삶을 온전히 이해할 수 없으니까. 만약 당신이 삶의 버거운 순간을 지나고 있다면, 이 장에서 나누는 방법들이 작은 도움이 되길 바란다. 때로는 전문가의 도움을 받아 함께 시도해도 좋다.

문제 해결 페르소나

많은 환자가 말한다. "어떻게 해야 할지는 알겠는데, 행동으로 옮기기 쉽지 않아요." 이것이 바로 '의도와 실행 사이의 간극'이다. 누구나 가끔은 문제를 피하고 싶다. 사람들은 흔히 걱정에 사로잡혀 눈앞의 장애물만 보고 실제 상황을 객관적으로 보려 하지 않는다. 걱정하는 것만으로 무언가를 하고 있다고 착각하기도 한다. 하지만 걱정은 불편한 감정을 피하려는 행동일 뿐이고, 걱정이 쌓이면 몸과 마음이 아프기 시작한다.

다음의 표는 합리적 낙관주의자가 비관주의자, 과도한 낙관주의자와 문제 해결 방식이 어떻게 다른지 보여준다(마지막 그룹을 '타조형 낙관주의자'라고 부르겠다. 이들은 문제를 직면하지 않고 부정하거나, 머리를 모래 속에 박은 채 수동적인 태도를 취하는 경향이 있기 때문이다).

결국 상황이 불러일으킨 감정(분노, 두려움 등)을 얼마나 받아들이고

합리적 낙관주의자의 문제 해결 방식	비관주의자/타조형 낙관주의자의 문제 해결 방식
문제를 인정하고, 그에 대한 자신의 생각을 정리: "지금 당장 신경 써야 할 중요한 문제가 있다."	**문제를 부정/책임을 남에게 돌림:** "문제? 난 모르겠는데." "난 아무 문제 없어." "문제가 있는 건 오히려 너 아닐까?"
문제를 이해하려고 노력: "더 많은 정보가 필요해. 문제가 언제부터 시작된 거지? 무슨 원인 때문에 이런 문제가 생긴 걸까? 어떤 요인이 상황을 악화시키거나 나아지게 만들었지?"	**문제를 외면하거나, 축소 또는 과장:** "괜찮아질 거야. 시간이 지나면 해결될 거야." "그렇게 심각한 건 아니야." "절망적이야. 아무 희망도 없어."
다음 단계를 정하고, 현실적인 분석을 바탕으로 긍정적인 가능성을 모색. 자신에게 연민을 가지되 책임에 대해서는 분명하게 인식: "정보를 조금 더 수집하면 현실적인 결정을 내릴 수 있을 거야. 그러려면 지금 당장 시작해야 해."	**수동적으로 상황이 저절로 풀리길 기다리거나, 최악의 시나리오만 걱정하고, 정보를 얻고도 거부:** "할 수 있는 일이 없어." "저 사람들이 하는 말을 믿을 수가 없어."
적극적으로 해결책을 찾기: • 다양한 가능성을 열어두고 창의적으로 문제를 해결하려 함(확산적 사고). • 필요한 정보를 조사하고, 주변에 조언을 구함. **장애물을 예상하며 여러 가지 '만약-그렇다면(가정)' 시나리오를 세워 실행 계획을 마련한다.**	**건강하지 않은 대처 방식(현실에서 도망치기, 미루기, 지나치게 곱씹기, 비난과 자책):** "네가 ○○를 했더라면/안 했더라면 이런 일은 없었을 거야." "내가 ○○를 했더라면/안 했더라면 이런 상황은 막을 수 있었을 텐데."
모든 선택지를 살펴보고, 현실적으로 실행 가능한 방법을 좁혀가며 결정(수렴적 사고)	**결정을 내리지 못하거나, 근본적인 문제를 해결하지 못하는 선택:** • 과도한 분석 끝에 결국 아무것도 결정 못 함. • 분노와 두려움 속에서 충동적으로 결정. **성급하고 피상적인 '조사':** 자신과 생각이 비슷한 사람의 말만 듣고 판단. **즉흥적인 결정:** "누가 ○○라고 하더라. 그러니까 나도 그렇게 할 거야." **현실을 외면:** "그런 말을 하는 사람은 신뢰 못 해."
능동적인 결정, 실행, 받아들이기: "나는 이렇게 하기로 했어." "이 방식이 효과가 있을까? 아니라면 이유는 뭘까?" "바꿀 수 있는 건 뭐고, 바꿀 수 없는 건 뭘까? 그리고 나는 여기서 뭘 배웠을까?"	**분노, 책임 전가, 회피, 체념. 아무런 행동도 하지 않거나, 피상적인 정보만 보고 결정을 내림. 결과가 만족스럽지 않아도 그냥 받아들이고, 자신의 선택이 잘못되었음을 인정하지 않음:** "내가 어떻게 할 수 있는 일이 아니었어." "어차피 이렇게 될 운명이었어."

다룰 수 있는지가 관건이다. 감정을 어떻게 다루느냐에 따라 문제 해결 능력이 달라진다. 당신은 어느 쪽에 더 가까운가? 스스로의 문제 해결 방식 중 효과적인 부분은 무엇인가? 조금 더 보완해야 하는 부분은 무엇인가?

'최적주의자Maximizer'와 '만족주의자Satisficer'는 사람들이 결정을 내리는 방식을 설명하는 개념이다. '만족주의Satisficing'는 satisfy(만족하다)와 suffice(충분하다)가 합쳐진 단어이다. 문제가 발생했을 때 최선의 선택지를 찾기보다는, 현재 가능한 것들 중에서 충분하다고 느껴지면 그대로 받아들이는 태도를 말한다. '최적주의Maximizing'는 결정을 내리기 전, 가능한 한 모든 선택지를 탐색하고 정보를 최대한 모으려는 태도이다.

반면, 만족주의자는 비교적 빠르게 결정을 내린다. 최적주의자는 선택의 필요성이나 실제 중요도와 관계없이 모든 가능성을 하나하나 따진 뒤에야 결정을 내린다. 최적주의자는 이미 충분히 괜찮은데도 완벽을 추구하느라 그것을 보지 못할 수도 있다. 이런 태도는 결정을 끝없이 미루거나 아예 못 하게 만들고, 결국 후회를 남긴다.

중요한 건 자신이 어느 유형인지가 아니라, 상황에 따라 유연하게 움직일 수 있느냐이다. 우리 어머니는 한 번 결정을 내리면 웬만해서는 후회하지 않았지만, 토마토소스 하나를 고를 때도 철저하게 따지고 고민하는 스타일이었다. 어머니의 '최적주의적 성향'은 가족들 사이에서 두고두고 이야깃거리가 되었다. 자동차를 살 때 어머니는 우리를 이 매장, 저 매장으로 끌고 다니며 마력과 연비를 비교하고 세세하게 메모했다. 선루프가 꼭 필요하지 않더라도 같은 가격대의 차에 선루프가 없다면, 그게 왜 없는지 납득할 만한 이유가 있어야 했다. 어머니에게 중요한 건 '최선의 결정'을 내리는 것이었다. 필요할지도 모르는 혹은 전혀 필요하지 않은 요소들까지 하나하나 따져가며 고민했다.

암 치료법을 찾을 때도 그랬다. 물론, 당연히 결정이 쉽지 않았다. 항암 치료가 가져올 심장 관련 부작용을 고려하면서 어머니의 심장 건강도 지켜야 했으니까. 우리는 '완벽한' 의료진을 찾기 위해 계속해서 정보를 뒤졌지만, 어느 순간 깨달았다. 어머니의 몸속에서 암이 퍼질 위험이 커졌고, 이제는 '만족주의자' 모드로 전환해야 할 때임을.

최적주의자는 사안을 면밀히 분석할 수 있지만, 완벽한 선택이 없다는 이유로 필요한 결정을 미룬다. 반면 만족주의자는 현실적인 기준을 바탕으로 결정을 내린다. 만족주의자는 기본적인 필요를 충족하기 위해 기대치를 조정하고, 중요하지 않은 부분에선 타협한다.

'합리적 낙관주의자'는 상황에 따라 만족주의자처럼 즉각적인 선택을 하고, 최적주의자처럼 시간을 들여 고민한다. 필요할 때는 망설이지 않고 빠르게 결정하고, 선택한 뒤에는 과거를 붙잡고 후회하거나 곱씹지 않는다. 시간이 부족하고 중요한 결정을 내려야 할 때, 합리적 낙관주의자는 '3의 법칙'을 활용한다. 결정하는 데 최대 3일을 쓴다. 신뢰할 만한 3명의 조언만 듣는다. 그리고 최종 선택지를 3개로 좁힌다. 이 의사결정 방식은 내가 좋아하는 아프리카 속담을 연상시킨다. "결혼 전에는 두 눈을 크게 뜨고 보고, 결혼 후에는 한쪽 눈을 감아라." 중요한 결정을 내리기 전에는 철저히 살펴야 한다. 일단 결정을 내렸다면 그다음은 받아들여야 한다.

내 마음을 다스릴 줄 알아야 문제를 해결할 수 있다

세잘이라는 환자가 내게 고민을 털어놨다. 그녀는 직장에서 제대로 인정받지 못한다고 느끼고 있었다. "상사가 나를 싫어해요." 그녀는 확신하듯 말했다. 나는 물었다. "그렇게 생각하는 이유가 뭐죠?" "고위급 기획 회의에 참석하고 싶다고 여러 번 말했는데 단 한 번도 초대받지 못했어요." 세잘이 씁쓸하게 웃으며 말했다.

그녀의 말이 틀린 것만은 아닐지도 모른다. 하지만 세잘은 자신이 오해했을 가능성은 생각하지 않았다. 어쩌면 상사는 프로젝트 진행에 필요한 일과 사람을 배치하는 데 집중했을 뿐, 세잘의 커리어 성장까지 신경 쓸 겨를이 없었을지도 모른다.○

세잘이 직접 묻지 않는 이상, 왜 회의에서 그녀가 빠졌는지, 상사가 그녀를 어떻게 보고 있는지 알 길이 없었다. 나는 상사와 일대일 면담을 요청해 보라고 권했다. 세잘은 연말까지 기다리지 않고 중간 점검 미팅을 잡기로 했다.

또한 나는 세잘에게 회의 준비를 하면서 상사가 그녀를 좋게 보고 있을 가능성이 있는지 생각해 보라고 말했다. 세잘은 정기 휴가 보너스가 예전보다 조금 더 올랐고, 앞으로 비정기 승진을 하게 될 수도 있다는 이야기를 들었다고 말했다. 세잘은 보너스를 받았는데도 몇몇 회의에서 제외된 것이 상사가 자신을 싫어하는 증거라고 해석했다. 명확한 피드백이 없었기 때문에 모든 증거가 그 생각을 뒷받침하는 것처럼 보였다.

세잘이 상사와 만났을 때, 상사는 그 회의들이 회사 구조조정과 관련된 기밀 회의라고 설명했다. 그녀가 팀에서 중요한 역할을 하고 있다고도

○ 환자들이 직장에서 불공정한 대우를 받았다고 털어놓을 때, 나는 직장 문화와 사람들 간의 역학, 정치적 요소들을 세심하게 살펴보려고 한다. 그들이 느끼는 불편함의 원인을 탐색하는 과정에서 그것이 편견과 관련이 있을 가능성도 고려한다. 그러나 세잘은 그런 문제를 전혀 염두에 두지 않았다.

확실히 말했고, 두 사람 간의 회의를 더 자주 가지자고 덧붙였다. 세잘이 확인을 요청하지 않았다면 부정적인 추측이 직장에서의 생각, 기대, 행복에 영향을 미쳤을 것이다.

합리적 낙관주의자는 문제를 해결할 때 자신의 삶에서 변화를 일으키는 주체로서 긍정적인 결과를 기대하고 행동한다. 그들은 현실을 직시하고, 즉시 피드백을 요청하며, 명확한 설명을 구한다. 그들은 희망적이고 효과적인 사고방식을 동시에 갖추기 위해 생각을 재구성한다. 인지 재구성은 인지행동치료의 중요한 기법으로, 생각을 다루는 방식을 바꾸어 삶을 더 잘 통제할 수 있도록 돕는다.

인지 재구성은 문제 해결의 핵심이다. 이 방법은 우리가 감정, 사고 패턴, 행동을 더 뚜렷하게 인식하도록 돕는다. ABCDE 기법[○○]은 다양한 기술을 포함하는 기법이다. 세잘의 문제를 해결하기 위해 어떻게 적용할 수 있을지 살펴보자.

A. 선행 사건Antecedent: 감정을 일으키는 자극을 찾아본다. 세잘에게는 회의에 초대되지 않은 일이 그 자극이었다.

B. 믿음Belief: 그 자극이 불러일으킨 믿음을 살펴본다. 이 믿음은 종

○○ 전통적인 ABCDE 개념에서, D는 '생각에 반박하고 믿음에 도전하는 것(Dispute thoughts and challenge your beliefs)', E는 '효과적인 새로운 생각과 믿음(Effective new thoughts and beliefs)'이다. 하지만 이 책에서 D는 '왜곡(Distortions)', E는 '포용(Embrace)'을 의미한다. 에런 T. 벡(Aaron T. Beck) 박사는 불안과 우울증 증상에서 흔히 나타나는 왜곡과 그 주요한 역할을 처음으로 설명하는 데 중요한 역할을 했다. 그 후, 데이비드 D. 번즈(David D. Burns) 박사 등 다른 전문가들이 이 모델을 더 발전시켰다.

종 자신의 능력, 성격, 자격 혹은 주변 사람들의 시선에 대한 부정적인 생각이다. 세잘은 상사가 자신을 싫어해서 회의에 초대하지 않는다고 믿었다.

C. 결과Consequences: 그 믿음이 감정적·신체적 결과로 이어진다. 이러한 결과는 슬픔, 분노, 무력감, 긴장감, 복통, 두통 등으로 나타날 수 있다. 세잘은 분노와 무력감을 느꼈다.

D. 왜곡Distortions: 우리의 믿음은 왜곡된 생각과 왜곡된 인식을 만들어낸다. 이 왜곡을 알아차리는 것이 바로 왜곡된 생각을 재구성하는 첫걸음이다. 세잘은 상사가 자신을 싫어한다고 확신하며, 회의에서 제외된 이유를 자신에 대한 상사의 경멸로 해석했다. 또한 휴가 보너스 인상을 무의미한 것으로 축소했다. "상사는 그냥 해야 할 일을 한 거예요. 원해서 한 게 아니라요. 그게 나를 진심으로 좋아하거나 소중하게 여긴다는 증거는 아니죠." 승진 가능성도 "그냥 추측에 불과하다."고 일축했다. 세잘은 긍정적인 부분은 축소하고, 부정적인 부분만 크게 부각시켰다. 이것은 '부정적 필터링Negative Filtering'으로 부정적인 측면에만 집중하려는 것을 말한다.

E. 포용Embrace: 우리가 바꿀 수 있는 것(왜곡된 생각과 믿음, 문제 해결을 위한 행동)을 생각하고, 바꿀 수 없는 것은 받아들인다. 세잘은 중간 점검 회의를 요청하는 것으로 자신의 믿음에 도전해 보기로 했다. 회의가 기밀 사항에 관한 것임을 알게 되자, 세잘은 안심하고, 모든 것을 개인적인 문제로 받아들이는 자신의 경향을 돌아보고 받아들일 수 있었다. 세잘은 애매한 상황에서 부정적인 가정을 덧씌울 필요가 없다는 걸 배웠다. 승진과 회의에서 배제되었다는 확정되지 않은 사실을 상사가 자신을 싫어하는 증거라고 해석했을 때, 세잘에게 돌아온 결과는 불안이었다.

이제, 문제를 더 효과적으로 해결하기 위해 인지 재구성을 어떻게 활용할 수 있는지 살펴보자.

왜곡된 생각 점검하기

삶에서 변화시키고 싶은 패턴이 있는가? 비효율적인 말이나 행동을 반복하는 자신을 발견한 적이 있는가? 그렇다면 왜곡된 사고가 자리 잡고 있을지도 모른다.

인지 왜곡은 근거 없는 부정적인 생각이나 편향으로, 감정적으로나 행동적으로 자동 반응하게 만든다. 이런 반응은 자신이나 타인에 대한 왜곡된 믿음을 확인하려는 의도에서 비롯된다. 왜곡은 비생산적인 행동을 일으키며, 우울증에 대한 취약성을 증가시킨다.

인지 왜곡은 자동으로 발생하지만, 그 뿌리에는 우리의 자아 가치와 미래에 대한 부정적인 핵심 믿음이 자리 잡고 있다. 부정적인 경험은 누구에게나 존재하고, 부정적인 생각은 자연스럽게 따라온다. 하지만 그것들이 절대적인 성격을 띠게 될 때(항상, 결코, 영원히, 반드시, 해야 한다, 만약 등의 표현을 사용할 때) 우리는 그로 인해 점점 더 커다란 고통을 겪게 된다. 전부가 아니면 전혀 아니라는 생각, 감정적인 추론, '해야 한다.'는 말 그리고 '만약…' 같은 생각들이 그런 예시이다. 이런 생각과 습관들은 '나는 절대로 파트너를 찾지 못할 거야.' '나는 더 성공해야 해.' '나는 항상 실수만 해.'라고 말하며 '나는 영원히 혼자일 거야.' '뭔가 문제가 있어.' '나는 아무것도 잘하지 못해.' '나는 멍청해.' 같은 깊은 믿음과 연결되어 있다. 예를 들어 니콜은 '좋은 엄마는 육아를 도와줄 사람을 고용해서는 안 된다.'는 인지 왜곡을 가지고 있었다.

상황이 급하게 돌아갈 때, 내가 말했던 멈춤의 순간을 기억해 보라.

아무것도 일어나지 않는 것처럼 보이는 순간, 우리가 자신을 점검하는 그 때, 정말 많은 일이 일어난다. 또 이런 왜곡된 생각이 떠오른다. '너는 아무것도 끝내지 못해.' '너는 가치가 없어.' '다른 사람들은 사랑, 즐거움, 성공, 돈을 가질 수 있지만, 너는 아니야.'

그 생각이 떠오를 때 잠깐 멈추고 다른 생각을 해볼 수 있다. '내 가정에 대한 증거는 무엇인가?' '그 가정을 확신하기 전에 더 많은 정보와 근거가 필요하다.'

통제할 수 없는 것은 포용하기

행복과 자유는 한 가지 원칙을 분명히 이해하는 것에서 시작된다. 어떤 것들은 우리가 통제할 수 있고, 어떤 것들은 우리가 통제할 수 없다. 이 기본적인 진리를 받아들여야만 내적인 평온과 주변에서 긍정적인 변화가 일어난다. 합리적 낙관주의자는 바꿀 수 있는 것은 바꾸지만, 바꿀 수 없을 때는 받아들인다. 우리 부모님은 자주 말했다. "해결할 수 없는 문제라면 받아들여야 할 진리이다." 포용과 받아들임은 포기가 아니다. '내가 바꿀 수 있는 것은 무엇인가?'라고 질문하는 것이다. 항상 바꿀 수 있는 무언가가 있다고 생각하고, 바꿀 수 없는 것을 인식하고 그대로 두면 된다.

직장에서 큰 실수를 했다면 자신이 바꿀 수 있는 것을 점검하자. 피해를 최소화할 방법, 같은 실수를 반복하지 않도록 예방할 방법을 생각한다. 그다음 상사에게 지금까지 일어난 일과 내가 할 일을 보고한다. 그리고 배운다. 바꿀 수 없는 것들은 받아들인다. 잃어버린 고객(새로운 고객을 찾고 있지만), 감소한 수익(다른 프로젝트로 일부 회복했지만), 상사의 불만족도 시간이 지나면 내 성과로 해결되리라 믿는다.

감정 조절은 외부 사건과 그에 대한 내부 감정 반응이 맞물리며 일어나는 과정이다. 이 상호작용에 맞춰 순간순간 결정을 내리고 행동한다. 감정 조절의 목표는 상황, 주변 사람들, 자신에게 가장 적합한 선택을 하는 것이다. 5R 원칙이 그 과정에 도움이 된다.

재평가Reassess

창의성과 유연성은 합리적 낙관주의자가 문제 해결에서 보이는 중요한 특징이다. 이 두 가지 특성은 상황을 재평가할 때 큰 도움이 된다. 우리는 재평가에서 그 상황에 어떻게, 무엇을, 어디서, 언제, 왜 참여할지 신중하게 결정하고(상황 선택), 회피하기보다는 바꾸거나 개선할 방법을 찾아낸다(상황 수정). 물론, 상황이 유해하거나 학대적인 경우는 예외이다. 이렇게 우리는 합리적 낙관주의자가 가진 두 가지 중요한 특성인 주도권과 통제력을 되찾는다. 덕분에 인생을 놓치지 않고, 성장할 기회를 잡고, 삶의 소소한 즐거움을 흘려보내지 않게 된다.

재평가 원칙은 회피할 수 없는 스트레스 상황이나 중요한 기회가 있을 때, 우리의 역할이 요구될 때 특히 유용하다. 스스로에게 물어보라.

- 이 상황에 관여/참여해야 할까?
- 관여/참여한다면 그 순간과 이후에 나는 어떤 감정을 느낄까?
- 관여/참여함으로써 얻을 수 있는 잠재적인 이점이 위험보다 큰가?
- 이 경험은 전반적으로 긍정적일까? 성장, 발전, 관계 유지를 위한 기회일까?
- 내 삶에서 중요한 목표나 가치를 실현하는 데 도움이 될까?

만약 대부분의 답이 '그렇다.'라면, 이 상황에서 비용이 잠재적 이점을 해치지 않도록 하면서 어떻게 참여할 수 있을지 생각해 보라.

- 이 상황에서 어떤 부분이 상황을 더 좋게 만들고, 또 어떤 부분이 더 나쁘게 만들까?
- 이 중에서 나에게 중요한 부분, 즉 양보할 수 없는 것들은 무엇인가?
- 이 경험을 더 나은 경험으로 만들거나, 적어도 견딜 수 있고 가치 있는 경험으로 만들기 위해 바꿀 수 있는 부분은 없을까?
- 나를 어떻게 보호할 수 있을까?
- 어떻게 하면 이점을 최대화하고 불쾌한 부분은 최소화할 수 있을까?

재평가는 더 나은 성과를 얻기 위해 적절한 스트레스 수준을 찾는 데 도움이 된다. 만약 당신의 전 애인이 참석하는 파티가 있다면, 그곳에 갈지 말지 망설여질 것이다. 이별이 고통스러웠고 그저 지루한 파티일 것 같다면 가지 않는 게 낫다. 하지만 그 파티가 인맥 쌓을 기회를 제공하거나 보고 싶은 친구들이 참석하는 멋진 파티라면, 그리고 전 애인과의 과거를 말끔히 정리했다면, 재평가해 보라. 전 애인을 만나는 스트레스가 크지 않다면(그리고 그걸 감당할 수 있다면) 그 불안이 감수할 만한 가치가 있을까?

불안을 줄이려면 상황을 잘 정리해서 즐거운 시간을 보낼 준비를 해야 한다. 할 수 있는 일을 해보라. 플레이리스트를 만들거나, 바비큐 그릴 담당이 되는 것도 좋은 방법이다. 전 애인이 항상 늦는 편이라면, 미리 도착해 파티를 즐기고 전 애인이 나타나기 전에 떠나도 된다. 멋지게 차려입어라. 명함을 준비해라. 어떤가? 상황이 당신에게 유리해졌다.

업계 회의에 초대받았다고 가정해 보자. 초대받은 것 자체는 영광이지만, 거짓말로 당신을 해고 직전까지 몰았던 동료와 거짓말을 믿었던 전 상사가 참석하는 자리라 마음이 무겁다. 다행히 부서는 옮겼지만, 아직 어색한 분위기가 남아 불편하다. 어떻게 해야 할까?

상황에 얼마나 감정적으로 몰입할지에 대해 스스로 경계를 설정할 수 있다는 점을 기억하라. 마주친다고 해서 꼭 대화를 나눌 필요는 없다. 상황을 조정해 보라. 간단히 인사만 하고 지나가도 된다. 그 만남이 직업적 성장에 도움이 된다고 판단하면 그렇게 해보라. 또한 상황을 바꾸거나 즐거운 요소를 더할 수 있다. 필요한 이벤트에만 참석하고 나와서 친구를 만나거나, 업계 회의에 파트너를 동반하는 방법도 있다.

재평가는 니콜에게 도움이 되었다. 그녀는 언제나 부모님을 위해 시간을 내야 한다는 부담을 느꼈다. 하지만 자신이 언제, 어디서, 어떻게 만날지 선택할 수 있다는 사실을 깨닫고, 상황을 재평가하기 시작했다. 어머니와의 대화가 더 격해지지 않도록 만나는 시간을 몇 시간으로 제한하고, 어머니가 술을 마시지 않은 상태에서만 만나기로 했다. 니콜은 대부분의 가족 모임을 일요일 교회 예배로 제한했다. 그곳에는 다른 사람들이 있어서 불편한 상황을 피할 수 있었고, 분위기도 긍정적이고 중립적이었다. 니콜은 어머니와 통화할 기분이 아닐 때면, 영상 통화로 어머니가 니콜의 아이들과 소통하게 했다. 그것은 니콜이 소중하게 여기는 긍정적인 관계를 지속하기 위해 떠올린 방법이었다.

어머니가 부정적인 문자 메시지를 보낼 때면 니콜은 반응을 자제했다. "우리 가족은 못 가지만 좋은 시간 보내세요!"라고 말함으로써, 어머니가 술을 마시고 비판적인 말을 할 것이라 예상되는 즉흥적인 가족 모임을 피했다. 이 과정은 연습을 통해 점차 더 자연스러워졌고, 그 결과 니콜과 어머니 모두 긍정적인 변화를 경험했다.

재충전Refuel

먼저 자신의 컵을 채워야만, 다른 이들에게 나눠줄 수 있다. 마지막으로 자신의 컵을 채운 것은 언제였는가? 자신의 신체적·감정적 상태를 점검해 보라. 잘 자고 있는가? 영양은 잘 섭취했는가? 애정은 충분히 받았는가? 휴식을 제대로 취했는가? 자신을 소모시키는 활동이나 물질에 빠져 있지 않은가?

재충전은 다가오는 상황에 잘 대처할 수 있도록 도와준다. 소아심리학자들은 아이들이 위로와 부드러운 손길, 휴식, 안심을 얻기 위해 어머니나 다른 보호자에게 돌아가는 것을 감정적 재충전이라고 설명한다. 어른이 되어도 여전히 재충전이 필요하다. 어떤 활동이 에너지와 활력을 되살리고, 여유롭게 힘을 아껴주는 상태로 전환시키는가?

중요한 가족 전통을 지키는 것(휴일마다 벽난로를 켜고, 오랜 시간 전해 내려온 요리법에 따라 음식을 만드는 것 등)은 어린 시절의 안락함과 안정감을 떠올리게 한다. 덴마크의 전통적인 생활 방식인 휘게Hygge, 이와 비슷한 스웨덴의 미시그Mysig는 편안함과 안전감, 기쁨을 주는 환경을 만드는 데 집중한다. 향초를 켜고, 언제든지 덮을 수 있는 담요를 준비하거나, 좋은 기억이 담긴 사진들로 집을 채우는 것만으로도 편안한 분위기를 만들 수 있다. 어떤 사람들은 음악, 미술, 춤을 통해 긴장을 풀고, 정원 가꾸기, 운동, 독서, 글쓰기, 태극권, 요가와 같은 활동으로 자신을 재충전한다.

휴식은 말처럼 쉽지 않다. 많은 사람이 멈추는 것 자체를 어려워한다. 그냥 시작해 보라. 편안한 목욕, 짧은 명상, 아름다운 풍경을 사진으로 담는 일 등 자신을 회복시키는 일이라면 무엇이든 그것을 우선으로 생각하고 시간을 따로 내어보라. 즐거움을 위한 시간을 확보하는 것은 우리가 우리의 목적을 실현할 수 있도록 활력을 준다.

잠을 자면서 문제를 해결할 수 있을까?

정확히 그렇다고는 할 수는 없다. 하지만 수면은 감정 조절과 문제 해결에 중요한 역할을 한다. 렘REM수면은 감정을 처리하는 뇌의 편도체 반응을 낮추며, 두려움을 포함한 다양한 감정을 처리할 수 있도록 돕는다. 수면 부족은 부정적이고 스트레스를 유발하는 자극에 과도하게 반응하게 만들어, 뇌가 지나치게 활성화되는 상황을 만든다. 이는 문제 해결에 도움이 되지 않는다. 피곤할 때는 감정 상태를 제대로 인식하거나 실시간 의사결정을 내리는 데 필요한 피드백 활용 능력이 떨어진다. 수면 부족이 가져오는 수행 능력 저하는 높은 혈중 알코올 농도에 의한 수행 능력 저하와 비슷하다.

수면 부족은 문제를 정확하게 평가하고 해결하기 위해 필요한 모든 능력을 떨어뜨린다. 그로 인해 반응 시간이 지연되고, 판단이 흐려지며, 인지 유연성과 창의성이 떨어지고, 의사결정에서 충동적인 경향이 커진다. 운동 능력, 지시를 이행하는 능력, 때때로 말하는 능력까지 영향을 받는다.

수면은 특히 중요하다. 바쁘게 돌아가는 일상 속에서 우리는 의사결정 피로에 빠진다. 하루 종일 너무 많은 결정을 내려야 하거나, 혈당이 낮아지는 등 에너지가 떨어지는 상황이 많아지면 의사결정이 어려워진다. 잠을 제대로 자지 않으면 상황을 더 악화시킬 수 있다는 사실을 알아야 한다(또한 가능하다면 하루가 끝날 무렵이나 배가 고플 때는 결정을 내리지 않는 것이 좋다).

세 아이의 엄마인 니콜은 몇 년 동안 몇 시간씩 연달아 잠을 자본 적이 없었다. 그래서 니콜은 주말 밤에는 남편에게 아기를 돌보게 하기로 했다. 그녀는 수면 전문가의 도움을 함께 받음으로써 한 번에 여섯 시간을 연속으로 잘 수 있게 되었는데, 예전보다 두 배나 더 많은 시간이었다.

정보 요청Request Input

정확한 정보 없이는 문제를 효과적으로 해결할 수 없다. 그런데도 우리가 정보를 요청하는 일은 드물다. 세잘은 상사가 자신을 싫어한다고 오해하고 있었지만, 자신에 대한 상사의 평가를 정확히 알기 위해 정보를 요청한 후 오해를 풀었다.

니콜은 막내딸의 육아를 위해 직장을 그만두려 했다. 상사와 남편에게 이야기를 꺼내면 자신이 너무 많은 것을 요구하는 사람처럼 보일까 봐 불안했다. 니콜은 남편에게 일하느라 엠마가 깨어 있는 대부분의 시간을 함께하지 못하니, 밤에 엠마와 시간을 보내는 것이 그에게도 좋은 기회가 될 거라고 말했다. 니콜은 마침내 남편의 도움을 편안하게 받아들일 수 있었다. 니콜의 남편은 이 방법이 그녀가 느끼던 죄책감을 놓을 유일한 방법임을 직감적으로 알았다.

니콜은 자신이 오랫동안 당연하게 여겼던 생각들을 의심하며 새롭게 바라보기 시작했다. 니콜에게 가장 중요한 것은 자신의 인식이 정확한지 확인하는 일이었다. 그녀는 문제를 해결하기 위해 도움을 줄 수 있는 사람들에게 실시간으로 피드백을 요청했다. 그것은 상사, 어린이집, 남편과의 소통을 의미했다. 니콜은 그들로부터 필요한 것을 얻었을까?

6개월 후, 니콜은 여전히 직장을 다녔고, 육아 문제는 해결되었으며, 가정은 다시 화목해졌다. 그녀는 어린이집을 찾아가 이야기를 나누었고, 엠마가 집에 있을 수 있도록 몇 달간 휴원하기로 했다. 또한 엠마와 함께할 시간을 만들기 위해 주 4일 근무를 협상했으며, 친구의 추천을 받아 엠마를 믿고 맡길 수 있는 베이비시터를 찾았다. 남편과 집안일을 더 많이 분담했고, 이번엔 니콜도 죄책감 없이 그 제안을 받아들였다. 도움을 받으면 문제 해결이 쉬워진다. 고통스러운 감정에 혼자 갇혀 있으면 감정 조절이 더 힘들어진다.

'누군가에게 하소연하면 기분이 나아질까?' 때로 우리는 준비되지 않은 상태에서 조언을 구하기도 한다. 위로받고, 이해받으며, 혼자가 아니라는 느낌을 받으면 비로소 이성적인 문제 해결 능력을 더 잘 발휘할 수 있기 때문이다. 감정을 인식하고 인정하는 것(자신이든 타인이든)은 감정 조절에 도움이 된다. 나는 감정적으로 격해져 있을 때, 가능하다면 잠시 멈추고 비판 없이 들어줄 수 있는 사람을 찾는다. 그게 나에게는 정말 도움이 된다. 내 의도는 조언을 구하는 것이 아니라, 하소연이기 때문이다. 모든 상황에서 무조건 행동을 취해야 할 필요는 없고, 항상 상황을 바꿀 수 있는 것도 아니다. 그럴 땐 하소연이 특히 효과적이다. 감정을 다루는 것이 문제 해결의 중요한 과정임을 기억하라.

'내가 도움이나 조언을 구할 수 있는 사람이 있을까?' 신뢰할 수 있는 사람에게 의견을 구하는 것은 감정적으로 변화할 수도 있다는 사실을 염두에 두고, 상황을 바꾸기 위해 적극적인 준비가 되었을 때 가장 효과적이다. 먼저 내 문제의 긍정적인 부분이나 발생할 가능성이 있는 좋은 결과들을 적어보라. 긍정적인 결과를 떠올리는 것만으로도 감정의 지배를 제어할 수 있다.

어떤 경우든 상대방이 대화할 준비가 되어 있고 대화할 여유가 있는지 확인하는 것이 중요하다(내 생각을 나누거나 의견을 던져도 괜찮을까? 조언을 구해도 될까?). 그들이 시간과 관심을 내어주는 것에 감사해야 한다. 때로는 치료사가 객관적인 경청자가 되기도 한다.

상기하기Remind

자신의 능력과 기술, 과거에 해결한 문제들을 상기하는 것은 큰 도움이 된다.

- 이 상황이 내가 이전에 겪었던 경험과 무엇이 비슷한가?
- 그동안 다른 상황에서 사용한 기술이나 능력을 여기서도 활용할 수 있을까? (부서 회의에서 발표하는 것은 중요한 일이다. 나는 이미 여러 차례 부서 회의에서 발표해 보았다. 계획을 세운 덕분에 덜 긴장했고, 발표 전날 평소처럼 운동을 해서 푹 잤다. 다음 날 아침 일찍 출근해 리허설을 하고 장비도 점검하고 공간도 미리 살펴보았다. 준비 일정을 만들고 발표 전날 IT 담당자에게 연락해 리허설을 하기로 했다.)
- 내가 삶의 다른 문제를 어떻게 극복했는지, 그 과정에서 어떤 특성이 도움이 되었는지 돌아보자. 그 경험들을 여기서 어떻게 적용할 수 있을까? (나는 끈기 있고, 분석적이며, 체계적이다.)

재평가Reappraise

상황을 바꿀 수 없다면 상황과의 관계를 바꿔야 한다. 재평가는 상황을 긍정적인 가능성, 장애물 속에 숨은 기회로 바라본다. 재평가는 감정 조절에 효과적이다. 또한 유머를 사용하면 부정적인 상황을 긍정적으로 바꿀 수 있다(부정적인 상황도 나중엔 좋은 이야깃거리가 될 것이다. 상처를 입은 것은 내 자존심뿐이다). 넬슨 만델라처럼 창의적이고 지혜로운 방법으로 접근해 보면 어떨까? "나는 결코 패배하지 않는다. 나는 이기거나 배우기만 한다." 윈스턴 처칠은 이런 말도 했다. "비관주의자는 모든 기회에서 어려움을 찾고 낙관주의자는 모든 어려움 속에서 기회를 찾는다."

나에게 해를 끼쳤던 옛 동료와 불편한 예전 상사를 만날 가능성이 있는 회의를 재평가해 보자. 업계의 중요한 사람들과 인맥을 만들 기회이다. 책에서만 봤던 업계의 리더들을 직접 만날 수 있다. 그럼 만나고 싶지 않은 사람들은? 그들은 그저 긍정적인 기회 속에 있는 작은 불편함에 불과하다.

재평가는 거절을 다른 방향으로 나아가기 위한 기회로 해석한다. 만약 내가 소설가인데 여러 출판사에서 소설을 거절당했다고 생각해 보자. 출판사에서는 플롯을 고치라고 한다. 나는 위대한 소설가들의 책을 읽으면서 플롯을 어떻게 전개해야 하는지 배워볼 것이다. 일단 단편소설을 쓰며 플롯 짜기를 연습할 생각이다.

거절은 '지금은 아니다.'로 재구성하여 받아들일 수 있다. 승진에 실패했다면 이렇게 생각하는 것이다. 나는 승진하지 못했다. 하지만 사내에서 다른 기회를 찾거나, 비슷한 직책을 다른 회사에서 찾아볼 수 있다. 그동안 필요한 기술을 배우고, 인맥 쌓기에 힘쓸 것이다.

일상적인 불쾌함에도 이 방법은 통한다. 비자를 받기 위해 오랜 시간 기다려 드디어 내 차례가 왔는데 창구가 마감되었다고 한다. 분노가 치민다. 비자 발급을 위해 아침 시간을 비우기도 쉽지 않았으므로 이 일은 꼭 처리해야 한다. 여기까지 오느라 서두르고, 인내심을 가지고 기다렸다. 그로 인해 지연된 업무까지 일주일 내내 처리해야 한다. 문제 상황에 어떻게 대처할지는 어떻게 바라보느냐에 달려 있다. 감정을 잘 조절하는 사람은 부정적인 감정을 배제하고 상황의 본질을 정확하게 파악한다. 오늘 비자 발급을 못 받는다고 해서 큰 문제가 발생할까? 번거롭더라도 다른 날 다시 오면 될까? 비자를 받으려는 이유가 무엇인가? 개명을 하려 함인가, 시한부 판정을 받은 친척을 만나러 가기 위해서인가? 후자라면 더 간절히 밀어붙일 필요가 있다. 이 일을 개인적으로 받아들이고 절망하거나 소리를 지르는 대신 정중하게 관리자와 이야기할 수 있게 해달라고 요청한다. 바쁜 일정 속에서 비자를 발급받으러 오기까지 얼마나 힘들었는지, 정시에 도착해 차례를 기다렸고, 내 잘못이 아닌데도 업무가 지연되고 있다는 점을 설명하며 도움을 청한다.

그럼 관리자는 지금이 담당자의 점심시간이며, 한 시간 후에 다시 창구 업무를 볼 수 있다고 설명한다. 기다리거나 점심 후에 다시 와도 된다고 말한다. 웹사이트에 점심시간이 공지되어 있는데 그걸 확인하지 못한 잘못이 있다는 것을 인정하기로 한다. 마음을 진정시킨 후, 빠른 시간 내에 일을 처리할 수 있는 방법이 있을지 다시 물어본다. 관리자가 피곤해 보이는 내 모습이 안쓰러워 결국 직접 도와주기로 한다. 15분 후, 다시 직장으로 돌아간다. 포기하지 않고, 소리 지르며 화를 내지 않았기 때문에 일을 성공적으로 처리하게 된다.

이렇듯 재평가를 통해 대안을 찾고(관리자와 이야기하기), 공감할 수 있는 부분을 인정하고(규칙을 수용하기), 기회를 찾으면(이해와 도움을 요청하기), 합리적인 범위 내에서 문제를 해결하기 위해 사람, 상황과 어떻게 상호작용하면 좋을지 생각해 볼 수 있다. 우리의 감정은 중요한 정보가 된다(자기주장을 우호적인 방식으로 표현하기 위해 일과 시간의 압박 활용하기). 우리는 상대방의 요구를 이해할 수 있는 시각을 얻는다(시간 제약이나 관심사 등). 즉, 그들이 우리의 요청을 받아들이게 하려면 어떤 점을 준비해야 하는지 알게 된다. 이것이 바로 문제 해결의 정수이다.

만약 일시적으로 괴로운 상황을 재평가할 수 없다면, 비밀의 여섯 번째 R인 **재배치**Redeploy를 시도해 보라. 주의를 중립적인 대상으로 돌리면 된다. 주의를 다른 곳으로 돌리면 감정과 관련된 편도체의 활성화가 줄어

고통스러운 경험의 강도를 줄일 수 있다. 전 애인이 파티에 도착하면, 밖으로 나가서 테더볼 게임을 해라. 업계 모임에서 배신했던 옛 동료와 상사를 발견하면 주변을 둘러보며 이렇게 생각해 보라. '와, 만나보고 싶었던 사람들이 많네. 누구한테 먼저 말을 걸어볼까?' 재배치는 일시적으로 도움이 된다. 하지만 근본적인 문제를 해결해 주지는 않으니 적당히 사용하기를 바란다.

전체 이야기를 파악하라. 해결할 수 있는 것을 해결하라. 나머지는 재평가하고 받아들이고 놓아버리라.

다른 사람과 효과적으로 문제를 해결하는 법

또 다른 이야기가 있다. 세 명의 아이와 두 마리 개, 두 개의 직장, 하나의 집. 낸시와 샤론은 결혼생활에 필요한 모든 걸 갖춘 듯 보였다. 하지만 좋은 것들을 챙기며 살아가는 일이 때때로 갈등을 불러왔다. 아이들을 학교에 데려다주는 문제, 식사 준비, 그 외의 일들이 쌓이면서 결국 그들은 소리 지르거나 서로를 비난하지 않고는 대화하기 힘든 지경에 이르렀고, 그 무렵 나를 찾았다.

어떤 관계든 오랜 시간 함께하다 보면 갈등이 생긴다. 합리적 낙관주의자는 갈등을 해결하면서도 서로에게 상처를 남기지 않기 때문에 관계를 성공적으로 이어간다.

부부 간의 갈등은 종종 두 가지 해결책만 알고 있으므로 일어난다. 내 방식 아니면 네 방식. 설거지할 사람은 나 아니면 너. '너와 나'에서 '우리'로 나아가는 것이 감정 조절 전략의 핵심이다. 샤론과 낸시를 상담하며 도출한 문제 해결의 원칙은 다음과 같다.

틀에서 벗어나 생각해 보기. 효과가 없는 방법은 해결책이 될 수 없다. 나는 샤론과 낸시에게 틀을 깨는 해결책을 함께 생각해 보라고 했다.

서로 협력하며 문제 풀기. 샤론과 낸시에게는 각자의 해결책을 존중하고, 비판 없이 받아들여야 한다는 과제가 주어졌다. 그렇게 두 사람은 함께 문제 해결에 몰두할 수 있었다. 나는 그들에게 서로의 제안을 합리적이고 탐색할 가치가 있는 것으로 받아들이라고 당부했다. 《행복한 결혼을 위한 7원칙》의 저자 존 가트맨은 이를 '파트너의 영향을 받아들이는 마음가짐'이라고 설명했다.

비판하지 않기. 상대방을 비난하거나, 거칠게 부르거나, 인신공격을 하지 않는다. 필요하다면 바꾸고 싶은 부정적인 행동을 지적하되 바라는 긍정적인 행동을 더 집중적으로 언급하라.

이 전략들은 낸시와 샤론이 '문제'(누가 무엇을 할지)에만 집중하는 대신, 더 넓은 시각으로 상황을 살펴볼 수 있도록 도왔다. 그들의 삶은 유의미한 일들로 가득했지만, 무거운 책임감에 짓눌려 숨이 막히는 기분을 느꼈다.

두 사람은 휴식과 여유, 취미와 관심사를 위한 시간이 필요했다. 혼자만의 시간, 아이들과의 시간, 함께하는 시간도 필요했다. 친구 및 다른 가족들과의 시간, 운동과 오락을 위한 시간도 필요했다.

우리는 많은 기대에 짓눌리고, 지원은 점점 줄어드는 현실 속에서 살아간다. 이럴 때일수록 문제 해결 능력을 키워야 한다. 낸시와 샤론은 논쟁에 시간을 허비하는 대신, 어떻게 목표를 달성할지를 고민하게 되었다. 그리고 현실적인 해결책을 찾아냈다.

- 집안일을 더 체계적으로 분담하기 위한 계획표를 세우기로 했다. 더 이상 그때그때 논쟁하지 않기로 했다.
- 집안일에 큰 아이들을 동참시킨다.
- 육아를 위해 부모님에게 도움을 요청한다.
- 청소를 더 간편하게 만들어주는 가전제품에 투자하고, 식료품은 주문해서 배달받기로 했다.
- 집안 꼴이 엉망이고, 저녁으로 남은 피자를 먹어야 하더라도 스스로에게 너그러워지기로 했다.

상담을 통한 문제 해결: 문제의 본질을 파악하기 위해 도움받기

마리아는 자신의 문제를 정확히 알고 있었다. 그녀는 자신의 일이 만족스럽지 않았고, 정체된 느낌을 받았으며, 지루했다. 마리아는 무엇이 자신을 괴롭히는지 알았지만, 문제의 원인을 알아내는 것이 더 중요했다. 무엇이 자신에게 중요한지 이해하는 것이 문제 해결의 첫걸음이다.

나는 마리아가 문제의 근본 원인을 찾아낼 수 있게 다음의 질문을 했다. 아래의 대화에서 질문자인 나는 '수 박사'로 표기했다.

수 박사: 문제를 간단히 정의한다면 무엇인가요?

마리아: 제 본업이 만족스럽지 않다는 거요.

수 박사: 그 문제를 해결하려면 무엇이 필요할까요?

마리아: 제가 즐길 수 있어지는 거죠.

수 박사: 대안이 존재하나요?

마리아: 당장은 없어요.

수 박사: 대안을 얻으려면 무엇을 해야 할까요?

마리아: 만들어야죠.

수 박사: 더 자세히 말해보세요.

마리아: 제 사업을 시작하는 거예요. 부업으로 시작해서 충분한 수입을 얻을 수 있을 때까지요.

수 박사: 그게 당신에게 얼마나 중요하죠? 사업을 생각하는 이유는 뭐예요?

마리아: 매우 중요해요. 창의적인 일을 하고 싶은데 지금은 그러지 못하거든요. 또 제 시간을 자유롭게 조정하고 싶어요. 유연성이 절실히 필요해요. 누군가의 지시를 받는 게 아니라, 주도권을 쥐고 일하는 걸 좋아해요.

수 박사: 어떤 직업 선택지가 있나요?

마리아: 사진 촬영, 이벤트 기획, 교육, 피트니스에 관심이 있어요.

수 박사: 재정적인 제약 외에 당신을 방해하는 다른 요소가 있나요?

마리아: 솔직히 제 본업을 떠나는 게 두려워요. 편안함, 편리함, 익숙함, 정기적인 수입, 구조, 일상, 친구들이 있잖아요. 아, 실패에 대한 두려움도 있어요. 어떤 선택을 먼저 해야 할지 모르겠어요.

수 박사: 친구가 당신과 똑같은 고민을 이야기한다면 어떻게 말해주고 싶나요? (나는 이 질문을 좋아한다. 우리는 종종 자신보다 친구에게 더 실용적으로 낙관적이기 때문이다!)

마리아: 시도해 보기 전까지는 몰라. 넌 잘하는 게 많지만, 사진 촬영부터 시작하는 게 좋을 것 같아. 프리랜서 경험도 있으니까. 대신에 오전 9시에서 오후 5시까지 직장에서 누리던 규칙적이고 안정적인 생활을 잃게 될 거야. 스스로 규율을 지키며 일해야 해. 돈을 벌지 못할 수도 있고, 이

익이 적을 수도 있지만 해낼 수 있다면 도전할 가치가 있어. 변화는 두려운 일이야. 하지만 난 널 믿어. 넌 할 수 있어. 너는 재능이 있어. 작게 시작해 봐. 본업은 그만두지 말고, 저녁과 주말에 새로운 일을 해봐.

수 박사: 1은 '전혀 문제 되지 않는다.'고, 10은 '평생 후회할 것이다.'라고 할 때 1부터 10까지의 척도로 점수를 준다면, 10년 후 이 길을 가지 않은 것에 대해 얼마나 후회할 것 같은가요?

마리아: 8에서 10 사이일 것 같아요.

수 박사: 시간과 돈이 문제가 되지 않는다면, 어떻게 이 문제를 해결할 수 있을까요?

마리아: 지금 바로 도전할 거예요.

수 박사: 도와줄 사람이나 활용할 수 있는 자원이 있어요?

마리아: 저축해 둔 돈이 조금 있어요. 장비 몇 가지를 사고, 두세 달은 버틸 수 있을 것 같네요.

나는 마리아가 모든 문제를 즉시 해결했다고 말하는 것이 아니다. 사실, 누구도 그렇게 할 수 없다. 하지만 이런 질문들은 우리를 반복되는 사고의 틀에서 벗어나게 하고, 창의적 사고를 시작하게 하며, 큰 장애물이 점차 우리가 해결할 수 있는 작은 프로젝트처럼 보이게 만들어, 문제를 풀어가면서 해결할 수 있게 돕는다.

핵심을 짚는 질문 리스트

아래는 문제 해결이나 목표 설정에서 막혔을 때 자기에게 던져볼 수 있는 질문들이다. 어떤 질문은 상황에 적용되지 않을 수도 있다. 모든 질문에 답하려고 부담을 느낄 필요는 없다. 중요한 것은 문제를 바라보는 방식을 바꾸는 것이다. 간단한 사실로 답하라. 감정적인 해석이나 과장된 이야기를 덧붙이지 마라.

1. 문제를 간단히 정의한다면 무엇인가?

2. 목표는 무엇인가?

3. 그것을 해결하려면 무엇이 필요할까?

4. 그 대안이 존재하는가?

5. 이 일을 해결하기 위해서는 무엇을 해야 할까?

6. 그걸 더 자세히 풀어보면?

7. 이게 당신에게 얼마나 중요한가? 그리고 그 이유는 무엇인가?

8. 첫 번째 해결책이 잘되지 않으면, 어떤 대안이 있는가?

9. 무엇이 방해가 되는가?○

10. 이 장애물들을 어떻게 해결할 수 있을까?

11. 친구가 똑같은 고민을 이야기한다면 어떻게 말해주고 싶은가?

12. 1은 '전혀 문제 되지 않는다.'이고, 10은 '평생 후회할 것이다.'라고 할 때 1부터 10까지의 척도로 점수를 준다면, 10년 후 이 길을 가지 않은 것을 얼마나 후회할 것 같은가?

○ 목표를 추구하는 데 종종 지체하는 이유는 우리가 가진 목표들이 서로 충돌하고, 그것을 인식하지 못하는 경우가 많기 때문이다. 예를 들어, "나는 다른 주로 이사하고 싶지만, 나이 든 부모님을 실망시키고 싶지 않다." 이 문제에는 간단한 답이 없다. 첫 번째 단계는 모든 목표를 정리하고, 내 생각과 감정을 들여다보는 것이다. 부모님을 실망시키는 것에 대한 내 인식은 얼마나 정확한가? 그들이 속상할 것이라는 증거는 무엇인가? 그런 단점을 상쇄할 수 있는 의사소통이나 해결책은 무엇일까?

13. 시간과 돈이 문제가 되지 않는다면, 어떻게 진행할 수 있을까?

14. 가장 좋은 결과는 무엇이고, 일어날 가능성은 얼마나 되는가?

15. 가장 나쁜 결과는 무엇이고, 일어날 가능성은 얼마나 되는가?

16. 그렇다면 그 상황에 무엇을 할 수 있을까?

17. 만약 최악의 상황이 일어나고, 아무것도 할 수 없다면, 그 결과를 받아들일 수 있을까?

18. 가장 가능성이 높은 시나리오는 무엇이라고 생각하며, 그 결과를 받아들일 수 있을까?

19. 진행을 위한 지원이나 도움을 받을 수 있는 곳이 있는가?

20. 조언이나 정보, 지원이 필요할까?

21. 누가 도움을 줄 수 있을까?

22. 이 일에 대해 이야기할 수 있는 신뢰할 만한 사람이 있는가?

23. 목표를 달성하기 위해 어떤 자기 관리가 필요할까?

24. 모든 일이 잘 풀리면 어떤 기분이 들까?

25. 이 질문들에 답을 했으니 이제 다음 단계는 무엇일까?

시도하지 않은 슛은 100퍼센트 놓친다

"시도하지 않은 슛은 100퍼센트 놓친다."는 말은 아이스하키의 전설, 웨인 그레츠키와 그의 코치들이 전한 중요한 메시지로, 스포츠뿐 아니라 일상에서도 중요한 의미를 가진다. 시도하지 않으면 어떤 결과도 얻을 수 없다. 효과적인 문제 해결은 단순히 외부의 장애물에 대응하는 것이 아니다. 우리는 자신을 도와주거나 방해하는 내면의 역학을 인식하는 과정이 필요하다.

감정은 행동을 이끈다. 감정은 때로는 생명을 구하고, 때로는 삶의 제한이 된다. 어떤 선택을 하겠는가?

삶이 나에게 도전할 때, 내 감정이 나에게 무엇을 말하는지 곰곰이 생각해 보라. 그다음 문제를 생산적으로 해결할 수 있는 모든 도구를 살펴보라. 합리적 낙관주의자로서 세상을 긍정적으로 변화시키는 시각으로 전환할 준비를 해라. 그렇게 하면 인생을 더욱 풍성하고 유연하게 살아갈 수 있다.

실행 전략

● 최적주의자Maximizer vs. 만족주의자Satisficer ●

다음 질문에 답해보라.

1. 결정을 내릴 때 사소한 부분까지 세심하게 신경 쓰는 편인가?

2. '이거다!' 싶은 단 하나의 선택을 하기까지 오랜 시간이 걸리는가?

3. 주변 사람들이 "결정하는 데 너무 오래 걸린다."고 답답해하는가?

4. 너무 많은 선택지가 주어지면 혼란스러운가?

5. 충분한 정보를 모을 시간이 없으면 아예 결정을 미루는가?

6. 자동차나 집, 가전제품처럼 비용이 큰 구매를 앞두고 뭐부터 알아볼지 생각만 해도 부담스러운가?

7. 결정을 내린 뒤, 새로운 정보가 나오면 '괜히 샀나?' 하고 후회하는 일이 많은가?

8. 무언가를 산 후, '더 좋은 게 있었을 텐데.' '막상 사고 나니 흥미가 안 생기네.' 같은 생각을 자주 하는가?

9. 결정을 미루다가 손해 본 적이 있는가?

10. "이 정도면 됐다."라는 말이 마치 타협하는 것처럼 느껴지는가?

만약 위 질문들에 '그렇다.'라는 대답이 많았다면 최적주의자일 가능성이 높다.

5장 자부심
흔들리지 않는 나를 만드는 법

당신 스스로의 동의 없이는
그 누구도 당신에게 열등감을 안겨줄 수 없다.
— 엘리너 루스벨트(Eleanor Roosevelt)

이스트강이 반짝이고 구름 한 점 없이 맑은 하늘에 맨해튼의 하늘선이 선명하게 그려지던 날이었다. 서른 블록을 걸어 치료사를 만나러 가는 동안, 나는 묘한 죄책감에 사로잡혀 있었고 한편으로는 그 순간을 즐기고 있었다.

서른 블록을 걸으면서 내가 치료사에게 가게 된 이유를 곱씹었다. 다리는 여전히 힘이 빠진 느낌이었지만, 신경과 의사는 나에게 아무 문제가 없다고 말했다. 의사의 말에 안도한 것도 사실이었다. 하지만 역시 문제는 내 마음이었다. 고쳐야 할 건 그쪽이었다. 과연 내가 치료를 받아야 할 필요가 있을까? 내가 지나치게 나 자신에게 집중하는 건 아닐까?

나는 다른 사람들의 정신건강을 돌보는 일을 했다. 그런데 정작 나를 위한 치료는 뭔가 어색하고 낯설게 느껴졌다. 인도 문화에서는 가족이 중요한 역할을 한다. 이모나 삼촌, 사촌이 언제든지 도움을 줄 준비가 되어 있다. 인도에서 의대 인턴십을 했을 때, 나는 똘똘 뭉치는 인도인 가족들의 모습에 깊은 감명을 받았다. 가난한 집안도 사랑으로 가득 차 있었고, 아픈 사람의 침대 옆에는 최소한 세 명의 가족이 머물렀다. 하지만 미국에 이민 온 우리 가족은 인도에서라면 여덟 명, 열 명의 친척들이 나눠 가졌을 가족의 지원을 네 명이 다 떠맡아야 했다. 가족과 공동체의 조화와 건강, 안전을 지키기 위해서라면 무엇이든 해야 했고, 그 대가로 자신을 희생하는 것은 당연하게 여겼다. 나는 미국에서 태어나고 자랐지만, 우리 가족의 삶의 방식은 인도에 있었다.

의학 그리고 정신과를 선택한 것은 봉사와 과학을 중시하는 우리 가족의 가치관에서 자연스럽게 나온 길이었다. 하지만 의학은 고도의 스트레스와 완벽을 요구하는 분야였다. 그럼에도 나는 의학을 사랑했고, 내 가족을 사랑했다. 그래서 모든 책임을 기꺼이, 또 의무감으로 떠맡았다. 그러나 어머니가 암 진단을 받고 투병하는 동안 나는 벅찼다. 여러 가지 우선순위가 충돌했고, 그것들을 감당할 수 없었다.

엘리베이터 문이 열리자, 아름답고 차분한 대기실이 펼쳐졌다. 나는 불안한 마음을 숨기고 앉아 패션 잡지를 천천히 넘겼다.

"수?" 고개를 들어보니, 키가 크고 날씬하며 세련된 치료사가 보였다. 따뜻한 미소가 눈에 띄었고, 내 차트를 들고 있었다. 팔목에 금팔찌를 하나 차고 있었는데, 한쪽에는 붉은 실이, 다른 쪽에는 기도 구슬이 섬세하게 꿰어 있었다. 스타일리시하면서도 영적인 느낌이었다. 그녀를 따라 진료실로 들어가 소파에 앉았다.

그곳은 이스트강을 한눈에 담을 수 있는 멋진 펜트하우스로, 내가 레지던트 시절 경험한 클리닉들과는 비교할 수 없을 정도로 성스러워 보였다. 소파 옆에 놓인 티슈 상자가 눈길을 끌었다. 본격적인 치료가 시작되기 전, 나는 치료사도 치료가 필요하다고 스스로를 다독였다.

"환영해요." L 박사가 말했다. "무슨 일로 여기까지 오셨나요?" 나는 잘 차려입은 낯선 사람 앞에서 내 감정의 짐을 하나하나 풀어놓았다.

내가 상담을 통해 알게 된 것은 자부심이라는 중요한 문제였다. 이 자부심은 남보다 더 낫다는 자부심도, 성취와 외적인 인정에 의존하는 자부심도 아니었다. 나에게 필요했던, 내가 만들어 가야 할 자부심이었다. 불확실하고 어려운 상황에서 무엇을 해야 할지 잘 모르더라도, 내가 어떤 사람인지, 무엇을 할 수 있는지, 내 가치는 무엇인지 알 수 있는 자부심이 필요했다. 스스로를 비난하거나 부풀리지 않으며, 다른 사람들의 평가에 휘말리지 않고 평정을 유지하게 해줄 자부심. 자신과 타인에게서 가장 좋은 점을 찾아 격려하는 자부심. 그것이 바로 우리가 탐구할 주제이다.

건강한 자부심의 정의

건강한 자부심은 우리가 어떤 사람인지, 안정적이고 친절하며 현실적인 인식을 갖는 것이다. 건강한 자아 존중감은 자신감을 겸손과 조화롭게 유지하며, 부끄러움이나 죄책감을 유발하는 생각에서 우리를 지켜주고, 삶과 타인에게서 배울 수 있는 것들에 감사하는 마음을 갖게 한다.

건강한 자부심은 4가지 주요 요소로 이루어져 있다.

첫 번째, 내재적이다. 건강한 자부심은 우리가 본래 가지고 있는 가치에 지속적인 감각의 뿌리를 내린다. 건강한 자부심은 무조건적이지만 과장되지 않으며, 때때로 흔들릴 수 있지만 최근의 성공이나 실패, 칭찬이나 비판의 영향을 받지 않는다.

두 번째, 정확하다. 어떤 사람들은 자신이 대단하다고 생각하지만, 사실 그들도 다른 사람들과 별반 다르지 않다. 또 어떤 사람은 자신이 얼마나 훌륭한지 잘 모른다. 건강한 자부심은 그 모든 왜곡을 거부하고, 자신을 있는 그대로 바라보게 한다.

세 번째, 친절하다. 자신과 타인에 대한 친절이야말로 건강한 자부심의 특징이다. 친절하기 위해서 필요한 건 자기 비판이 아니라, 자기 연민이다. 실수를 인정하고, 자책하지 않으며, 그런 마음을 타인에게도 나눈다.

네 번째, 성장과 긍정적인 행동을 촉진한다. 자기 수용이 가능해지면 우리는 변화와 성장을 향해 나아갈 힘을 얻는다. "오늘은 일이 잘 풀리지 않았어. 하지만 다시 시도해 볼 수 있어." 건강한 자부심은 우리를 마비시키는 죄책감과 수치심에서 벗어나게 해주고, 적응하며 성장하도록 돕는다.

자아 존중감과의 차이

나는 자아 존중감이라는 개념을 그다지 좋아하지 않는다. 자아 존중감은 외부의 성취에 의존하기 때문에 정작 필요할 때 쉽게 사라진다. 낮은 자아 존중감은 우울증, 신체이형장애, 섭식장애, 불안장애와 같은 다양한 정신적·신체적 문제를 유발한다. 극단적인 경우, 우울증과 낮은 자아 존중감이 결부되며 자살 위험을 증가시킨다. 자존감을 보호하려는 마음은 자아에 왜곡된 인식을 만들고, 편견과 자기애적인 행동, 그리고 자신을 위협하는 사람들에게 해를 입히는 결과로 이어진다. 하지만 건강한 자부심은 외부의 평가나 타인과의 비교에서 오지 않는다. 자부심은 자아 존중감보다 더 지속적이고 안정적인 자기 존중의 원천이다.

죄책감을 허용하고 수치심으로부터 보호하기

약간의 죄책감은 오히려 도움이 된다. 수치심은? 그렇지 않다.

죄책감은 특정 상황에서 우리가 만든 사회적 규범을 어겼다고 느낄 때, 후회와 반성을 일으키는 감정이다. 죄책감이 우리를 괴롭히지 않는 한, 죄책감은 보상과 사회적 행동으로 나아가게 만든다. 또한 진화적 이점도 있다. 부족의 규칙을 따르면 부족은 우리를 지켜준다. 또한 건강한 수준의 죄책감은 공감 능력이 있음을 보여준다. 사실 죄책감에 더 민감한 사람은 수치심을 느끼는 사람보다 타인의 감정 표현을 정확하게 읽어낸다. 자신의 행동이 다른 사람에게 미치는 영향을 알고, 적절한 책임을 지려고 한다. 연구에 따르면 죄책감은 수치심보다 이타적인 행동을 촉발하고, 개선하려는 강한 욕구를 일으킨다. 죄책감에서는 구원의 길이 더 명확하고, 그 길을 찾을 수 있기 때문이다.

반면 수치심은 특정 행동이 아니라, 사람 자체에 관한 것이다. 죄책감이 "나는 끔찍한 행동을 했다."라고 말한다면, 수치심은 "나는 끔찍한 사람이다."라고 말한다. 수치심은 소속감이나 사회적 지위가 위험에 처할 수 있다는 두려움을 안겨준다. 이는 과도한 자기 비판으로 이어져, 자기를 파괴하는 형태로 나타날 수 있다. 자신에게 집중된 부정적인 감정을 어떻게 보상할 수 있을지에 대한 방법을 찾기 어렵게 만든다. 그래서 수치심은 무력감, 반복적인 생각, 비관, 우울, 신체적 위협이 가해진 듯한 스트레스, 사회적 고립과 철수, 소외로 이어진다. 수치심을 일으킨 사람이나 상황을 피하게 된다.

수치심을 자주 느끼는 사람은 자아 존중감이 떨어지는 경향이 있으며, 그 반대도 마찬가지이다. 수치심은 심리적 문제, 특히 우울증의 위험을 증가시킨다. 이 사실은 22,000명 이상의 사람들에게 108개의 연구를 바탕으로 시행된 메타 분석에서 밝혀졌다. 물론 수치심에 더 취약한 사람들도 있다. 주로 신체적 변화를 겪는 청소년과 점점 약해지는 노인들이다. 하지만 수치심의 독성에서는 이들뿐 아니라 누구도 자유로울 수 없다. 수치심은 음주, 자해 또는 더 나은 삶을 위한 노력(체중 감량, 더 좋은 직장 찾기, 따뜻한 관계 맺기 등)을 하지 않는 부정적인 대처 방식으로 이어질 수 있다. 수치심이 방치된 채 쌓이면 우리는 자신이 집단이나 관계에서 짐이 된다는 생각에 빠지거나, 삶의 가치에 의문을 품게 된다. 건강한 자부심을 기르는 것은 수치심에 대한 저항력을 키우고, 실수를 용납할 여유를 주어 그 실수를 바로잡을 수 있다는 믿음을 갖게 한다.

관계 맺기

자부심이 낮으면 자아 존중감을 지키기 위해 끊임없이 다른 사람들과 자기를 비교하게 된다. "내가 더 낫다."고 생각한다면 아무 문제 없겠지만, 그렇지 않다면 자기 비판과 질투 또는 시기가 뒤따른다. 낮은 자부심은 사회적 불안과 고립을 일으킨다. 자신이 사랑받을 만한 사람이 아니고, 다른 사람의 호감을 사지 않으며(이런 생각은 수치심이나 죄책감이 원인일 때가 많다), 재미있지 않다고 믿기 때문이다. 그로 인한 외로움은 우리 삶의 질과 수명을 더욱 떨어뜨린다.

건강한 자부심은 비교에서 자유롭고 더 건강한 관계를 키워준다. 그래서 유해하거나 학대적인 관계에 빠질 확률이 적다('감정적 빵 부스러기'에 만족하지 않는다). 자신이 더 나은 대우를 받을 자격이 있다고 믿기 때문이다. 대신 서로 지원하고 존중하며 사랑을 바탕으로 한 관계를 추구한다. 사랑은 수치심을 일으키지 않고, 자기 수용과 성장을 촉진한다.

자부심과 수치심의 차이

자기 비판적인 자아는 존재를 위협하는 것으로 인식되어 싸움 혹은 도피 반응을 유발하는 호르몬을 활성화시킨다. 수치심은 스트레스 호르몬을 분비시켜 혼란을 일으킨다. 반면, 자기 연민에서 비롯된 자부심은 포유류의 본능적인 돌봄 행동과 관련된 생리적·신경학적 반응을 자극하며, 옥시토신(유대·친절·돌봄의 호르몬) 분비를 촉진해 스스로를 돌볼 수 있도록 돕는다.

이 시스템은 강력한 스트레스 호르몬인 코르티솔을 차단하고, 우울증, 신체 질환, 면역 기능 저하, 자가면역질환 등으로 이어질 수 있는 해로운 염증을 막아준다. 그리고 건강한 습관을 촉진한다. 자기 연민이 높은 낙관적인 사람들은 식사, 운동, 명상, 수면, 휴식, 친구 및 가족과 시간을 보내기 등의 더 나은 습관을 가지고 있다. 그들은 자기 자신에게 투자할 가치가 있다고 믿기 때문에 일과 삶의 균형을 더 잘 유지한다. 높은 목표와 기준을 세우지만, 비적응적 완벽주의에는 저항한다. 비적응적 완벽주의는 엄격하고 비현실적인 기준을 세우고, 그 기준을 충족하지 못할 때 자신을 심하게 책망하는 것이다. 연구에 따르면, 비적응적 완벽주의에서 오는 지나치게 높고 끝없는 비합리적인 기준은 성공을 거두더라도 건강, 웰빙, 관계에 심각한 영향을 미친다.

건강한 자부심에 영향을 주는 요인

건강한 자부심과 불건강한 자부심에는 여러 가지 요인이 영향을 미친다. 몇 가지 중요한 영향을 살펴보자.

긍정적 스트로크와 부정적 스트로크

1950년대에 교류 분석(TA) 이론을 창시한 정신과 의사 에릭 번은 사회적 상호작용의 기본 단위를 설명하기 위해 '거래' 또는 '스트로크'라는 용어를 사용했다. 스트로크는 타인의 존재를 인정하고 관심을 드러내는 모든 행동과 반응을 의미한다. 언어적일 수도, 비언어적(미소, 포옹 등)일 수도 있으며, 긍정적일 수도, 부정적일 수도 있고, 조건적(특정 사건이나 상황에 한정)일 수도 있고, 무조건적(더 넓고 포괄적인 평가)일 수도 있다. 예를 들어 "정말 훌륭한 식사였어요!"라는 말은 언어적·긍정적·조건적이고 "당신은 정말 훌륭한 사람이에요!"라는 말은 언어적·긍정적·무조건적이다.

우리가 생존을 위해 의존했던 초기 돌봄 제공자와의 상호작용은 당연히 큰 영향을 미친다. 적당한 양의 무조건적인 긍정적 스트로크는 자신감을 높이지만, 긍정적 스트로크가 너무 많아지면 자신감을 지나치게 키워서 긍정적 스트로크 없이는 대처할 수 없게 된다. 몇 번의 적절한 시점에서의 건설적인 부정적 스트로크는 행동을 바로잡는 데 도움이 되지만, 너무 많은 비판, 특히 무조건적인 부정적 스트로크는 상당히 해로우며, 수치심을 불러일으킨다. 그것이 존재 자체에 대한 판단처럼 느껴지기 때문이다. 실제로 이런 피해가 집단에서도 일어날 수 있다. 그것은 차별이나 열등감을 느끼게 하는 대우 등 부정적인 경험들이 오랜 시간 지속될 때 일어난다.

꾸준히 돌봄과 따뜻한 격려를 제공하는 부모는 아이에게 건강한 자부심과 자기 연민의 능력, 안정된 애착을 키운다. 이는 자기에 대한 안정적인 가치를 느끼게 하고, 대인 관계에서 전반적인 편안함을 주며, 수치심과 죄책감에 대한 일부 사람들의 타고난 경향을 상쇄해 준다. '나는 괜찮고(자기 긍정)', '너도 괜찮다(타인 긍정)'는 교류 분석의 핵심 구절이자 목표이다. 이 말은 나와 너, 모두가 소중하고 고유한 가치를 가진 존재임을 깨닫는 것이다. 안정된 애착은 소속감을 부여하고, 자기가 중요한 존재라고 느끼게 만든다. 하지만 어린 시절 이런 교육을 받지 못했다면 어떻게 해야 할까? 자기 연민을 실천함으로써 수치심에 민감한 성향을 변화시킬 수 있다.

문화적 메시지

문화적 교육은 우리가 내면화하는 메시지에 중요한 영향을 미친다. 우리 부모님 세대는 그보다 윗세대의 영향을 받았으며, 그들은 마하트마 간디가 상징하는 '이상적인 자유를 위한 투쟁'의 사고방식에 물들어 있었다. 신, 국가, 가족이 개인의 필요보다 먼저였다. 내가 보고 자란 신화와 경전은 그 점을 분명히 강조했다. 나는 우리 집에서 이타적인 봉사의 가치를 배우며 자랐다. 이는 부모님이 지키고자 했던 올바른 삶, 즉 다르마와 깊은 연관이 있었다. 자신의 의무를 다하고, 결과에 집착하지 않으며, 어른을 존경하고, 권위에 복종하라. 나는 L 박사에게 어머니가 29살까지 결혼을 미룬 이유를 말했다. 어머니는 여성의 권리를 옹호하고, 어린 나이의 여자아이들을 결혼시키는 조혼 풍습과 지참금 관습에 반대하며, 여성에게 동등한 교육과 급여를 제공해야 한다는 것을 행동으로 보여주기 위해 결혼을 미루었다.

나는 이 문화적 유산을 깊이 존경한다. 문화적 메시지는 긍정적인 영향을 미친다. 하지만 중요한 것은 그것을 어떻게 적용하고 실천하느냐이다. 어떤 면에서 이 가르침들은 우리가 자기중심적으로 생각하고 자만하지 않게 만든다. 그러나 때때로 문화적 가르침은 건강한 자부심마저 억제하거나 수치심을 일으켜 사람들의 자아를 억누르는 수단으로 사용된다.

의사라는 직업은 단순한 직업 이상으로 나에게 부여된 사명이었다. 그렇다면 전통적으로는 다르마의 제자이며, 미국인으로서는 개인주의 성향을 가진 나는 어디에 속하는 걸까? 어떻게 해야 죄책감이 수치심이 되지 않을까? 모든 게 지나치게 버겁고, 다리에서는 힘이 계속 빠지며, 여러 상황에 적절히 대처할 수 없을 때 말이다.

나와 타인 비교하기

우리가 하는 생각의 10퍼센트는 비교와 관련된 것이다. 비교는 자신의 능력이나 성격, 태도를 평가하는 데 유용하고, 롤 모델이나 멘토에게 영감을 얻는 방법이 된다. 그러나 때로는 달성할 수 없는 기대나 이상화된 자아의 특성을 내면화해, 기대한 바를 이루지 못한다고 스스로를 책망할 수도 있다. 혹은 자신보다 못한 사람들과 비교하며, 기분이나 자존감을 높이기 위해 하향 사회 비교를 할 수도 있다. 우리는 자기나 타인을 깎아내리거나, 자신을 부풀리곤 한다. 비교하거나 자책하지 않고 자유롭게 살아가기란 쉽지 않다.

생산성과 우리의 가치

우리 사회는 우리가 하는 일에 지나치게 큰 가치를 부여한다. 하버드 대학교 경영대학원의 교수 애슐리 윌런스는 2019년 〈하버드 비즈니스 리뷰〉의 보고서에서 시간 부족과 시간의 풍요라는 주제를 다루었다. 애슐리 윌런스의 조사에 참여한 사람들 중 80퍼센트가 매일 하고 싶은 일을 모두 끝낼 시간이 부족하다고 답했다(항상 뒤처진다는 느낌은 개인적인 통제력과 주도감을 약화시켜 스트레스를 가중시킨다). 즉 우리는 집단적 시간 부족 상태에 처해 있다.

이 개념을 알게 된 건 L 박사와의 만남 이후 꽤 시간이 지난 뒤였다. 하지만 나는 주 80시간 이상을 일하고, 때로는 하루에 너덧 개의 병원을 돌아다니고, 의료 선교를 위해 해외로 가고, 가족을 도우며 시간 부족에 갇혀 있었다.

우리 집에서는 일을 통해 의무를 다하고 봉사하는 것이 중요하다고 여겼다. "부모님은 일을 신앙처럼 여겼어요." 나는 L 박사에게 말했다. 여름 방학 때면 부모님은 매일 내가 할 일을 적어놓았다. 차고에 페인트칠하기, 데크에 페인트칠하기 등. 모두 읽기 힘든 아버지의 글씨로 적혀 있었고, 어떤 설명도 없었다. 내가 그 일을 얼마나 잘 해낼지는 중요하지 않았다. 그저 해내는 것이 중요했다.

내가 페인트칠한 데크는 칙칙한 녹색이 되고 말았다. 하지만 의도를 중요하게 여겼던 부모님에게 그런 결과는 문제가 되지 않았다. 부모님은 생산성을 중요한 가치로 여겼고 일을 완수하는 게 생산성을 키워준다고 생각했다. 부모님이 시킨 일은 나에게 '조건적 스트로크'처럼 느껴졌다. 우리 집에서 인정받으려면 맡겨진 임무를 완수해야 한다는 압박감을 느꼈다. 그로 인해 나는 성인이 된 후에 매우 높은(혹은 타협할 수 없는) 기준을 세우게 되었다. 그 결과, 스스로에게 너그럽지 않은 사람이 되었다.

이것은 우리 가족이 강조한 '이타적인 기여'에서 비롯된 내면의 가치관이었다. '의미 있는 일을 하지 않으면 시간을 낭비하는 것'이라는 생각이 나에게 자리 잡혀 있었다. 결국 비언어적 조건적 부정적 스트로크로 나는 나를 '아무것도 아닌 존재'로 느꼈다.

'자신'과 '자신이 하는 일'을 분리하는 것은 쉽지 않다. 그럼에도 불구하고 반드시 분리해야 한다. 분리하지 않으면 우리의 자아 존중감이 외부의 혼란에 휘둘리고, 결국 자기 안에서 뿌리를 내리기 어려워진다.

명심하자. 자아 존중감은 그저 우리가 존재한다는 사실만으로 존재한다.

건강한 자부심 찾기: 건강한 자부심을 위한 설계도

건강한 자부심은 어떤 모습일까? 자만하지 않으면서 자부심을 가질 수 있을까? 친구, 가족, 환자에게 베푸는 연민을 나 자신에게도 적용할 수 있을까? 최선을 다했음에도 가끔 누군가를 실망시킨다는 사실을 받아들일 수 있을까?

건강한 자부심을 기르고 싶다면 친절함을 먼저 키우는 것이 좋다. 배려심이 삶을 개선할 수 있다는 생각은 단순히 기분을 좋게 만들기 위한 말이 아니다. 마틴 셀리그먼이 정리했듯, 과도한 죄책감이나 수치심이 우리를 부정적인 사고로 끌어내리면 우리는 문제를 개인화하고(나는 나쁘다), 그 문제가 모든 것에 영향을 미친다고 보고, 그것이 영구적이라고 생각한다. 과중한 압박감을 느끼면 수동적으로 되고 점차 관계를 끊게 된다.

자기 연민에 대한 연구는 이런 문제를 극복할 수 있는 흥미로운 가능성을 보여준다. 〈긍정심리학 및 웰빙 저널Journal of Positive Psychology and Wellbeing〉의 연구원 웬디 J. 필립스Wendy J. Phillips는 이렇게 말했다. "자기 연민은 과거의 고통을 받아들이고, 미래의 장애물을 극복할 수 있는 기술을 통해 관계 단절을 최소화한다." 자신에게 연민을 베푸는 사람들은 자신의 잘못을 고치고, 실수에서 배움을 얻어 실수를 보상하며, 미래에 같은 실수를 반복하지 않으려 한다.

한 연구에서는 자기에게 연민을 품는 것이 미래에 대한 전망을 키워준다고 한다. 대학생들을 대상으로 한 3주간의 자기 연민 프로그램은 피실험자들에게 낙관적인 태도를 길러주었다. 자기 연민은 상처를 성장의 기회로 바꿀 뿐만 아니라, 희망적인 미래를 향한 촉매제가 될 수 있다.

자기 연민은 뇌의 방어 시스템을 완화시키고, 차분함과 안전함을 느끼게 하는 뇌의 시스템을 자극한다. 이는 감사함을 느끼고 새로운 것을 탐구할 수 있는 기반을 마련해 준다. 연구자이자 교수인 바버라 프레드릭슨의 확장-구축Broaden-and-build 이론은 긍정적인 감정이 더 많은 긍정적인 감정과 심리적 자원을 쌓게 해, 새로운 경험을 탐구하고, 참여하고, 감사하고, 음미할 수 있게 해준다고 설명한다. 바버라 프레드릭슨은 이렇게 적었다. "즐거움은 놀이하고 싶은 욕구를, 관심은 탐험하고 싶은 욕구를, 만족은 음미하고 통합하려는 욕구를 자극하며, 사랑은 안전하고 가까운 관계 속에서 이 모든 욕구들이 반복되는 순환을 만든다."

'우아함Grace'이라는 단어가 떠오른다. 나에게 우아함은 우리 자신을 포함한 삶 전체를 향한 신체적·감정적·정신적 배려의 태도이다. 나는 이를 우리 안의 돌봄 본능을 깨우고 건강한 자부심을 기르는 지침으로 만들었다.

- 좋은 것에 대한 감사Gratitude
- 현실에 대한 인정Recognition
- 불완전함의 수용Acceptance
- 자기 자신을 향한 연민Compassion
- 타인을 향한 공감Empathy

우리 자신과 삶에 대한 긍정성에 대한 감사

감사Gratitude라는 말의 뿌리는 'gratia', 즉 은혜, 우아함, 고마움이라는 뜻을 가진 라틴어이다. 감사는 나에게 일어난 좋은 일이 누군가(혹은 어떤 것)의 덕이라는 사실을 깨닫는 순간 생겨나는 감정이다. 이 인식이 곧 긍정적인 감정 상태를 만든다. 감사는 심리학에서 연구하는 도구이자, 삶의 어려움을 견디는 기술이며, 쉽게 고갈되지 않는 정신적 에너지원이다. 감사는 유연하고 창의적인 사고를 촉진하고, 긍정적인 감정을 키우며, 타인을 향한 친사회적 행동을 유도한다.

감사를 통해 우리는 세상의 불완전함과 맞선다. 그러면서도 그 안에 숨은 가능성을 엿본다. 감사는 또한 일상의 틈새에서 아름다움, 고요함, 영감, 유머, 따뜻함을 찾아내게 한다. 이 과정은 부정적인 것을 애써 외면하는 것이 아니다. 그보다는 타인의 선한 행동과 변화하는 세상을 바라보며 좋은 것들을 발견하는 일이다. 감사를 통해 우리는 마음을 더욱 풍요롭게 만든다. 이것은 세상 속에서 긍정적인 스트로크를 찾아보는 연습일지도 모른다.

감사는 기분을 한결 가볍게 만들고, 스트레스를 덜어준다. 한 연구에서는 참가자들을 무작위로 세 그룹으로 나누었다. 각 그룹에게 한 주 동안 기록해야 할 주제가 주어졌다. 첫 번째 그룹은 감사할 만한 일을 적었고, 두 번째 그룹은 한 주 동안 겪은 짜증 나는 일을 적었다. 세 번째 그룹은 특정한 지시 없이 단순히 그 주에 일어난 일을 긍정이든, 부정이든 상관없이 적었다. 10주 후, 감사에 대해 글을 썼던 사람들은 자신의 삶을 더 긍정적이고 낙관적으로 바라보기 시작했다. 그들은 더 오래, 더 깊이 잠들었고, 더 많이 운동했고, 신체적인 불편함(통증이나 결림 등)을 덜 경험했다. 반면, 짜증 나는 일을 기록했던 사람들은 그런 변화를 보이지 않았다. 감사를 기록한 사람들은 타인과의 관계에서 더 깊은 유대감을 느꼈고, 다른 이들을 돕거나 감정적인 지지를 보내는 일에도 더 적극적이었다. 참전 용사들을 대상으로 한 또 다른 연구에서는 감사가 트라우마 이후의 정신적 고통을 덜어주는 데 도움을 준다는 결과가 나왔다.

감사는 복잡하고 어려운 상황 속에서도 그 안에 숨겨진 긍정성을 발견한다. '나에게 무슨 문제가 있는 걸까?' '왜 이런 일이 나에게 일어나는 걸까?'처럼 무엇이 잘못되었는지를 묻던 시선을 '이 상황이 나에게 무엇을 가르쳐 줄 수 있을까?' '나에 대해 어떤 것을 배울 수 있을까?'로 옮겨놓는다. 레지던트 시절, 일에 치여 허우적거리면서도 어머니의 상황에 가슴이 찢어지던 때, 그때 내가 감사를 표현했다면 아마 이렇게 적었을 것이다. "나는 지치고 힘들다. 하지만 다행히도 나를 사랑해 주는 가족이 있고, 의미 있는 일을 하고 있으며, 마침내 다른 사람에게 도움을 구할 용기가 생겼다. 어쩌면 내 증상은 필연적이었을지도 모른다. 언젠가 일어날 문제를 바로잡을 수 있도록 지금 신호를 준 것일 수도 있다. 그리고 자신을 돌보기 위해 도움을 구하는 과정에서, 다른 사람을 돕는 법을 배우게 될지도 모른다. 내가 겪은 어려움에서 배운 바를 언젠가 누군가에게 나눌 수도 있지 않을까?"

감사는 저절로 생기지 않는다. 때로는 의식적으로 마음을 기울이고, 감사하는 태도를 길러야 한다. 우리 삶에는 크든 작든 감사할 일이 있다. 지난 하루를 조용히 돌아보며, 감사한 다섯 가지를 적어보자. 명심하자. 타인에게 은혜를 베푸는 것은 어떤 상황이든 가장 너그러운 해석을 선택하는 일이다.

변화의 시기나 힘든 순간에는 자기에게도 너그러워져야 한다. 얼마 전 뉴욕으로 이사한 친구가 있었다. 그녀는 부동산 중개 수수료가 터무니

없이 비싸다는 사실에 놀랐다. 새 아파트로 이사하며 이미 경제적으로 부담을 느끼고 있던 차에 설상가상으로 휴대폰까지 도난당했다. 이 모든 일이 그녀를 흔들었다. 하지만 오랫동안 준비하고 노력해 만든 새 삶을 이런 일들로 망치고 싶지 않았다. 그래서 결심했다. 도시의 일상 속에서 긍정적인 것들을 찾아보기로. 출근길 버스 안에서 그녀는 일부러 좋은 것들을 찾았다. '저 부모님, 아이를 무릎에 앉혀서 어르신에게 자리를 양보했네. 보기 좋다.' '매일 아침 이렇게 수많은 사람들이 러시아워를 견뎌내며 살아간다는 게 놀라워. 뉴요커들은 참 강하네.' '와, 센트럴 파크의 나무들이 가을빛으로 물들었네.'

우리는 어려운 순간뿐만 아니라, 그저 평범하거나 애매한 상황에서도 자신과 타인에게 너그러울 수 있다. 누군가의 기대에 미치지 못했을 때, 실수를 했을 때, 조금 더 따뜻한 시선으로 바라보는 것. 동료가 좋아하는 음료를 사다 줬을 때, '그냥 1+1 쿠폰이 있었겠지.'라고 넘기지 않고, '내 생각을 해줬구나.'라고 받아들이는 것. 그렇게 세상은 조금 더 따뜻해진다. 긍정 사고를 연습하며 긍정적인 흐름과 작은 신호들을 더 잘 포착하도록 뇌를 훈련할 수 있다.

스스로에게 너그러워지는 연습: 여가를 가꾸는 일

여가는 몸과 마음이 애써온 모든 것에 대한 감사 표시이다. 여가는 해야 할 일들로 가득 찬 삶 속에서 일부러 시간을 내어, 자신에게 따뜻한 시선을 보내고, 스스로를 보듬어주는 순간이다. 특히 힘든 상황을 겪은 후라면 쉴 권리가 있다. 사랑받고, 웃고, 잠시 현실에서 벗어날 시간이 필요하다. 남에게 주는 따뜻함을 스스로에게도 건네라.

휴식과 쉼은 선택이 아니다. '자격이 있을 때만' 누려도 되는 보상이 아니다. 어릴 때 부모님이 나에게 맡긴 집안일을 '나는 늘 생산적이어야 하고 타인을 위해 헌신해야 한다.'는 뜻으로 받아들였다. 그 덕분에 미국 문화에서 요구하는 끊임없는 노력과 성취, 인도 문화에서 중시하는 권위에 대한 존중 두 가지 특성을 모두 가질 수 있었다. 그러나 결국 스스로 만든 시간 부족과 자기 연민의 결핍 속에서 무너지고 말았다.

쉴 때 비로소 우리는 '나는 무엇을 하는가?'가 아닌 '나는 어떤 사람인가?'를 돌아볼 수 있다. 균형 잡힌 여가는 사람들과의 관계를 깊게 하고, 혈압을 낮추며, 우울감을 줄이고, 몸과 마음을 편안하게 만든다. 이는 궁극적으로 우리의 행복을 이루는 중요한 요소가 된다.

나는 내가 가진 다르마가 단순히 남을 돕는 데서 끝나지 않고, 스스로를 회복시키는 일까지 포함해야 한다는 걸 깨달았다. 그래야 오래, 계속해서 타인에게 손을 내밀 수 있으니까. 그러니 이 사실을 기억해야 한다. 휴식은 누구의 허락도 필요하지 않다.

현실에 대한 인정

있는 그대로 자신을 볼 수 있을 때 우리는 더 이상 상황이나 타인의 시선에 휘둘리지 않는다. 오래된 사고방식을 고치고, 왜곡된 생각을 의심하며, 스스로의 능력을 인정할 때, 비로소 현실에 뿌리내린 자아 존중감이 형성된다.

갑작스럽게 승진을 하게 되었다고 가정해 보자. 어떤 생각이 가장 먼저 떠오를까? '운이 따랐어.' '마침 적당한 자리가 나서 승진할 수 있었어.' 혹은 이런 생각이 떠오를지도 모른다. '이게 뭐지? 뭔가 꿍꿍이가 있는 거 아니야?' '아무도 맡을 사람이 없어서 어쩔 수 없이 날 뽑은 거겠지.' 아니

면 이런 생각이 떠오를 수도 있다. '내가 부서에서 유일한 여자니까 보여주기식으로 승진시킨 게 아닐까?'

이번에는 승진에서 제외되었다고 가정해 보자. 어떤 생각이 떠오를까? '내 능력이 부족한 거야.' '애초에 나를 높이 평가하지 않았던 거지.' 하지만 세상에 일어나는 모든 나쁜 일이 내 탓일 리 없다. 그리고 좋은 일이 생겼다고 해서 그게 전적으로 내 덕이라고 할 수도 없다. 우리가 진짜 책임져야 할 것이 무엇인지 솔직하게 들여다보면 과도한 자기 비난이나 과대망상에서 벗어날 수 있다. 그것이 지나친 자기 비난이나 헛된 자만에서 벗어나는 길이다. 기억하자. 모든 부정적인 일을 내 탓으로 돌리고, 스스로를 끝없이 몰아붙이는 건 비관적인 사고방식의 특징이다.

건강한 태도는 다르다. 내가 책임질 몫을 받아들이되, 그 이상은 내려놓는다. 좋은 것도, 나쁜 것도 책임 이상은 짊어지지 않는다. 적절한 죄책감은 타인을 배려하는 행동을 하도록 이끈다. 잘못한 일이 있다면 책임을 지고, 상처를 바로잡기 위해 노력하게 한다. 그렇다고 좋은 일을 해놓고도 스스로를 낮출 필요는 없다. 제 몫의 공을 인정하고, 건강한 자부심을 느끼며, 칭찬을 기꺼이 받아들일 수 있어야 한다. 수치심이 많은 사람들은 칭찬을 쉽게 받아들이지 못한다. 반면, 비판이나 자기 비난은 너무도 쉽게 흡수한다. 어쩌면 어린 시절, 부모에게서 받은 스트로크 때문일지도 모른다.

현실을 제대로 본다는 것은 우리가 무의식적으로 받아들였지만 이제는 도움이 되지 않는 생각과 믿음을 꿰뚫어 보는 능력을 갖추는 것이다. 시간이 흐르면서 나는 한 가지를 깨달았다. 선한 의도였을지라도 부모님이 집안일로 나를 훈육하려 했던 그 시절보다 훨씬 더 많은 선택을 할 수 있는 사람이 되었다는 것이다. 우리는 평생 스스로에게 되풀이한 이야기를 바꿀 수 있다. 심리학에서는 이를 '부적응적 스키마' 또는 '부적응적 대본'이라고 부른다. 어쩌면 어린 시절에는 '받아들임'이 우리를 버티게 하는 유일한 방법이었을지도 모른다. 하지만 지금의 우리에게는 더 이상 필요하지 않다.

내가 내 삶의 주인이 될 수 있음을 확인한 방법들을 소개하겠다.

- 과거에 내가 자란 환경은 그랬지만, 지금은 달라졌다. 나는 오래된 사고방식을 바꿀 수 있다.
- 부모님은 그들이 처한 상황에서 최선을 다했다. 충분한 지원도 없이, 익숙하지 않은 문화 속에서 가족을 책임져야 했다. 부모님이 내게 해준 모든 것에 감사한다. 하지만 이제 내 삶을 어떻게 살아갈지는 내 선택이다.
- 끊임없이 바쁘게 살아야 내 가치를 증명할 수 있는 건 아니다.

평가가 아닌 관찰

현실을 있는 그대로 보려면 자신의 생각과 감정에 휩쓸리지 않고 바라볼 수 있어야 한다. 3장에서 살펴보았듯이 인지 재구성은 우리가 상황을 더욱 객관적으로 바라볼 수 있도록 돕는다. 특히 ABCDE 기법을 활용한 인지행동치료은 부정적인 생각이 끼어들어 현실을 왜곡하지 않게 해서 상황을 더 객관적으로 바라보게 한다. 이 재구성 도구는 문제 해결력을 키워줄 뿐만 아니라, 건강한 자부심을 쌓는 데도 큰 도움이 된다. 인지 재구성을 통해 우리는 자신이 상황을 어떻게 왜곡해서 보고 있는지 깨닫고, 불안과 기분장애를 악화시키는 생각의 왜곡을 알아차릴 수 있다. 비이성적인 생각을 들여다보고 의심하는 연습을 할수록 인지의 과정은 점점 자연스러워진다. 이를 통해 부정적인 생각에 덜 빠지게 되고, 나를 깎아내리는 수치심에서 벗어날 수 있다. 작은 일에서든, 마음 깊이 영향을 주는 일에서든, 인지 재구성은 우리의 길을 덜 험하게 만들고, 삶을 조금 더 환하게 비추어준다.

3장에서 언급한 ABCDE 기법을 통해 일상 속에서 우리의 마음가짐을 어떻게 바꾸는지 이야기해 보자. 특히 자부심이 훼손될 수도 있는 순간에 말이다.

점심시간에 앤디는 사무실로 서둘러 돌아가고 있었다. 동료의 깜짝 생일 파티에 맞춰 도착해야 했기 때문이다. 한 손에는 푸드 트럭에서 산 점심, 다른 손에는 헬스 가방과 동료의 생일 선물이 담긴 쇼핑백을 들고 든 채였다. 그녀가 회사 로비에 들어설 때쯤 전화벨이 울렸다. 주머니에서 휴대폰을 꺼내려는데, 양손 가득 든 짐이 균형을 잃었고 마침 엘리베이터에서 나오던 동료들과 부딪쳤다. 그다음 순간, 볶음밥과 아이스 라테가 그녀와 동료들, 그리고 선물 위로 쏟아졌다. 이 일은 하루 종일 앤디의 머릿속에서 떠나지 않았다.

이제 ABCDE 기법을 통해 그녀가 이 상황을 다르게 바라보자.

A. 선행 사건Antecedent: 이 상황에서 앤디를 힘들게 만든 요소는 분명하다. 앤디의 점심이 여기저기 쏟아졌다. 많은 사람 앞에서 창피한 일을 겪었고 동료의 생일 선물이 망가졌다.

B. 믿음Belief: 앤디는 순간적으로 이런 생각을 떠올릴 수 있다. '망했다.' '난 왜 이렇게 덜렁대는 걸까?' '사람들이 나를 보며 비웃고 있겠지.' '온몸에 음식이 묻어서 정말 한심하게 보일 거야.' '내가 이렇게 살이 쪘으니까 전화기 꺼내는 것도 힘들었던 거야.' '몸이 동료들처럼 날씬했다면 운동복으로 갈아입기라도 할 텐데. 지금 갈아입으면 그냥 이상하게 보일 거

야.' '애초에 도시락을 싸 왔다면 이런 일은 없었겠지.' '나는 언제쯤 이런 실수를 안 할까?'

C. 결과Consequences: 앤디의 몸은 순간적으로 공황에 가까운 반응을 보였다. 심장이 쿵쾅거리고, 손에 땀이 차고, 목이 조이는 느낌이 들었다. 얼굴이 화끈거렸고, 숨이 가빠졌다. 급히 몸을 정리한 후 동료들에게 세탁비를 내겠다고 했다. 동료들은 웃으며 괜찮다고 했지만, 앤디는 마음이 무거웠다. 생일 파티에서도 계속 불편한 기분이 들었고, 결국 5분 만에 어색하게 자리를 떠났다.

D. 왜곡Distortions: 앞서 이야기했듯이, 왜곡된 사고란 부정적으로 치우친 생각의 오류이자 비이성적인 사고방식이다. 대부분 극단적이고 가혹하며, 스스로를 몰아세우는 방향으로 흘러간다. 다음은 흔히 볼 수 있는 왜곡된 사고의 유형과, 이 상황에서 앤디가 빠졌을 가능성이 있는 생각들이다.

• 마음 읽기: 사실 확인 없이 다른 사람들이 나를 어떻게 생각할지 단정한다. 사람들이 나를 보면서 비웃고 있겠지.

• 최악의 상황 상상하기: 일이 최악으로 치달을 것이라고 가정한다. 나쁜 일은 나만 겪는 것이며, 끝없이 반복될 거라고 믿는다. 나는 언제쯤 이런 실수를 안 할까?

• 정신적 필터링·부정적 필터링·긍정의 무시: 부정적인 면에만 초점을 맞추고, 긍정적인 요소는 보지 않는다. 앤디는 머릿속이 복잡해서 생일 파티를 즐길 수 없었다.

• 흑백 논리(절대적 사고): 우리는 생각한다. '모든 것이 100퍼센트 완벽해야 하며, 그렇지 않으면 아무 의미가 없어.' 앤디는 결국 5분 만에 어색하게 자리를 떠났다.

• 판단 중심 사고: 사람이나 상황을 객관적으로 바라보지 않고, 스스로를 타인보다 우월하거나 열등하다고 여긴다. 앤디는 자신을 이렇게 바라본다. '나는 덜렁대.' '나는 한심해.' '나는 초라해.'

• 비난하기·낙인찍기·개인화: 앤디는 이렇게 생각한다. '내가 미리 준비했더라면 이런 일은 없었을 거야.' 이처럼 단순한 실수를 자신의 성격적 문제로 받아들이는 습관은 결국 수치심을 불러온다.

• 감정적 추론: 부정적인 자기 대화를 사실처럼 받아들인다. 앤디는 이렇게 생각한다. '망했다.'

• '해야 한다.'는 사고방식: 스스로에게 지나치게 엄격한 기준을 부과하고, 그 기준을 충족하지 못했을 때 죄책감을 느낀다.

• '만약에' 사고: 확실함을 찾으려 할수록 걱정이 더 커진다. '만약에 이런 일이 생기면 어떡하지?' 그러나 이런 질문들은 해결책이 아니라, 더 많은 걱정을 불러올 뿐이다.

• 후회 지향적 사고: 앤디는 이렇게 생각한다. '내가 이렇게 살이 쪘으니까 휴대폰 꺼내는 것도 힘들었던 거야.'

• 불공정한 비교(사과와 오렌지를 비교하는 등 잘못된 등가 비교): 앤디는 이렇게 생각한다. '몸이 동료들처럼 날씬했다면 운동복으로 갈아입기라도 할 텐데. 지금 갈아입으면 그냥 이상해 보일 거야.'

E. 포용Embrace: 불편한 일을 어떻게 받아들이고 지나갈 수 있을까? 그 일을 삶의 일부로 받아들이면서도, 지나치게 무겁게 짊어지지 않는 법은 무엇일까? 나는 앤디에게 이렇게 해보라고 이야기하고 싶다.

• 다른 시각으로 보기: 상황을 조금 더 따뜻한 시선으로 바라보자. '운동을 마치고 점심과 생일 선물을 들고 사무실로 돌아오는 길이었는데, 동료들과 부딪쳤어. 나는 동료를 위해 선물을 챙길 만큼 배려심 깊은 사람

이야. 다행히 갈아입을 옷도 있고, 동료에게 줄 선물도 다시 살 수 있어.'

• 5년 후를 생각해 보기: '이 일이 5년 후에도 중요할까? 돌이켜보며 웃을 수 있을까? 기억이 날까? 중요하지 않을 거야. 나는 기억할지도 모르지만 다른 사람들은 잊어버리겠지. 동료들은 대수롭지 않게 넘겼어. 지금 생각해 보면 내가 오히려 과민 반응한 것 같아. 누구도 죽지 않았잖아(선물은 예외지만). 이제 와서 생각해 보면, 그냥 재미있는 이야기 하나가 생긴 거야.'

• 재구성을 더 많이 하는 방법:

– 스스로를 몰아붙인 대가는 무엇인가? 결국 하루를 망쳤다. 파티에서 즐길 기회를 놓쳤다. 체중 감량에 대한 패배감만 더 깊어졌다. 무엇보다 내가 나에게 이렇게 가혹할 필요는 없었다. 나는 더 나은 대접을 받을 가치가 있는 사람이다.

– 가능한 한 최악의 시나리오는 무엇인가? 파티에 참석한 누군가가 내 흐트러진 모습을 보고 가볍게 한마디 할 수도 있다.

– 가능한 한 최상의 시나리오는 무엇인가? 다 같이 웃고 넘긴다. 나는 파티를 즐기고, 다음 날 동료에게 새 티셔츠를 사다 준다.

– 가장 가능성이 높은 시나리오는 무엇인가? 사람들이 무슨 일이 있었냐고 묻는다. 나는 서두르다가 이렇게 되었다고 말할 것이다. 몇몇은 나를 덜렁댄다고 생각할 수도 있지만, 대부분은 그냥 실수였다고 이해하고 다시 파티에 집중한다.

– 어떤 긍정적인 점을 인정할 수 있는가? 나는 파티에 초대받았다. 즉, 직장에서 사람들이 나를 좋아하고 존중한다. 내 동료들은 배려심이 많고 이해심이 깊다. 나는 사려 깊고 친절한 사람이다. 그게 바로 이 작은 해프닝의 시작이었다.

• 받아들이기 위해 노력하기: '내 옷이 더러워졌다. 이런 일은 누구에게나 일어난다. 아무리 철저한 사람이라도 완벽할 수 없다. 사실 나는 그대로 파티에 남아서 즐길 수도 있었다. 옷이 더럽다고 해서 내가 파티를 즐기지 못할 이유는 없다.'

• 감정과 사실을 분리하기: '내가 지금 스스로를 엉망이라고 느낀다고 해서 정말 엉망인 것은 아니다. 사람들은 내가 생각하는 것만큼 나를 주의 깊게 보지 않는다.'

불완전함의 수용

자신도, 타인도, 삶도 완벽할 수 없다는 사실을 인정하면 삶이 흔들릴 때 자아 가치가 출렁이는 걸 막을 수 있다.

대부분은 부정적인 생각을 사실처럼 받아들인다. '나는 실패자야.' '나는 덜렁대.' '완전 망했어.' 이것은 주관적인 반응일 뿐이다. 부정적인 생각은 한번 시작되면 쉽게 꼬리를 물고, 비관, 외로움, 우울로 이어진다. 이런 생각들은 너무 강렬해서 뇌의 능동적인 문제 해결 기능을 마비시키기도 한다. 결국 '나는 아무것도 바꿀 수 없어.' 같은 학습된 무기력에 빠지고, 무기력은 미루기와 자기 포기로 이어진다. 우리는 절망을 견디려다가 과식, 중독, 건강하지 않은 관계 맺기 등의 잘못된 선택을 한다. 하지만 그런 행동들은 결국 우리를 더 깊은 수렁으로 밀어 넣는다. 자신의 불완전함을 받아들이면 끊임없는 자기 비판이 얼마나 소모적인지 깨닫게 된다. 자아 존중감 높이기에 실패하는 이유는 단순하다. 그 긍정적인 메시지들이 내면의 가차 없고 비판적인 목소리와 부딪히기 때문이다. 자신을 받아들이고 스스로에게 연민을 가질 때, 자아 존중감은 더 깊어지고 오래 지속된다. 내면의 비판을 없애려 애쓸 필요는 없다. 대신에 완벽하지 않음을 인정하면서도 여전히 나아가는 것이 더 중요하다.

과거의 실망과 실패를 받아들이는 순간 우리는 더 이상 흔들리지 않게 된다. '왜 저 사람은 나를 이렇게 아프게 했을까?'라고 묻는 대신 '왜 나는 이렇게까지 아픈 걸까?'라고 생각해 보는 것이다. 그러면 과거에 머무르는 대신, 앞으로 어떻게 나아갈지를 생각할 수 있다.

불완전함의 수용은 변화가 우리 삶의 일부임을 인정하는 것이다. 훌륭한 직장에 다니더라도 힘든 날이 있다. 아이를 키우는 일은 크나큰 즐거움을 주지만, 그와 동시에 혼란, 걱정, 때때로 슬픔을 안겨주기도 한다. 세상에 영원히 고정된 상황은 없다. 끔찍한 일도 변화할 수 있다. 때로는 상황 자체가 변하고, 바라보는 시선이 달라지기도 한다. 불완전함을 받아들이는 첫 단계는 지금 이 순간을 있는 그대로 인정하면서도, 변화는 언제나 가능하다는 사실을 잊지 않는 것이다.

이런 말들을 떠올리며 연습해 보자.

나는 삶의 이중성을 받아들인다. 모든 것이 완벽하게 좋거나 나쁘지 않다. 세상은 단순한 흑백이 아니다. 모든 답을 알지 못해도 괜찮다. 회색 지대에 잠시 머물 수도 있다. 성장은 늘 변화를 동반하고, 변화는 혼란스럽고, 불편하며, 아프기도 하다. 감정이 항상 이성적이거나 논리적일 필요는 없다. 지금 이 순간, 나는 내 감정을 느낄 권리가 있다. 이것이 지금의 내 감정이다. 감정은 일시적이다. 세상은 내 뜻대로만 흘러가지 않는다. 모든 것이 항상 좋을 수도 없다. 그렇다고 해서 그것이 잘못된 것은 아니다. 좋은 날들도 언젠가는 지나간다. 힘든 날들도 마찬가지다. 지금 내가 서 있는 이곳도 영원한 자리는 아니다.

불완전함의 수용은 내 행동에 대한 책임을 피하지 않는 것이다. 비록 그 행동이 자랑스럽지 않더라도. 내 행동이 누군가에게 상처를 주었다면 그 순간을 정직하게 바라볼 필요가 있다. 내가 어떤 행동을 했고, 그것이 상대에게 어떤 영향을 주었는지. 그렇다고 그것이 나를 가혹하게 몰아세울 이유가 되어서는 안 된다. '이 상황이 만들어지는 과정에서 내 잘못이 있었음을 인정한다. 그리고 다음에는 더 나아지도록 노력할 것이다.' 또한 진심이 담긴 사과 한마디가 얼마나 큰 힘을 가질 수 있는지도 기억하자.

자신에 대한 연민

'넌 충분하지 않아.'라고 속삭이는 내면의 목소리에 맞설 단 하나의 무기가 바로 자기 연민이다. 자기 연민은 나 자신을, 그리고 모든 사람을 그 자체로 소중한 존재로 바라본다. 합리적 낙관주의자가 되기 위한 가장 중요한 도구일지도 모른다. 자기 연민은 아주 간단한 사실을 받아들이는 것에서 출발한다. '나는 인간이다. 그리고 이것은 인간이라면 누구나 겪는 일이다.'

크리스틴 네프 박사의 연구에 따르면 자기 연민은 3가지 핵심 요소로 구성된다.

- 친절함: 부정적인 생각을 바로잡고 자기 비판적인 시선을 바꾼다.
- 보편적 인간성: 나만 고통, 실망, 어려움을 겪는 것이 아니라는 사실을 깨닫는 순간, 우리는 더 이상 고립된 존재가 아니게 된다. 인간이 삶의 어려움을 함께 경험하는 존재임을 이해할 때 우리는 더 나은 관계를 맺고 더 건강한 삶을 살며 조금 더 편안한 마음으로 하루를 살아가게 된다.

• 있는 그대로 관찰하는 마음 챙김: 있는 그대로 바라보고, 판단하지 않는 것이 마음 챙김이다.

자기 연민은 강한 감정을 회피하는 것이 아니라, 그 감정을 소화할 공간을 확보하는 것이다. 우울, 불안, 설명할 수 없는 신체 증상은 종종 처리되지 않은 부정적 감정(과도한 죄책감이나 수치심 등) 앞에서 무력감을 느낄 때 나타난다. 자기 연민은 부정적인 삶의 스트레스와 사건들로 인한 우울을 완화하는 데 도움이 된다. 또한 부정적 감정, 냉소, 불안, 끊임없는 생각들에 대한 완충 역할을 한다. 특히 우울의 주범이 되는 수치심의 강력한 해독제가 바로 자기 연민이다.

자기 연민은 비교의 덫에서 벗어나게 해준다. 언제 어디서든 나보다 앞서 나가는 사람이 있을 수밖에 없다는 사실을 받아들이게 한다. 그 대신에 그들에게서 배울 점을 찾고, 그들의 성공을 인정하며, 내 경험을 필요한 사람들과 나누게 된다.

어쩌다 한 번씩, 내가 받은 것이 너무 많아 도무지 그만큼 갚을 길이 없을 것 같은 기분이 들 때가 있다. 그럴 때 자기 연민은 말한다. 너무 조급해하지 말라고. 지금 줄 수 있는 만큼 주고 있다고.

마음 챙김과 자기 연민을 위한 4단계

앞서 우리는 생각과 인식을 관찰하는 것만으로도 자신과 세상을 바라보는 방식이 크게 달라질 수 있음을 살펴보았다. 이제 이 능력을 실제 상황에서 적용할 수 있도록, 일상 속 자기 연민 연습으로 확장해 보자. 이번에는 한부모이자 1인 사업가가 새로운 고객과 약속한 마감 기한을 맞추지 못해 스트레스를 받는 상황을 예로 들어볼 것이다.

1단계 관찰하기. 내가 지금 어떤 상태인지 차분히 들여다본다. 비판하지 말고, 그저 호기심으로 바라본다. 지금 느끼는 감정을 있는 그대로, 단순한 언어로 표현해 본다(마감 기한을 맞추지 못할 것 같다. 창피하다. 불안하다. 무능하다는 생각이 든다. 스스로에게 화가 난다. 나와 아이들 모두 아팠지만, 이 고객은 새로 만난 사람이다. 한부모로서 내 사업을 키우려면 실력을 증명해야 하고, 나를 선택한 것이 옳았다는 걸 보여 줘야 한다는 압박을 느낀다. 그들이 내 사정을 이해하지 못할까 봐 두렵다. 심장이 두근거리고, 속이 울렁거린다).

자신을 비판하는 말들이 떠오르면 억누르지 말고 그대로 적어라. 그러다 보면 어떤 식으로 자신을 비판하는지 조금씩 보인다. 부정적인 생각에서 벗어나기 어렵다면, 5분간 눈을 감고 숨을 들이쉬고 내쉬며 마음을 가다듬어 보자.

2단계 맥락을 이해하기. 이제 한 걸음 물러서서 상황을 더 넓은 시각에서 바라보자. 맥락을 고려하면 현재의 감정을 조금 더 객관적으로 볼 수 있다(며칠 동안 아이들이 아팠고, 나도 몸이 좋지 않았다. 밤잠을 설치는 날이 많았다. 실수를 할 수밖에 없었다. 단순히 마감을 맞추는 것이 전부는 아니다. 오류투성이 프로젝트를 넘기는 건 고객에게도 도움이 되지 않는다).

3단계 자연스럽게 받아들이기. 모두가 같은 인간이라는 사실을 떠올리자. 스스로에게 말하라. 나는 인간이다. 이런 일은 누구에게나 일어난다. 실수는 당연한 것이다(누구나 아플 때가 있고, 모든 걸 통제할 수 없다. 성실한 사람도 마감을 놓칠 때가 있다. 나는 아직 완벽하지 않지만, 계속 나아가고 있다). 인간이라면 누구에게나 적용되는 가치를 떠올려 나 자신을 인정하라(불안한 게 당연하다. 이런 상황이라면 누구라도 그렇게 느낄 것이다. 나는 성실하게 일하는 사람이고, 최선을 다하려 한다. 꼼꼼하게 일을 끝내고 싶었지만, 이번에는 제 시간 안에 내 힘으로 해결할 수 없는 요소들이 있었다. 내가 통제할 수 없는 문제였다).

4단계 행동하기. 감정을 그대로 인정하되, 이제는 해결을 위해 행동할 차례이다. 그 과정에서 나를 위로하고 쉬어가는 순간도 필요하다(나는 꼼꼼하게 일하는 사람이지만, 동시에 정직하다. 그러니 고객에게 상황을 솔직하게 설명하고, 필요하면 기한 연장을 요청해야 한다. 프로젝트를 도와줄 사람을 구하거나, 아이를 돌봐 줄 사람을 찾을 수도 있다. 비슷한 상황을 겪은 다른 사람에게 조언을 구할 수도 있다. 그리고 통화가 끝나면, 친구에게 전화해 잠시 걸으며 마음을 가라앉히겠다).

'해야 한다.'는 압박에서 벗어나기

L 박사와 여러 차례 상담을 하면서, 나는 상담 시간을 긴장을 풀고 숨 돌릴 기회로 받아들이게 되었다. 그래서 그녀가 "오늘은 어떤 이야기부터 시작할까요?"라고 물었을 때 망설임 없이 말했다. "일과 삶의 균형이요. 쉬운 주제죠, 뭐." 가볍게 농담처럼 던졌지만, 사실은 어려운 주제라는 걸 나도 알고 있었다.

L 박사는 내가 한 주 동안 얼마나 많은 일을 소화했는지, 그로 인해 얼마나 많은 스트레스를 받았는지 이야기하는 걸 가만히 들었다. 일과 가족의 요구 사이에서 균형을 맞추려 애쓰는 이야기까지 전부. 그러다 마침내 그녀가 입을 열었다. "수, 듣기만 해도 숨이 막히네요. 당신이 말하는 일들은 다 중요한 것들이에요. 하지만 가만 보면, 대부분 다른 사람을 위한 것이군요. 이 안에 당신은 어디에 있죠?"

"그러게요…. 저는 없는 것 같네요?" 그 말은 대답이라기보다는 자신에게 던지는 질문이었다. 다시 L 박사가 물었다. "그게 문제라고 생각해요? 그러니까, 그게 '진짜' 문제일까요?" 나는 잠시 생각하다가 말했다.

"정말 갈피를 잡을 수 없는 기분이에요."

내 문제는 단순히 일과 삶의 균형 문제가 아니라, 내가 자라온 양극단의 두 가치관이 충돌하는 데 있을지도 모른다는 두려움이 들었다. 이전에는 어떻게든 균형을 잡으며 살아왔지만, 점점 너무 많은 것이 한꺼번에 쏟아지고 모든 것이 중요해 보여서 무엇을 우선시해야 할지 갈피를 잡을 수 없었다. 나는 작게 말했다. "무언가를 혹은 누군가를 포기해야 하는데, 그게 무엇일지 혹은 누구인지 모르겠어요."

"충분히 그렇게 느낄 수 있어요." L 박사가 말했다. "지금 사방에서 압박을 받고 있으니까요. 심지어 당신 자신에게도요. 그래서 불안이 신체적으로 나타나는 걸지도 모르겠어요. 수, 구체적으로 어떤 것들이 내면에서 충돌하고 있나요?"

마침내 나는 오랫동안 되뇌었지만 차마 말하지 못했던 이야기들을 꺼낼 수 있었다. "이 직업에서, 그리고 이 사회에서 앞서 나가려면 독립적이고 자립적이어야 해요. 눈에 띄어야 하고, 목소리를 내야 하고, 내 의견을 확실하게 주장해야 하죠. 소심하게 굴면 안 돼요. 존중받으려면 내가 이룬 업적들을 직접 말해야 하죠. 서구 사회와 의학계에서 성공하는 데 필수적인 가치들은 인도 출신 어머니가 받아들이기 어려운 것들이에요. 우리 어머니는 전형적인 인도인과 조금 다르긴 했지만, 인도의 전통적인 가치들은 내게 자연스럽게 새겨졌죠. 겸손, 순응, 상호의존, 인내, 받아들임, 복종. 흰 가운을 벗는 순간, 이런 것들이 당연하게 요구돼요. 결론적으로 내가 어떤 선택을 하더라도 누군가는 실망할 수밖에 없다는 거예요."

나는 L 박사를 바라보며 그녀의 현명한 조언을 기다렸다. "그걸 '해야 한다.'는 압박이라고 하죠." 그녀가 말했다.

'해야 한다.'는 압박은 저명한 심리학자 앨버트 엘리스가 만든 개념으로, 우리 스스로에게 가하는 가혹한 규칙들을 의미한다. 독일의 정신분석학자 카렌 호나이가 남긴 유명한 표현이 떠오른다. "당위성의 횡포The Tyranny of the Shoulds."

우리는 자라면서 주변 환경이 요구하는 이상적이면서도 때로는 비현실적인 기대를 자연스럽게 받아들이고 내면화한다. 그리고 스트레스가 극심할 때, 특히 현실과 기대 사이의 간극이 클 때, 불안을 덜기 위해 늘 해오던 익숙한 방식으로 반응한다. 현실과 기대 사이의 간극이 커질수록 불안도 커진다. 어떤 사람은 지나치게 순응적으로 되고(나처럼), 어떤 사람은 공격적으로 변하며, 어떤 사람은 아예 물러난다.

그러나 우리는 이런 반응들 사이에서 유연하고 적절하게 조절하는 방법을 배워야 한다. 언제 협력해야 하는지, 언제 단호하게 선을 그어야 하는지, 언제 한 발 물러서야 하는지를 아는 것. 균형을 잡으려면 내가 지금 어떤 감정을 느끼고 있는지 알아차리는 것, 왜곡된 생각들을 바로잡는 것(ABCDE 기법), 상황을 객관적으로 보되 (관찰하기·맥락을 이해하기·자연스럽게 받아들이기·행동하기를 통해) 자기에게도 연민이 담긴 시선을 보내는 것이 필요하다.

하지만 '해야 한다.'는 생각에 매몰된 사람들은 그 외의 가능성을 보지 못한 채 스스로를 가둔다. 부적응적 완벽주의라는 고속도로에는 빠져나갈 수 있는 진출로가 없다. 이들은 불안을 덜기 위해 다양한 방법을 시도하지만, 그 방식이 건강하지 않을 수 있다. 자신을 채찍질하거나, 섭식장애를 겪거나, 자해하거나, 중독에 빠지는 식으로 말이다. 그들은 자신이나 타인에게 느끼는 분노를 내면화하고 그 증상이 두통, 소화 장애, 불면증, 심장 두근거림 등으로 신체화되기도 한다.

그런 증상을 겪은 후, 나는 내가 얼마나 많은 '해야 한다.'에 둘러싸여 살아왔는지 절실히 깨달았다. 물론 나에게 도움이 되기도 했다. 덕분에 사람들과 잘 협업할 수 있었고, 감히 도전조차 하지 않았을 목표를 향해 달릴 수 있었다. 하지만 그 대가는 너무나 컸다.

'해야 한다.'는 결국, 세상이 원하는 얼굴을 보여주는 일이다. 그렇게 하면 보상받을 거라고 어릴 때부터 배워왔다. '이상적인 나'는 실수하지 않고, 불편한 감정 따위는 드러내지 않는다. 그 이상적인 자아는 무한한 인내와 완벽한 선택, 흠잡을 데 없는 결과와 단 하나의 실수도 없는 삶의 궤적들로 이루어져 있다. 그것은 우리가 되어야 한다고 믿는 모습이지만 우리가 될 수 없는 모습이다. 우리는 불완전한 세상 속을 살아가는 불완전한 존재이므로.

내 이상적인 자아는 묵묵히 일하고 언제나 생산적이며, 불평하지 않는 쓸모 있는 사람이었다. 그러나 현실의 나는 그 속도를 따라갈 수 없었고, 몸은 점점 한계를 드러냈다. 이대로 가다간 결국 누구에게도 도움이 되지 못할 터였다.

타인을 향한 공감

세상을 1인칭 단수(나) 시점으로 볼 것인가, 1인칭 복수(우리) 시점으로 볼 것인가? 흥미롭게도 '우리'라는 복수형 대명사를 더 자주 쓰는 사람일수록 고립감이 덜하고 우울감도 적다.

자기를 이해하고 받아들이면 타인의 마음도 어렴풋이 보인다. 때로는 나를 불편하게 하는 사람조차 그들만의 보이지 않는 상처를 안고 있을지 모른다. 자신을 있는 그대로 받아들이는 순간, 타인의 기쁨을 함께 느끼고 그들의 아픔에도 공감할 수 있다. 결국 우리는 모두 불완전한 존재이고, 서로 비슷한 경험을 하며 살아간다는 사실을 깨닫게 된다.

자기에게 친절할 수 있다면 타인과의 관계도 같은 방식으로 만들어 갈 수 있다. 이것은 결국 자신에게도 이로운 일이다. 자기 연민이 증가한 사람들은 사회적 유대감을 더 깊이 느끼고, 자기 비판과 우울, 불안이 줄어든다.

우리와 타인을 단절시키는 '수치심'이 감정의 한쪽 끝에 있다면, 그 반대편에는 연민과 사랑이 있다. 수치심이 우리를 고립시킨다면, 사랑은 우리를 다시 연결시킨다. 이것은 합리적 낙관주의의 궁극적인 목표이다. 우리가 사람, 자연, 이 땅 혹은 우리를 둘러싼 보이지 않는 힘과 연결되어 있다고 느낄 때, 더 이상 자아와 목표에 스스로를 가두지 않게 된다. 우리의 세계는 인류라는 하나의 가족으로 확장된다. 그렇다면 가족을 돕는 것이 당연하지 않을까? 자기 연민과 감사가 함께할 때, 우리는 상처를 보듬고 치유할 수 있으며 다시 세상을 향해 나아가게 된다. 연결하고, 배려하고, 사랑하며 자신을 돌보듯이 타인을 돌보는 것이다.

긍정적인 스트로크를 건네기란 어렵지 않다. 사람들에게 직접 칭찬을 해라. 그들이 당신에게 어떤 의미이고 존재인지 알려주라. 그들의 장점을 직접 말해주는 것도 좋다(넌 정말 이야기를 잘 들어주는 사람이야 등). 그리고 감사의 순간을 구체적으로 표현하라(어머니 장례식 때, 아이 돌잔치 때, 이사할 때 와줘서 정말 고마웠어 등). 그들이 듣고 있는 자리에서, 다른 사람에게 그들의 장점을 말해보라.

자기 연민은 타인과의 관계를 부드럽게 풀어주는 강력한 도구이다. 공감, 연민, 신뢰, 지지, 수용, 용서를 더 쉽게 만든다. 이는 사람들과 더 조화롭게 살아가게 하는 중요한 요소들이다.

우리 모두 누군가의 도움이 필요한 순간이 있다. 당신도 분명 그런 기억이 또렷이 있을 것이다. 우리는 모른다. 누군가가 얼마나 힘겨운 하루를 보내고 있는지, 우리가 건넨 작은 친절이 그들에게 어떤 의미가 될지를. 누군가의 다정한 말 한마디가 당신의 마음을 어루만져 준 순간을 기억하는가?

자기 연민은 우리 스스로 잔을 채우게 해준다. 감사는 (사람이든 자연이든 신이든) 누군가가 혹은 무언가가 우리의 잔을 채워주기 위해 애써준 순간이 있다는 사실을 알아차리는 것이다. 우리가 스스로에게 따뜻한 시선을 보내고, 타인의 도움과 사랑을 기꺼이 받아들일 때, 자신을 넘어 더 큰 무언가와 연결되는 감각을 느낄 수 있다. 세상은 두려운 곳이지만, 자기와 타인을 향한 작은 친절이 우리를 이어주고 함께 걸어가게 한다. 정신건강을 지켜주고, 합리적 낙관주의를 길러준다. 그것이 내 다르마의 본질이다.

킨츠기, 치유의 기술

내가 치료 과정에서 부딪힌 가장 큰 벽은 도움이 필요하다는 사실을 받아들이는 것이 아니었다. 나는 내가 그 도움을 받아도 되는 사람인지조차 확신할 수 없었다. 그 깨달음은 내 사고방식에 근본적인 변화를 가져왔다. 문화, 여성, 정신건강에 대한 생각뿐만 아니라, 자기 돌봄이 곧 자기 연민의 실천이라는 사실을 깨달았다.

나는 자라면서 몇 가지 신념을 깊이 내면화했다. 그것들은 어쩌면 처음부터 비현실적이었을지도 모른다. 아니, 적어도 내가 그 신념들을 삶에 적용한 방식은 그랬다. 그리고 그 끝에는 스스로가 무가치하다는 생각만이 남았다. 나는 비현실적인 기대 속에서 건강한 자부심을 완전히 잃어버렸다. 내 부족함에 관한 끝없는 자책과 자기 비판을 치유할 수 있는 유일한 방법이 바로 자기 연민이었다.

자기 연민은 내게 가르쳐주었다. 내가 한 일 때문이 아니라, 그저 나이기 때문에 내가 가치 있는 존재라는 것을. 나는 그저 존재 자체로 가치 있다. 이는 곧 멈추는 법을 배우는 것이었다. 휴식과 여유, 소소한 즐거움을 위해 시간을 내는 것. 자신과 타인 사이에 더 명확한 경계를 세우고, 삶이 숨 가쁘게 흘러갈 때일수록 내 건강을 우선순위로 두는 것이었다.

자기 연민과 자기 연민이 가져다주는 자기 인식을 통해서 나는 자연스럽게 내 일에 치유의 원리를 적용하게 되었다. 이 책에서 많은 주제를 다루지만, 세상 속에서 위축된 사람들에게 내가 전하고 싶은 말은 하나로 압축할 수 있다. '내가 먼저'라고 외칠 필요는 없지만 '나도'라고 말할 필요는 있다.

내가 여기서 이야기한 개념 중 대부분은 L박사와 상담을 시작했을 때만 해도 전혀 생각하지 못했던 것들이다. 그녀가 건넨 말들은 하나같이 비현실적으로 들렸고, 나와는 너무 먼 이야기 같았다.

"가족과 직업이 요구하는 기대 속에서, 자신이 아무것도 아닌 것 같다고 느껴진 적 있나요?"

"저도 중요하긴 해요. 다만, 저 하나만 중요한 건 아니고, 제 자리는 훨씬 더 큰 틀 안에 있어요."

"당신의 필요와 공동체의 필요가 충돌할 때는 어떻게 하나요?"

"그냥 흘러가는 대로 둬요."

L 박사가 자세를 고쳐 앉더니 부드럽게 웃었다. 우리가 무언가 중요한 지점에 다다랐다는 걸 그 순간 알았다. "수, 회복탄력성이 강한 사람들은 다 그래요. 자신이 처한 상황에서 최선을 찾거나, 최선을 만들죠."

그 말이 나쁘게 들리진 않았다.

"이런 사고방식은 보호 장치가 될 수도 있어요. 특히 어린 시절처럼 선택의 여지가 많지 않을 때요. 그런데 당신의 경우에는 이런 패턴이 일에서도 반복되는 것처럼 보여요."

그제야 그 말이 조금은 불편하게 들렸다.

"당신은 회복탄력성의 특정 요소를 활용하며 살아왔어요. 그런데… 회복탄력성의 또 다른 중요한 요소는 새로운 스트레스에 적응하는 능력, 유연한 사고방식, 스스로에 대한 연민이에요."

"그게 쉽지 않네요." 내가 말했다. 사실 '쉽지 않다.'는 말로는 부족했다. 평생 그래왔으니까. "괜찮아요. 지금까지 한 가지 방식으로 살아왔잖아요. 하루아침에 바뀌지는 않죠. 일기를 쓰면서 지금까지 지켜온 가치 중에서 여전히 도움이 되는 것과 그렇지 않은 것을 살펴보면 어때요? 그다음에 필요 없는 건 내려놓거나 방향을 바꾸는 연습을 해보면 돼요."

내겐 도저히 불가능한 이야기처럼 들렸다. 아무리 일기를 써도, 수천 년 동안 이어져 온 문화적 기대를 지울 순 없었다. 나는 그녀에게 인도의 전쟁 서사시인 《마하바라타》에 등장하는 아르주나의 이야기를 해주었다. 용맹한 전사인 아르주나는 전쟁의 한가운데서 깊은 갈등에 빠진다. 싸워야 할 적이 다름 아닌 형제나 다름없는 친척들이었기 때문이다. 누구의 편에 서야 하는가? 도덕과 의무 중 무엇이 더 중요한가? 그는 이 싸움이 과연 옳은지 갈등하다가 결국 무너진다. 나 역시 L 박사의 제안에 "그건 불가능해요."라고 말할 만큼 대담하지 않았다. 그저 순순히 고개를 끄덕였다. "다음 주, 같은 시간에 볼까요?"

"네." 일어나며 마지막으로 이스트강을 한 번 더 바라보았다. 나는 몸을 돌려 병원으로 가는 길에 먹을 단백질 바를 찾으며 주머니를 뒤적였다.

"수, 아무리 용맹한 전사라도 가끔은 속마음을 털어놔야 해요."

나는 그녀를 보며 웃었다. 오랜만에 누군가가 내 이야기를 듣고, 이해해 주는 느낌이 들었다. 문을 향해 돌아서려던 순간, 그녀의 책장 위에 놓인 도자기가 눈에 들어왔다. 아름다운 도자기 화병이었다. 푸른빛을 띤 표면 위로, 금색 선들이 섬세하게 이어져 있었다. 그곳에서 나는 다시 킨츠기를 만났다.

아버지의 거실에 있던 도자기와는 달랐지만 본질은 같았다. 흙으로 빚은 하나의 물건이 부서지고 다시 이어지면서 더 단단해지고 더 아름다워지는 것. 금이 가고 부서진 흔적들을 섬세한 손길로 수선해 아름다운 새 작품으로 만드는 것. 이것이 바로 치유였다. 그리고 나는 치유를 배우고 있었다. 다른 사람들을 위해, 그리고 나를 위해. 나는 다시 한번 미소 지었다.

실행 전략

●자아 존중감 형성●

한 번 깊게 숨을 쉬고 어린 시절을 돌아보라.

1. 어떤 긍정적 스트로크와 부정적 스트로크를 받았는가? 언어로 표현된 예시나 비언어적인 예시가 있는가? 조건적이었나, 무조건적이었나?

2. 거기에서 얻은 교훈은 무엇인가?

3. 그 교훈이 현재의 삶이나 자아에 어떻게 나타나는가?

4. 어렸을 때 어떤 문화적 메시지를 흡수했는가?

5. 어떻게 타인과 자신을 비교하고 다른 사람의 승인을 구하는가?

6. '생산적이어야 한다.'는 내적 압박감을 느끼는가? 그 압박이 괜찮게 느껴지는가, 버거운가? 생산성에 대한 생각은 어디서 비롯된 것일까?

7. 자기 관리나 휴식이 방종처럼 느껴지는가? 자기 자신을 위해, 즐거움을 위해 하는 일이 죄책감을 불러일으키는가? 그렇다면 그런 메시지의 출처는 어디일까?

●인지 왜곡에 사로잡혀 있지 않은가?●

자꾸만 떠오르지만 삶 전체를 좌우할 만큼 크지는 않은 일에 관해 생각해 보라. ABCDE 기법을 적용해 보고 스스로에게 물어보자.

• 선행 사건Antecedent: 무슨 일이 있었던 걸까?

• 믿음Belief: 나는 이 상황을 어떻게 해석하고 있는가?

• 감정Consequence – Emotion: 이 사건이 어떤 감정을 불러일으키는가?

• 왜곡된 사고Distortions: 내 생각이나 인식에 왜곡된 부분이 있는가? (흑백 사고, 극단적인 생각, 전부가 아니면 전무라는 생각을 하고 있다는 걸 알아챘는가? 감정적 추론을 하진 않은가? '이렇게 강하게 느껴지니까 사실일 거야.'라고 생각하는가? 특히 모호하거나 불명확한 상황에서 최악의 결과를 가정하는 비관적 사고를 하지는 않은가? 이것들은 누구나 가끔씩 겪는 일반적인 사고 왜곡이다.)

– 이런 생각들이 나를 어떻게 붙잡고 있는가?

– 이 상황에서 부정적인 감정을 덜 느끼려면 어떻게 해야 할까?

• 해결책Effective Response: 해결해야 할 문제는 무엇인가? (문제를 한두 문장으로 정리해 보라.)

– 내가 바꿀 수 있는 것은 무엇인가?

– 내가 받아들이거나 포용해야 하는 것은 무엇인가?

– 이런 왜곡된 생각이 사라진다면 나는 어떻게 행동할 것인가?

조금씩 더 복잡한 상황에도 이 과정을 적용해 보자. 일기나 메모를 통해 생각을 정리하면 내가 반복하는 사고 패턴을 발견할 수 있다.

●자기 비판을 자기 수용으로 바꾸는 사고의 전환●

아래는 흔히 하는 자기 비판적인 생각과 이를 자기 수용으로 전환하는 방법이다. 일기에 적어보며 스스로의 부정적인 생각을 전환해 보는 연습을 해보자.

자기 비판	자기 수용
나는 정말 엉망이야. 실수를 밥 먹듯이 해.	나는 인간이야. 인간은 실수를 해. 왜 나는 나에게만 완벽함을 기대하는 걸까?
나는 이걸 절대 해낼 수 없어.	이건 도전이야. 도전은 배움의 기회를 줘. 이번에 배운 걸 바탕으로, 다음엔 더 나아질 거야.
이렇게까지 노력했는데도 실패했어. 모든 게 헛수고였어.	나는 이 과정에서 최선을 다했다는 것에 자부심을 느껴. 새로운 경험을 쌓았고, 앞으로 나에게 도움이 될 관계도 형성했지. 지금 당장은 보이지 않지만, 이 경험은 결코 헛된 것이 아니야.
나는 애초에 이 일과 맞지 않았던 거야.	오늘 하루는 정말 힘들었고, 나는 충분히 노력했어. 이제는 쉬면서 다시 정리할 시간이 필요해.
나는 왜 이 모양일까? 지금쯤이면 ____________ [목표 적기]을/를 이루었어야 하는데.	꼭 다른 사람과 같은 속도로 갈 필요는 없어. 이 목표가 정말 내가 원하는 걸까? 그렇다면 내게 맞는 현실적인 시간 계획은 무엇일까? 그 목표를 이루기 위해 필요한 자원은 무엇일까? 내가 원하는 목표가 아니라면 내가 진정 원하는 목표는 무엇일까?
이 직장에 들어가지 못하면, 승진을 하지 못하면 나는 어떻게 될까? 직장을 잃으면 나는 무슨 의미가 있을까?	나는 내 성취와는 별개로 그 자체로 가치 있는 존재야. 내 성공이 나를 정의하진 않아.
왜 저 사람들은 나보다 훨씬 더 성공하고, 더 행복하고, 더 부유할까? 저들에게 있고 나에게 없는 것은 뭘까?	남들이 보여주는 가장 빛나는 장면들과 내 삶을 비교할 필요는 없어. 그들이 보여주는 것이 다가 아니야. 그들의 삶에도 보이지 않는 이야기들이 있어. 내가 정말로 원하는 것은 무엇일까?
나는 그들이 요구하는 일을 하고 싶지 않아. 하지만 거절하면 어떤 일이 생길지 걱정돼.	건강한 경계를 세우는 것은 관계를 지키는 동시에 내 마음의 평온도 지키는 길이야.
나는 힘든 하루를 보냈어. 그러니 이 (케이크, 와인)을 다 먹어도 괜찮아.	지금 이 감정을 그대로 느껴보자. 당장 위로가 필요하다고 해서 나중에 더 후회할 선택을 할 필요는 없어. 그 대신 나를 위해 건강한 선택을 할 수 있어. 친구에게 전화하기, 산책하기, 따뜻한 물로 씻기, 아니면 그냥 일찍 잠들기.
이건 저 사람들 탓이야. 또는 항상 내 잘못이야.	세상에는 내 힘으로 어쩌지 못하는 일들이 있어. 잘잘못을 따지는 대신, 지금 이 상황을 더 나아지게 만들 방법이 있을까?
나는 내 몸이 싫어.	내 몸은 나를 위해 많은 것을 해주고 있어.
더 생산적인 사람이 되고 싶어.	나에게는 충분히 쉴 자격이 있어. 휴식을 취하면 더 잘 해낼 수 있을 거야.

● 나에겐 자기 연민이 얼마나 있는가? ●

스스로를 지나치게 비판하는 편인지, 아니면 자기 연민을 실천하는 편인지 궁금한가? 다섯 개의 문장 중에서 세 개 이상 '그렇다.'라고 답하지 않았다면(의외로 많은 사람이 그렇다!), 자신을 조금 더 따뜻하게 대하는 연습을 해야 할지도 모른다.

1. 나는 실수를 했을 때, 수치심이나 자기 비난에 빠지지 않고 적절한 책임을 지며 해결하려고 노력한다.

2. 나는 새로운 것을 배울 때나 어려운 일을 할 때, 스스로에게 인내심을 가진다. 나는 어려움을 겪을 때 자기를 비판하기보다 그저 지금 힘든 순간을 지나고 있음을 알아차린다.

3. 나는 살면서 실수를 하는 건 나만이 아니라는 걸 안다.

4. 나는 버거운 순간이 오면 잠시 멈추고 쉬거나 도움을 요청한다.

5. 나는 스스로에게 따뜻하고 부드러운 말투로 이야기한다.

● '해야 한다.' 다시 써보기 ●

이 글을 읽으며 떠오른 '해야 한다.'들이 있을 것이다.

• 아침에 눈을 뜨고부터 스쳐 지나간 생각들을 떠올리자.

• 스스로 내면화한 '해야 한다.'들은 정말 진실일까? 모든 사람의 건강과 행복을 내 책임으로 돌릴 필요는 없다.

• 어떤 '해야 한다.'가 완전히 사실이 아니라면, 그것을 더 진실에 가깝게 다시 써볼 수 있을까?

• 이 생각은 어디에서 시작된 걸까? 내가 만든 것인가? 아니면 다

른 사람들이 나에게 기대하는 모습인가? 이것이 정말로 내가 원하는 것인가? 아니면 거절당할까 봐, 혹은 단순한 의무감에 떠안고 있는 것인가?

이제 '해야 한다.'를 구체적으로 다시 써보자. '해야 한다.'를 실행 가능한 결정(외부의 요구, 강요, 의무가 아닌)과 개인적인 선택으로 바꿔주는 단어들을 골라 적자.

– 예시: 운동을 더 해야 한다. → 나는 운동을 통해 몸과 마음을 돌보고 싶다.

모든 '해야 한다.'가 나쁜 것은 아니지만, 그렇다고 모든 '해야 한다.'가 꼭 필요하고 좋은 것도 아니다.

3부

합리적 낙관주의를 실천하는 기술

6장 능숙함
할 수 있다는 근거를 만드는 훈련

할 수 있다고 믿는 사람이 결국 해낸다.
— 베르길리우스(Vergilius)

"제가 완전히 망가진 것 같아요."

셸리는 클리닉을 찾게 된 이유와 최근의 기분에 대해 이렇게 말했다.

그녀는 9.11 테러 당시 세계무역센터 북쪽 타워에서 가까스로 탈출했다. 달리면서 뒤를 돌아봤을 때, 창문에서 사람들이 뛰어내리는 게 보였다. 셸리는 피와 먼지에 뒤덮인 채, 하이힐을 신고 몇 킬로미터를 쉬지 않고 걸었다. 그날은 혼돈 그 자체였다. 사람들에게 밟힐 뻔했고, 남편이 어디에 있는지도 몰랐으며, 퀸스에 있는 아이들에게 연락도 못 한 채 뉴저지로 가는 배에 몸을 실었다.

셸리의 회사는 그 후 다른 곳으로 이사했다. 셸리는 끔찍한 테러의 현장을 겪고도 계속해서 '해야 할 일'을 했고, '예전의 자신'으로 돌아가려고 애썼다. 하지만 예전처럼 자유롭고 활달한 사람이 될 수 있을지 자신이 없었다. 그녀는 밤마다 악몽에 시달렸고, 압사당할 뻔했던 순간을 떠올렸다. 테러가 일어난 세계무역센터 근처는 피해 다녔고, 대중교통을 타지 않았으며, 엘리베이터와 붐비는 공간을 멀리했다.

레지던트 생활을 마치고 몇 달 지나지 않은 시점에 나는 9.11 생존자들의 모니터링, 평가, 치료를 전담하게 되었다. 환자들은 천식이나 폐 질환 같은 신체적 문제를 포함한 종합 검진을 받았고, 정신건강 설문을 통해 심리 상태도 평가받았다. 셸리는 두 아이를 둔 39세 여성으로 불안, 우울증, 외상 후 스트레스 장애에 대한 추가 평가를 받기 위해 나를 찾아왔다.

셸리와 만난 날 밤, 나는 생각했다. '내가 정말 이 일을 감당할 수 있을까?' 나는 수년 동안 복잡하고 다양한 문제를 지닌 환자들을 치료했다. 하지만 대규모 참사를 겪은 생존자들의 마음 돌봄은 전혀 다른 차원의 일이었다. 숙련된 의료인도 이런 순간엔 흔들릴 수밖에 없었다. 셸리처럼 나를 믿고 찾아온 사람들을 제대로 돕기 위해서라도 나는 내 안의 불안을 마주해야 했다.

'트라우마'는 그리스어로 '상처'라는 뜻이다. 셸리를 비롯해 9.11 정신건강 프로그램에 참여한 여러 환자를 치료하면서 나는 알게 되었다. 그들이 입은 상처는 단순히 신체적인 것이 아니었다. 그들은 마음 깊은 곳에서 스스로가 '망가졌다.'고 느끼고 있었다. 트라우마는 세상과 타인에 대한 믿음을 산산이 조각냈고, 세상을 헤쳐 나갈 수 있다는 자신감마저 앗아갔다.

자신에 대한 믿음, 스스로 해낼 수 있다는 감각. 능숙함과 자기 효능감°은 우리의 정체성과 밀접하게 연결되어 있다. 사회인지 이론에 따르면, 자기 효능감은 특정한 과업이나 상황을 잘 해낼 수 있다고 믿는 능력(과업별 자신감), 삶을 주체적으로 살아갈 수 있다고 느끼는 능력(일반적 자기 효능감), 스트레스와 어려움을 견디고 감정을 조절하며 스스로를 다독일 수 있는 능력(정서적 자기 효능감)을 의미한다. 합리적 낙관주의의 원칙들은 우리가 자신을 유능하다고 '느끼는' 것을 넘어서, 실제로 '더 나은 사람이 될 수 있도록' 만든다. 그리고 그 가능성을 믿을 때, 우리는 더 단단해지고 더 성장할 수 있다.

어느 누구도 모든 분야에서 똑같이 능숙할 수 없다. 대체로 자신이 유능하다고 느끼다가도, 특정 영역에서는 자신감이 부족할 수도 있다. 중요한 건 자신의 능력을 정확하게 이해하는 것이다. 그리고 그것을 믿어야 한다(때로는 약간의 과신도 필요하다). 무엇보다 더 나아질 수 있다는 믿음이 중요하다.

능숙함은 어떤 스트레스가 그저 작은 흔들림으로 끝날지, 아니면 완전한 붕괴로 이어질지를 결정짓는 요소이다. 그런데 평생 쌓아온 자신감이 깊은 트라우마 때문에 무너진다면 어떻게 될까? 셸리가 세상을 바라보는 방식이 달라졌다면 어떻게 해야 다시 예전으로 돌아갈 수 있을까? 나는 셸리가 현재의 자신을 발견할 수 있도록 도울 수 있을까? 과거의 트라우마에 묶이지 않은 채, 삶의 굴곡 속에서도 행복하고 충만한 미래를 만들어갈 수 있도록 도울 수 있을까? 이것이 바로 능숙함의 핵심이다. 지식이나 기술이 아니라, 우리가 배우고, 적응하고, 성장할 수 있다는 믿음이다. 어떤 어려움이 닥쳐도 결국 헤쳐 나갈 수 있는 능력이 있다는 확신 말이다.

○ 6장에서는 자기 효능감과 능숙함을 같은 의미로 사용하고 있다(이는 좀 더 정확히 말하면, 우리가 스스로 능숙하다고 느끼는 감각을 뜻한다).

자기 효능감이 높은 사람들은 더 건강하고, 일이나 학업에서 성취도가 높으며, 인간관계에서도 더 나은 경험을 한다. 자기 효능감이 높아지면 더 많은 노력을 할 수 있고, 목표를 이루고 싶다는 동기도 커진다. 이러한 동기는 지속적인 노력으로 이어진다. 자신의 능력을 믿게 된 사람들은 어떤 상황에서도 더 오래, 더 열정적으로, 더 강하게 노력한다. 한 실험에 따르면 게임에서 이길 확률이 높다고 들은 피실험자들이 게임에 더 적극적으로 참여하고, 더 집중했다. 능숙함은 우리를 계속 도전하게 만든다. 특히 역경이나 실패를 마주했을 때 다시 도전할 힘을 준다.

어린아이들은 자기 효능감을 타고난다. 그들은 세상에 불가능한 일이 없다고 믿는다! 하지만 곧 깨닫는다. 세상 모든 일이 금방 이루어지거나, 쉽게 손에 잡히지 않는다는 걸. 자기 효능감은 도전하고, 실패하고, 다시 시도하고, 결국엔 해내는 과정을 거쳐 오랜 시간의 경험으로 쌓인다. 의대를 졸업하던 날, 나는 졸업장과 하얀 가운 그리고 넘치는 자신감을 받았다. 물론 실제로 받은 건 졸업장과 가운뿐이었다. 숙련됨은 시간이 쌓여야 생긴다. 환자들과 함께한 수년간의 경험이 나를 만들었다. 능숙함은 결국 여정이다. 가는 길이 늘 순탄할 수는 없다. 잘 나가다가도 멈칫하고, 흔들리는 순간이 찾아온다. 지극히 자연스러운 일이다. 다행인 것은 그 과정을 조금 더 순탄하게 만드는 방법이 있다는 점이다.

나는 커다란 트라우마(대문자 T)로 남을 수도 있는 사건이 자신감을 무너뜨리지 않도록, 또 자기 효능감을 떨어뜨리지 않도록 외부 자극의 영향력을 줄일 수 있는 여러 가지 방법을 이야기하려 한다. 또한 일상의 작은 스트레스들(소문자 t)을 능숙함을 키울 기회로 바꿀 수 있는 방법도 함께 살펴볼 것이다.

험난한 길을 걸을 때 필요한 지혜

능숙함은 기회를 잡느냐, 놓치느냐를 결정짓는 중요한 요소이다. 스스로 할 수 있다고 믿으면 도전하지만, 자신이 없으면 시도조차 하지 않을 수도 있다. 하지만 때로는 의지와 상관없이 외부의 장벽이 우리를 가로막는다. 우리가 살아가는 환경, 주변 사람들, 어린 시절의 경험, 주어진 (혹은 주어지지 않은) 기회들, 이 모든 것이 자기 효능감에 영향을 미친다. 우리에게 제약이 주어질 때도 능숙하기란 쉽지 않다.

아무리 반복해서 시도해도 나아지는 느낌이 들지 않는다면, 시도 자체가 커다란 벽처럼 느껴진다. 좌절감이 쌓이고, 결국 아무것도 바꿀 수 없다는 무력감에 빠진다. 때로는 정신건강을 위해 어떤 목표를 포기할 수도 있다. 하지만 포기하기 전에 잠시 멈춰서 생각해 보자. 자신에게 조금 더 너그러워져라. 시간을 갖고 충분히 쉬면서 상황을 다시 바라보라. 내가 조정할 수 있는 부분이 있을까? 방향을 틀어볼 방법은 없을까?

일이 원하는 대로 풀리지 않더라도, 혹은 멈추는 편이 더 나은 선택처럼 느껴진다 해도, 이것만은 기억하자. 패배한 것처럼 보일지라도 진 것은 아니다. 노력하는 과정 자체가 뇌 속에 새로운 길을 만든다. 그 과정에서 우리는 기술을 익히고, 선택하고 결정할 힘을 기르며, 조금씩 능숙해진다.

당장은 보이거나 느껴지지 않을 수도 있다. 하지만 그동안의 시도가 헛된 것은 아니다. 그 시간이 쌓여 준비되었을 때 목표를 향해 나아갈 힘이 된다. 그리고 그때는 가장 잘할 수 있는 방식으로 해낸다.

헬스장 회원권을 끊어 놓고 몇 번 나가다가 발길을 끊은 적이 있는가? 생산성 앱을 깔아 놓고 한 번도 열어보지 않은 적 있는가? 정당한 급여 인상을 요구하려다 망설였던 순간이 있는가?

그렇다면 알 것이다. 능숙함, 즉 자기 효능감은 결국 마음가짐에서 시작된다는 것을. 내가 할 수 있다고 믿으면 진짜로 할 수 있는 힘이 생긴다. 오히려 그 믿음이 실제 능력보다 더 중요할 때도 많다. 성공할 거라는 믿음은 실제 행동보다 원하는 결과를 이끌 가능성이 더 크다는 연구도 존재한다.

능숙함에 이르는 길은 이런 식이다. 자신감이 생기면 시도하고, 시도하면 노력하게 된다. 꾸준한 노력, 즉 끈기는 점점 더 많은 것을 할 수 있게 해주고, (운이 좋다면) 마침내 성공에 이른다. 그 성과는 우리를 기분 좋게 만든다. 나는 이것을 긍정적 감정 반응PER, Positive Emotional Response이라고 부른다. 작은 성취 하나가 또 다른 도전을 부르고, 그 도전이 결국 더 큰 성취로 이어진다. 하나씩 쌓이면서 자기 효능감이 커지고, 노력도 자연스레 따르며, 결국 성공에 가까워진다. 이것이 바로 선순환이다!

능숙함을 키우려면 이러한 각 요소가 모두 갖추어져야 한다. 하지만 아무리 노력해도 원하는 결과가 나오지 않거나, 애초에 노력할 힘조차 없을 때가 있다. 보이지 않는 여러 겹의 장벽이 우리를 가로막고 있을지도 모른다. '이건 못 하겠어.' '방법을 모르겠어.' '어디서부터 시작해야 할지 모르겠어.' 이런 생각이 자꾸만 머릿속을 맴돈다면, 그것이 바로 우리를 가로막는 장애물이다. 부정적인 생각을 가만히 두면 문제가 된다. 검증해 보지도 않고 마음속에 머물게 하면 결국 중요한 걸 피하거나, 스트레스로 지치거나, 너무 일찍 포기하게 된다. 미루기, 회피, 비관, 과도한 걱정은 능숙함이 부족할 때 생기고, 이런 증상이 쌓일수록 능숙함은 더 멀어진다. 자기 효능감이 반복적으로 타격을 받으면 학습된 무기력으로 이어진다. 무기력이 학습되면 삶의 다른 부분에도 영향을 미치고, 심하면 우울감으로 이어진다.

자기 효능감은 지나친 자신감도, 과도한 나르시시즘도 아니다. 또한 속임수나 편법, 부정한 방법으로 이익을 얻으려는 태도와도 거리가 멀다(오히려 자기 효능감이 낮은데 목표만 높을 때, 즉 최고의 결과를 기대하면서도 정작 자신이 그것을 해낼 수 있다는 확신이 없을 때 사람들은 지름길을 찾으려 하며 그런 선택은 결국 더 큰 문제를 불러온다). 자기 효능감은 건강한 도전 정신을 키워 우리를 한 단계 더 성장하게 만든다.

1998년에 진행된 메타 연구에서 자기 효능감과 업무 성과를 다룬 100편 이상의 연구를 분석한 결과, 자신이 일에 능숙하다고 느끼는 사람일수록 더 만족감을 느끼고, 더 뛰어난 성과를 냈다. 자기 효능감이 높은 사람들은 수술 후 회복이 원활했고, 중독에 다시 빠질 확률이 낮았다. 또한 심장병, 암, 척수 손상, 관절염이 있는 환자들에게도 자기 효능감이 삶의 질과 전반적인 건강을 회복하는 데 긍정적인 영향을 미쳤다. 학생들의 경우에도 다르지 않았다. 자기 효능감이 낮은 학생들보다 높은 학생들의 학업 성적이 더 좋았는데, 이는 자신의 노력이 결과에 영향을 미친다는 사실을 인식하고 있기 때문이었다. 그들은 더 건강하고, 스트레스에 잘 대처하고, 개인적인 만족도도 높았다. 이런 요인 덕분에 학교를 중도에 그만두는 비율도 낮았다.

자기 효능감은 두 가지로 이루어진다.

자기 효능감에 대한 기대

특정 행동을 해낼 수 있다는 확신을 말한다. 체중 감량을 목표로 삼았다면, 다이어트 계획을 실행할 수 있다는 믿음이 여기에 해당한다. 패스트푸드를 줄여야 한다는 걸 알지만 건강한 식단을 준비할 자신이 없다면 결국 패스트푸드를 먹는다.

결과 기대

계획을 실행하면 원하는 목표를 달성할 수 있다는 믿음이다. 체중 감량을 예로 들면, 결과 기대란 계획을 실천함으로써 원하는 결과를 얻을 수 있다는 확신을 의미한다. 어떤 사람들은 건강한 식단을 준비하는 등의 노력을 기울이면서도, 결국 성공하지 못할 것 같다는 생각에 포기한다.

가장 이상적인 것은 자기 효능감에 대한 기대와 결과 기대가 모두 높은 것이다. 많은 사람이 자신을 실제보다 과소평가한다. 좋은 일이 생겨도 운이 좋아서일 뿐, 내 실력이나 노력 덕분은 아닐 것이라고 여긴다(긍정적인 외적 통제 위치). 반면에 나쁜 일이 생기면 모든 책임이 나에게 있다고 생각하고, 나에게 근본적인 결함이 있다고 믿는다(부정적인 내적 통제 위치). 건강한 사고방식은 내가 감당할 책임과 내 힘으로 바꿀 수 없는 요소를 정확히 구분한다. 그래야만 노력이 결과로 이어지는 경험을 하고, 필요할 때는 과감히 포기할 줄 알게 된다. 건강한 사고방식은 셸리처럼 트라우마를 겪은 사람, 큰 상실을 경험한 사람에게 특히 중요하다. 건강한 사고방식을 통해야만 어려움 속에서도 회복의 길로 나아가고, 포기하지 않을 수 있다.

자기 효능감은 모든 장애물과 목표에 영향을 미친다(이는 결국 개인의 경제 상황부터 인간관계, 직장 내 성공까지 삶의 전반을 바꿀 수 있다). 자기 미래를 통제할 수 있다는 믿음만큼 정신건강에 중요한 건 없다.

리나가 나를 처음 찾아왔을 때 그녀는 직장 생활을 거의 포기한 상태였다. 리나는 조용한 사직Quiet Quitting(퇴사하지는 않지만 최소한의 업무만 수행하며 노력을 기울이지 않는 태도)이라는 신조어를 듣고, 딱 자기 이야기라고 생각했다. 출근은 하지만 일에 대한 애정과 흥미가 점점 사라지고 있었다. 이렇게 가다 보면 어느 순간 최소한의 업무만 하게 될 것 같았다. 조용한 사직은 그녀가 원하던 직장 생활이 아니었다.

리나는 자신의 일에 애정이 있었지만, 고민도 있었다. 그녀보다 경력이 짧은 동료들이 새로운 프로젝트를 맡고, 중요한 자리에서 얼굴을 알리며, 승진 기회를 얻었다. 리나는 자격이 있음에도 회의 자리에 끼지 못했고, 새로운 업무나 승진에서도 계속 밀려났다. 리나의 자기 효능감은 흔들리고 있었고, 아무리 노력해도 소용없다는 학습된 무기력에 빠지고 말았다. '저 사람들은 날 받아주지 않을 거야(낮은 결과 기대).' '차마 물어볼 용기도 안 나(낮은 자기 효능감 기대).' 리나는 점점 일에 대한 의욕을 잃었고, 그로 인해 성과도 떨어졌다. 그녀가 두려워하던 일이 현실이 될 가능성이 커졌다. 승진 기회를 놓치거나, 최악의 경우 직장을 잃을지도 몰랐다. 이것이 자기 효능감이 낮아질 때 빠지기 쉬운 위험한 하향 곡선이다.

건강한 능숙함은 실패에도 쉽게 흔들리지 않는다. 좌절하거나 스트레스에 짓눌리기보다 한 걸음 더 나아갈 힘을 가지는 것, 어떤 일을 앞두고 두려움에 사로잡히는 대신에 의욕적으로 뛰어드는 것이다.

능숙함에 이르는 길

저명한 심리학자 앨버트 반두라에 따르면, 자기 효능감은 네 가지 방식으로 형성된다.

개인적인 경험. 직접 장애물을 극복하고, 자신의 행동이나 기여로 성공을 경험하는 것이 자기 효능감을 키우는 가장 중요한 방법이다.

간접 경험. 다른 사람들이 장애물을 넘고 목표를 이루는 모습을 보는 것만으로도 자기 효능감이 향상될 수 있다. 나는 신입 의사 시절, 선배들이 환자를 대하는 모습을 보며 많은 걸 배웠다.

언어적 설득. 적절한 피드백, 격려, (관련된 사안에 대해 잘 아는) 신뢰할 만한 사람들에게서 받는 확신이 자기 효능감을 높여준다. 우리는 어릴 때부터 부모나 선생에게 많은 것을 배운다. 하지만 성인이 되면 배움의 기회가 줄어들기 때문에 스스로 피드백을 구하는 노력이 필요하다. 다만 피드백은 조심스럽게 다루어야 하며 이에 대해서는 뒤에서 이야기할 것이다.

생리적 피드백. 우리가 느끼는 감정 또한 자기 효능감에 영향을 미친다. 어떤 과제가 지루하거나 우리를 무력하게 만들면, 그것이 아무리 쉬운 일이라도 쉽게 포기하게 되고 자기 효능감이 낮아진다.

이 네 가지 요소는 능숙함을 키워주고 어려움 앞에서 다시 나아갈 방법을 찾는 열쇠가 된다.

자기 신뢰를 가로막는 장벽과 그것을 극복하는 법

능숙함을 키우려 할 때, 내면 혹은 주변 환경에서 장애물이 나타나기도 한다. 이 장벽들은 자기를 바라보는 시각, 세상을 대하는 태도, 미래에 대한 기대감까지 바꿀 수 있다. 이제 사람들이 가장 많이 겪는 세 가지 장벽과, 그것을 극복할 수 있는 실질적인 방법을 살펴보자.

장벽 1.

무력감: 나는 망가졌다. 힘이 없다. 혼자이다.

극복법: 인정받기

장벽 2.

정체됨: 벅차다. 도저히 못 할 것 같다. 아무리 해도 제대로 되지 않는다.

극복법: 유연성

장벽 3.

피로감: 너무 힘들다. 그냥 포기하고 싶다.

극복법: 자기 돌봄

장벽 1. 무력감

나는 망가졌다. 힘이 없다. 혼자이다. → 극복법: 인정받기

감정은 우리를 긍정적인 방향으로 이끌 수도, 부정적인 방향으로 끌어내릴 수도 있다. 감정적으로든 신체적으로든 안전하다고 느낄 때, 그리고 어려움, 변화, 고통, 상실을 인정받을 때 우리는 변화를 시도할 용기를 낼 수 있다. 트라우마를 겪은 사람들에게는 자신의 경험을 인정받고, 안전감을 느끼는 것이 무엇보다 중요하다. 나는 셸리와의 첫 상담에서 그녀의 삶에 일어난 극적인 변화를 인정하는 것부터 시작했다. 9.11 테러 이후 그녀가 알던 세상은 예전과 같지 않았고, 그 사실을 받아들이기 위한 시간이 필요했다. 그녀에게는 과거의 자신을 애도하고, 새로운 자신을 받아들일 시간이 필요했다. 과거의 셸리는 6인치 하이힐을 신고 출근했지만, 이젠 운동화를 신었다. 언제든 다시 도망칠 일이 생길 수 있다는 불안감 때

문이었다. 그녀는 다시 하이힐을 신을 수 있을까? 아마 그럴 것이다. 예전과 같은 하이힐은 아닐 것이다. 언젠가는 낮은 굽의 구두 정도는 신게 될지도 모른다. 하지만 언제나 가방 한쪽에 운동화와 편한 바지를 넣어둘 것이다.

셸리가 몸과 마음이 원하는 것을 인정하는 과정은 결국 평온을 찾는 과정이었다. 나는 셸리가 극도로 예민해진 상태에서 벗어날 수 있도록 경계심을 서서히 낮추는 작업을 해나갔다. 그래야만 다시 문제를 해결할 힘을 찾고, 자신이 안전하고 유능하다고 느낄 수 있었다. 무엇보다 그녀에게는 휴식과 치료를 위한 시간과 공간이 필요했다. 셸리는 9.11 테러 이후, 단 하루도 쉬지 않았다. 셸리는 상담을 통해 휴식이 필요하다는 걸 인정했고, 상사에게 휴가를 요청했다. 상사는 그녀가 9.11 테러로 인한 트라우마 때문에 쉬려 한다는 사실을 알게 되자, 그동안 쌓아둔 병가를 먼저 사용하는 것이 좋겠다고 말했다. 그리고 더 많은 시간이 필요하거나, 치료와 상담을 위한 일정이 생긴다면 충분히 지원할 것이며, 그것이 그녀의 커리어에 불이익이 되지 않을 것이라고 분명히 했다.

"그 말이 얼마나 큰 위로가 되었는지 몰라요." 셸리는 나에게 이렇게 말했다. 그녀는 그동안 '팀워크를 해치고 싶지 않다.'라는 생각에 자신의 감정을 철저히 숨겼다. 병가를 내는 것에 왠지 모를 죄책감을 느꼈고, 자신의 상처는 눈에 보이지 않으니 돌볼 가치가 없다고 여겼다. 9.11 테러로 신체적 부상을 입은 동료들을 보며, 셸리는 자신은 힘들다고 말할 자격이 없다고 생각했다.

장벽 2. 정체됨

벅차다. 도저히 못 할 것 같다. 아무리 해도 제대로 되지 않는다. → 극복법: 유연성

우리는 변화하거나 도전할 준비가 되지 않았다고 느낄 때, 그 과정이 너무 어렵고 버거울 것 같을 때, 아예 시작조차 못 하고 얼어붙는다. 하지만 변화를 거부할수록 더 깊은 고통이 찾아온다. "변화 외에 영원한 것은 없다." 기원전 500년경, 그리스 철학자 헤라클레이토스는 이렇게 말했다. 불교에서도 삶의 무상함은 중요한 개념이다. 핵심은 우리가 변화를 받아들이지 않을 때, 더 큰 고통이 생긴다는 것이다. 컴퓨터 소프트웨어를 더 편리하게 사용하기 위해 업데이트하듯이 우리의 사고방식도 지금의 삶과 상황에 맞춰 새롭게 조정해야 한다. 지금부터 소개할 방법들은 생각과 행동의 유연성을 키워, 정체된 상태에서 벗어나도록 돕는 전략들이다.

첫 번째는 도전을 성장의 기회로 받아들이기이다. 내가 9.11 정신건강 프로그램의 디렉터로 일하게 되면서 느낀 불안감에는 몇 가지 확실한 이유가 있었다. 이 프로그램은 그동안 아무도 가보지 않은 길을 개척하는 과정이었고, 명확한 기준이나 지침이 없었다. 또한 나는 한 번도 의료 디렉터로 일해본 적이 없었고, 이토록 깊은 트라우마를 다뤄본 경험도 없었다.

나에게 가장 도움이 된 것은 성장 마인드셋Growth Mindset을 가지려 한 점이었다. 이 개념은 심리학자 캐롤 드웩 박사가 연구하고 정립한 것으로, 고정 마인드셋Fixed Mindset과 달리, 능력의 한계를 미리 정하지 않는다. "나는 원래 수학이나 공학을 못해." "나는 아무리 노력해도 살을 뺄 수 없을 거야." "저 사람들은 날 받아주지 않을 거야." 이런 말을 믿고 받아들이면 스스로 자기 효능감의 한계를 정하게 된다. 그리고 쉽게 낙담하고, 좌

절하며, 결국 포기한다. 비관적인 생각은 덜 공부해도 된다는 핑계를 만들어주고, 운동을 빼먹거나, 간식을 몰래 먹거나, 일에 대한 의욕을 잃게 만든다. 그렇게 우리는 자신이 두려워했던 결과를 현실로 만든다. 사실 저절로 그렇게 된 것이 아니라, 우리가 그것을 허용하고 만들어낸 것이다. 따라서 우리가 가장 먼저 깨야 할 유리 천장은 스스로 만든 한계이다.

장애물을 성장의 기회로 받아들이려면 현재의 상황을 '편안함을 위협하는 요소'가 아니라, '연습하고 배우는 과정'으로 바라보려는 연습이 필요하다. '쉽지 않겠지만 그만큼 많은 것을 배울 수 있을 거야.' 이런 생각이 긍정적인 기대감을 키우고, 스트레스를 견딜 수 있다는 믿음을 높이며, 결국 실제로 스트레스를 버티는 힘을 길러준다.

두 번째, 왜곡된 사고를 바로잡고 왜곡된 인식을 재구성하기이다. 자신을 끊임없이 비판하거나 의심하는 사람들은 위기의 상황에서 부정적인 자기 대화에 사로잡혀 집중력을 잃는다. 자신감 있는 사람들은 자기 대화를 잘 조절하기 때문에 압박 속에서도 흐름을 유지하며 상황에 집중한다. 자기에게 긍정적인 말을 건넬수록 과제 불안을 낮추고, 결국 더 좋은 성과를 낸다. 앞서 소개한 인지 재구성 기법(ABCDE 기법·5R·걱정 일기·사고 기록 등)은 부정적인 생각을 바로잡고, 상황을 더 주체적으로 바라보게 한다.

리나는 자신의 비관적인 생각을 인정하기 시작했다. '상사는 나를 신경 쓰지 않을 거야. 아무리 노력해도 나를 알아주는 사람은 없을 거야.' 하지만 그 생각들에 의심하고 도전하기 시작하면서, 점점 성장 마인드셋을 받아들이게 되었다. 리나는 태도를 바꾸고, 노력하고, 통제할 수 있는 것들을 책임지기로 하면서, 더 이상 현실을 회피하지 않고, 자신의 문제를 해결하기 위해 행동할 수 있었다.

배움과 성장을 위한 높은 기준과 완벽을 향한 노력(완벽주의적 노력)은 긍정적일 수 있다. 그러나 지나치게 엄격한 기준, 경직된 사고, 끊임없는 자기 비난으로 이어지는 부적응적 완벽주의는 오히려 목표 달성을 심각하게 방해한다. 어떤 일이 반드시 내가 원하는 방식으로 이루어져야만 안심할 수 있다면, 모 아니면 도라는 사고방식에 갇혀 스스로의 대처 능력을 제한하는 꼴이 된다. 성공해야 한다는 강박이 강할수록 실패에 대한 두려움 역시 더 커지고, 그 두려움은 스트레스 호르몬을 폭발적으로 증가시켜, 우리의 능력을 무력화시킨다. 즉 부적응적 완벽주의는 목표 달성을 방해한다. 때로는 성공을 위해 비윤리적인 방법까지 동원하게 만들고 다른 중요한 목표들을 제대로 돌보지 못하게 한다. 하지만 유연한 사고와 자기 연민(괜찮아, 누구나 실수하고 어려움을 겪을 수 있어)이 있으면, 스스로를 몰아세우는 습관에서 벗어날 수 있다.

인식을 재구성하며 유연함을 기르는 연습은 직장, 인간관계, 육아 등 감정적으로 예민해지는 순간에 강력한 도구가 된다. 예를 들어, 자기 효능감이 낮은 부모들은 더 강압적이고 처벌적인 방식으로 아이를 대할 가능성이 높다. 부모가 육아 기술을 익히고, 스스로를 유능한 부모라고 생각할수록 아이들은 사회적·정서적·학업적으로 더 안정된 성장을 한다. 자신이 괜찮은 부모라고 믿는 사람은 아이의 독립적인 행동을 반항이 아닌 성장 과정의 일부로 받아들인다. 그렇기에 아이의 행동에 휘둘리거나, 위협을 느끼거나, 무력해지지 않고, 더 건강한 방식으로 대처한다.

9.11 테러 이후 셸리는 다시는 안전하다고 느낄 수 없을 거라고 생각했다. 나는 셸리에게 사고 기록을 작성하게 해 잘못된 인식을 바꾸는 작업을 했다. 그녀는 흑백 논리(완전히 안전하다는 확신이 없으면 절대 안심할 수 없어), 재앙적 사고(나는 완전히 무너졌어), 과도한 일반화(세상은 믿을 수 없는 곳이고 차라리 집 밖으로 나가지 않는 게 나아), 부정적 필터링(조금 나아졌지만 아

직도 한참 멀었어)을 반복하고 있었다. 셸리는 사고방식을 바꾸기 위해 다양한 방법을 시도했다. 먼저 '비용—편익 분석'을 통해 '이렇게 생각하면 나에게 어떤 대가가 따를까? 다르게 바라보면 어떤 가능성이 열릴까?' 하는 질문을 던졌다. 다음으로 미래의 시점에서 상황을 다시 바라보는 연습을 했다. '이 일을 5년 후, 10년 후의 내가 보면 어떻게 느낄까?' 그리고 자기에게 가장 따뜻한 친구가 되어 자신을 바라보는 연습을 했다. '내가 내 친구라면 이 상황을 어떻게 다독여줄까? 어떻게 하면 비판이 아닌 공감과 이해의 태도로 바라볼 수 있을까?'

그렇게 여덟 달쯤 지났을 무렵에 셸리는 말했다. "이제 대부분의 순간에서 안전하다고 느껴요." 그 인식의 변화는 그녀가 다시 자신의 삶을 주체적으로 이끌어갈 수 있는 힘을 주었다.

세 번째, 의미, 목적, 정체성과 연결하기이다. 어떤 도전이나 목표 앞에서 가로막힌 느낌이 들거나 결정하기 어려울 때, 자신에게 이렇게 물어보자. '이 일이 나에게 어떤 의미가 있을까?' '이것이 내 가치관과 맞을까?' '이 목표가 내 정체성에 맞을까?'

케이티라는 환자는 어릴 적부터 심리학자가 되고 싶었으나, 그녀의 부모님은 "너는 심리학 박사 과정과는 어울리지 않아."라고 말했다. 케이티는 그 말을 그대로 받아들이지 않고 도전했다. 그러나 지원했던 몇 개의 박사 과정에서 떨어졌고, 스스로의 능숙함에 대한 믿음이 크게 흔들렸다. 하지만 다행히도 케이티에게는 강력한 무기가 있었다. 그녀가 유연한 사람이라는 점이었다.

내가 케이티에게 심리학자가 되려는 이유가 무엇인지 물었을 때, 그녀는 한 치의 망설임도 없이 대답했다. "사람들을 돕고 그들의 편이 되고 싶어요." 그 순간, 케이티는 깨달았다. 그 목표를 이루는 방법이 심리학 하나만이 아니라는 사실을. 보건 분야에는 그녀가 의미를 느낄 수 있는 다양한 직업이 존재했다. 케이티가 더 큰 목적을 인식한 순간, 심리학이 아니면 의미가 없다는 극단적인 사고방식이 무너졌고, 새로운 길이 열리기 시작했다. 케이티는 결국 전문 간호사로 자리를 잡았고 병원에서 행정직으로 승진했다. 몇 년 후, 치료가 끝난 지 제법 시간이 흘렀을 때, 케이티에게서 한 통의 이메일이 왔다. "이제 저는 대기업의 최고 웰니스 책임자로 일하고 있어요." 얼마 후에는 케이티가 여성 비즈니스 리더십 상을 받았다는 소식을 전하며, 작은 명패 하나를 선물로 보냈다. 명패에는 이렇게 적혀 있었다. "목표는 확고하게, 방법은 유연하게." 케이티는 A 계획이 뜻대로 되지 않을 때 주저하지 않고 B 계획으로 전환했던 것이 결국 자신을 성공으로 이끌었다고 말했다.

자신의 목표를 본인의 목적이나 핵심 가치와 연결하는 과정은 내가 지금 이 목표를 향해 가는 이유가 정말 내가 원하는 것인지, 아니면 누군가의 기대에 부응하거나, 나 자신을 증명하기 위해서인지 더 분명히 알게 해준다. 다른 사람에게 인정받고 싶은 마음, 칭찬과 외적인 성취를 증명하고 싶은 욕구, 비판받을까 두려워서 멈추지 못하는 마음은 스스로를 몰아붙이고 그 끝에는 가혹한 자기 비판이 있다. 그 과정에서 능숙함이 무너지고, 자꾸 미루고, 포기하고, 스스로를 망가뜨릴 수도 있다. 어떤 일이 자신에게 맞지 않는다고 느껴진다면, 잠시 멈추거나 거리를 두고 평가해 보는 것도 괜찮다.

네 번째, 과거의 성취 떠올리기이다. 우리는 생각보다 훨씬 더 능숙하고 유능한 존재이다. 그런데도 가끔은 자기를 과소평가한다. 자신이 얼마나 강하고, 똑똑하고, 유능한 사람인지 다시 한번 떠올려 보라. 그리고 사실에 기반을 둔 자신의 강점과 성취들을 정리해 보라. 어린 시절을 떠올려보라. 학교에서 배우고 운동장에서 뛰놀고 사람들과 부딪히며 익힌 관계의 기술, 일하며 쌓아온 경험, 혼자 몰두했던 취미 속에서 길러온 능력들. 한 영역에서 자신감을 잃었다면 때로는 다른 영역에서 쌓아온 힘을 빌려야 한다.

예를 들어, 리나는 다섯 남매 중 첫째였다. 어릴 적부터 동생들을 챙기는 일이 자연스러웠고, 그 과정에서 자신은 늘 뒷전이었다. 나는 리나에게 어린 시절 실망스러운 순간들도 있었겠지만, 그 과정에서 얻게 된 긍정적인 점이 있느냐고 물었다. 그녀는 잠시 생각하더니 말했다. "부모님이 저에게 많이 의지하셨어요. 그분들에게 저는 믿을 만한 사람이었죠. 아니, 제가 그렇게 변해갔던 것 같아요. 책임지는 법을 익힌 거죠." 그 배움이 어떤 식으로든 그녀의 삶에 도움이 되었냐고 묻자, 리나는 바로 대답했다. "당연하죠. 재미있네요. 그렇게 생각해 본 적은 없거든요."

우리는 종종 자기의 가능성을 제대로 보지 못한다. 그래서 의심이 드는 순간에는 타인의 시선이 도움이 된다. 국제 활동을 함께하고 트레이닝도 같이 받으며 나를 오랫동안 지켜본 동료는 내가 9.11 정신건강 프로그램의 디렉터직 제안을 고민하고 있을 때 나에게 수락하라고 권유했다. 그 동료의 말이 결정에 도움이 되었다. 나는 그녀를 깊이 신뢰했고, 내가 이 역할을 해낼 수 있다고 그녀가 믿는다면, 어쩌면 나도 그렇게 믿어볼 수 있을 것 같았다. 그러니 갈림길 앞에 서 있을 땐 반드시 자신이 이미 수많은 어려움을 이겨낸 경험이 있다는 점을 기억하라.

장벽 3. 피로감

너무 힘들다. 그냥 포기하고 싶다. → 극복법: 자기 돌봄

자기 연민을 통한 자기 돌봄은 능숙함을 키우는 가장 강력한 힘이다.

직장에서, 학교에서, 인간관계 속에서 자기 연민이 있는 사람은 실패에서 더 쉽게 회복하고, 미래를 희망적으로 바라본다. 한 연구에서는 자기 연민이 높은 학생들이 중간고사를 망쳤을 때, 더 유연하고 긍정적인 감정 조절 전략을 사용한다는 결과가 나왔다. 또 다른 연구에 따르면, 자기 연민이 높은 학생들은 시험에서 좌절한 후에도 더 오래 집중하고, 더 적극적으로 다시 도전했다. 직장에서도 같은 결과가 나왔다. 자기 연민의 태도를 가진 사람들은 업무에 더 몰입했고, 어려움 속에서도 다시 일어섰다.

자기 연민은 가혹한 자기 비판 없이 스스로를 받아들이게 한다. 자기 연민이 가능해지면 더 자유롭게 배우고, 도움을 구하고, 다시 도전하게 된다. 즉, 자기 연민은 늘 더 나은 자신을 만들어준다.

자기 돌봄에는 몸을 돌보는 일도 포함된다. 특히 목표를 이루려 하거나, 어려운 상황을 헤쳐 나가려 할 때는 충분한 휴식, 긴장 해소, 적절한 운동, 균형 잡힌 식사, 숙면이 필수적이다. 나는 환자들이 "아무리 노력해도 안 돼요."라고 말할 때 신체적·정신적 건강 문제가 삶의 장애물이 되고 있지 않은지 살펴본다. 예를 들어, 체중 감량이 어렵거나, 늘 피곤하고 활력이 떨어지거나, 집중이 잘 안 되는 문제 뒤에는 의학적 또는 심리적 이유가 숨어 있을 수도 있다. 때로는 혼자만의 노력으로 충분하지 않을 수도 있다. 그럴 땐 공인 영양사, 건강 코치, 피트니스 트레이너 등 전문가의 도움이 필요하다.

나는 셸리에게 충분한 휴식을 취하도록 권했다. 상담 중 근육 이완 연습과 마음 챙김 명상을 알려주고 집에서도 연습해 보기를 제안했다. 셸리는 미술 치료와 요가 치료를 받았고, 인지행동치료 기반의 트라우마 치료 그룹에도 참여했다. 9.11 당시 먼지와 잔해에 노출된 여파로 생긴 폐와 부비동 문제를 치료하기 위해서도 계속 병원에 다니며 경과를 살폈다.

경험이 힘이다

신비주의 철학자 루미는 말했다. "남들의 이야기에 만족하지 마라. 너 자신의 신화를 펼쳐라." 앞서 말했듯이 자기 효능감을 키우는 가장 좋은 방법은 직접 부딪치는 것이다. 하지만 너무 성급하게 깊은 물속으로 뛰어들 필요는 없다! 성공은 자기 효능감을 만든다. 사람은 자신이 들인 시간과 노력이 헛되지 않기를 바란다. 아무런 보상 없이 능숙함을 유지하는 것은 쉽지 않다. 과제는 적당히 도전적인 것이 좋다. 그래야 흥미를 느끼고 계속해 나갈 수 있다. 결국 인내가 성공을 결정짓는 마지막 조각일지도 모른다. 다음의 네 가지는 경험에 관한 제안이다.

첫 번째, 큰 변화를 결심하기 전에 작은 시도부터 해본다. 설득력이 뛰어나고 더 나은 발표자가 되고 싶은가? 우선 관련 도서를 읽어보자. 훌륭한 연설가들의 영상을 찾아보자. 대중 연설에 대한 웨비나(웹 사이트에서 진행되는 세미나-편집자)를 찾아 듣는 것도 좋은 방법이다. 그러고 나서 부담 없는 자리에서 연습해 보라. 종교 모임에서 위원회를 맡거나, 아이들을 가르치는 것도 좋은 경험이다. 슬라이드 제작법도 익혀두는 것도 도움이 된다. 배운 것들을 업무 프레젠테이션과 영업 피치에 적용해 보자.

두 번째, 능숙함을 키우는 방법을 상기한다. 조금씩, 한 발씩 나아가야 한다. 달리기 전에 먼저 걷고, 홈런을 치기 전에 안타부터 쳐야 하는 것처럼 말이다.

세 번째, 불안이 발목을 잡고 있다면 행동을 활성화한다. 하고 싶어질 때까지 기다릴 필요 없다. 그냥 시작하자. 아주 조금씩이라도 좋다. 행동하는 것 자체로 자기 효능감이 자란다. 행동이야말로 불안을 이기는 무기이다.

네 번째, 성공을 과소평가하지 않는다. 많은 사람이 자신의 긍정적인 결과를 운으로 돌리거나, 대단한 일이 아니라고 치부한다. 하지만 이는 부정적인 사고가 만든 왜곡이다.

셸리는 달라졌다. 기분이 나아지면서 잠을 푹 잘 수 있었고, 에너지가 생겼으며, 집중력도 향상되었다. 업무에 몰입할 수 있게 되자 그녀 스스로 프로젝트를 맡겠다고 나섰다. 이제는 많은 사람 앞에서 어색하지 않았고, 발표하는 것도 예전처럼 편안해졌다. 그 변화를 눈여겨본 상사가 그녀를 승진시켰고, 셸리의 자기 효능감은 크게 올라갔다. "저는 더 나아질 수 있어요. 상황도 마찬가지고요." 자기 효능은 희망을 만든다.

셸리를 비롯한 환자들이 보여준 그 작은 변화들이 나에게도 전환점이 되었다. 그들이 겪은 고통과 상실은 진료실 밖에서 일어났다. 그들의 성취 또한 그러했다. 나는 현실 속에서 사람들이 직접 작은 승리를 쌓아갈 수 있도록 돕기로 했다. 그것이 바로 내가 합리적 낙관주의를 만들게 된 이유이다.

간접 경험

상사가 노련하게 협상을 이끄는 모습을 본 적 있는가? 울음을 터뜨린 아이를 달래는 부모의 모습에 감탄한 적이 있는가? 야구 선수가 스윙하는 영상을 유심히 본 적이 있는가? 누군가가 역경이나 질병을 이겨내는 모습을 보고 감동받은 적이 있는가? 우리는 간접 경험으로 배운다. 능숙한 사람의 행동을 지켜보는 것은 직접 경험 다음으로 효과적인 배움의 방법이다. 의학 수련 시에 의료 현장을 관찰하며 실습하는 '쉐도잉Shadowing'이 중요한 이유이다.

심리학자 레온 페스팅거는 사회 비교 이론Social Comparison Theory을 통해, 사람은 본능적으로 자신을 평가하고, 그 기준을 타인과 비교한다고 설명했다. 비교에는 또래들의 성취를 보면서 자신의 위치를 가늠하는 수평적 비교와 롤 모델의 성취를 보며 동기를 얻는 상향 비교가 있다. 우리는 타인을 거울삼아 자신의 능력과 자질, 태도를 평가한다. 물론 비교 대상이 너무 뛰어나면 주눅이 들 수도 있다. 하지만 손에 닿을 듯한 존재라면 비교는 곧 자극이 된다. '저 사람도 저렇게 해냈는데, 나라고 못 할 게 있나?'

계속 배우기

나는 앞서 성장 마인드셋에 대해 이야기했다. 성장 마인드셋을 가지면 앞으로 나아가는 데 필요한 정보를 적극적으로 받아들이고, 새로운 기술을 익히며, 성장 과정에서 감정적인 통찰력이 깊어진다. 호기심은 유연성과 적응력을 자연스럽게 길러준다(이걸 더 잘하려면 무엇을 해야 할까? 어떤 걸 더 알아야 할까?). 그리고 스스로 발전하고 있다는 느낌도 받게 된다(이제는 처음과 비교할 수 없을 만큼 많이 배웠어). 예상치 못한 난관에 부딪혔을 때 '난 이걸 할 수 없는 사람인가 봐.'라고 생각하는 대신 '계속 배우고, 노력하면 나아질 거야.'라고 생각할 수 있게 된다.

외부의 인정은 성공으로 가는 길을 열어주기도 한다. 그러나 그 성공을 오래 붙잡아 두는 것은 오직 자신에게 달려 있다. 진정한 성공과 그 성공이 가져다주는 행복은 작은 장애물을 하나씩 극복하며 오랜 시간에 걸쳐 만들어지는 것이다.

실패나 좌절은 끝이 아니다. 오히려 자기 연민을 바탕으로 재정비하고 도전할 기회다. 자기를 다독이며 다시 도전하는 것이 끈기를 기르는 데 도움이 된다. 내 경우에는 첫 유기화학 시험을 망쳤던 날이 떠오른다. 단순히 나쁜 점수를 받았다는 게 문제가 아니었다. 유기화학은 의대를 꿈꾸는 학생들에게 가장 험난한 관문으로 악명이 높았다. 나에게도 그 과목은 높은 벽이었다. '첫 시험조차 통과하지 못했는데 남은 과정을 어떻게 해낼 수 있을까?' 그런데 알고 보니 나만 그런 게 아니었다. 그리고 깨달았다. 자기 연민에서 말하는 '보편적 인간 경험'의 개념을.

이런 일은 누구에게나 일어난다. 나는 두려웠지만 포기하지 않았다. 공부량을 늘리고, 마음을 다잡고, 도움도 받았다. 세 가지 일을 병행하면서도 결국 좋은 성적을 받았다. 그 일이 계기가 되어 유기화학 튜터가 되었다. 의대에 들어가서도 예비 의대생과 보건과학 전공 학생들에게 개인 및 그룹 강의를 하며 유기화학을 가르쳤다. 많은 학생이 어려워하는 과목을 조금 더 쉽게 이해할 수 있도록 돕는 과정은 나에게도 의미 있는 일이었다. 그 이후로도, 나는 난관에 부딪힐 때마다 그때의 경험을 떠올리며 스스로를 다독였다. 당시 내가 배운 것은 단순한 지식이 아니라, 능숙함과 자기 효능감에 대한 깊은 깨달음이었다. 나는 한 번 해냈다. 그러니 다시 해낼 수 있다.

나는 9.11 정신건강 프로그램의 디렉터직을 맡게 되면서 배워야 할 것이 많았다. 하지만 결국 필요한 것은 특정한 능력들이었다. 능력이 부족하면 어떻게 해야 할까? 배우면 된다. 직접 익히면 된다.

나는 본격적으로 9.11 정신건강 프로그램의 디렉터로 일하기 몇 달 전부터, 정신건강 프로그램이 어떻게 운영되는지 철저히 연구했다. 관련 콘퍼런스에 참석하고, 여러 병원과 클리닉의 책임자들을 만나 그들의 프로그램을 분석했다. 더 큰 종합 프로그램을 운영하는 디렉터에게도 가르침을 얻었다.

현장에서는 동료들의 지식을 최대한 활용했다. 우리는 서로의 경험을 나누고 의지하며 치료 방향을 모색했다. 각 사례를 함께 검토하고 논의하며, 다양한 환자를 도울 방법을 고민했다. 기업 임원부터 서비스직 종사자, 응급 구조원, 지역 주민들까지 모두 같은 사건을 겪었지만 다르게 고통받았다. 이 과정에서 관련 논문을 읽고 토론하는 저널 클럽도 운영했다. 지금 생각해 보면 배우려는 태도와 열린 마음이 팀 내 위계를 완화하는 데 도움이 되었다. 덕분에 나뿐만 아니라 동료들 그리고 환자들까지 더 나은 환경에서 일하고 치료받을 수 있었다.

성장 마인드셋에는 감정적 통찰이 포함되어야 한다. 나는 모든 사람이 반드시 치료를 받아야 한다고 생각하지는 않는다. 하지만 새로운 대처 방법을 배우는 과정에서 중요한 역할을 할 수 있다. 적어도 나는 그랬다. 리나는 자신이 대가족 안에서 때때로 투명인간처럼 느껴졌다고 말했다. 리나의 가족은 주방 식탁에 모두 앉을 수 없을 만큼 대가족이었다. "저는 엄마가 저녁 준비하는 걸 도왔어요. 엄마와 저는 늘 마지막에 저녁을 먹었죠." 그녀는 그 사실을 담담하게 이야기했다. "가족이 함께하는 식탁에 앉을 만큼 중요한 사람이 아닌 것처럼 느껴졌어요."

다른 사람을 먼저 배려하는 방식은 리나의 직장에서도 반복되었다. 리나는 자신의 일을 마치면 늘 남을 도왔다. 하지만 원하는 것을 요구하는 건 어려워했다. "이기적인 사람이 되는 것 같아서요. 솔직히 다른 사람들을 돕는 건 괜찮아요. 그냥 저도 다른 사람들과 같은 자리에서 함께하고 싶을 뿐이에요." 그 이야기를 듣고, 미국 최초의 흑인 여성 하원의원인 셜리 치점이 했던 말이 떠올랐다. "그들이 너에게 자리를 주지 않는다면 접이식 의자를 가져가라." 창의성과 유연성, 끈기는 리나가 능숙함을 키우고, 통제 가능한 '보이지 않는' 장애물들을 하나씩 걷어내는 힘이 되었다.

올바른 피드백 받기

리나는 회사에서 인정받고 싶었다. 그래서 눈에 띄려고 애썼고, 자신의 성과를 적극적으로 알렸다. 하지만 정말 그 방법뿐일까? 나는 그녀에게 가치를 증명할 다른 방법은 없냐고 물었다. "피드백을 받아볼 수 있겠죠." 리나가 말했다. 피드백은 심리학자 앨버트 반두라가 자기 효능감을 높이는 네 가지 요소 중 하나로 꼽은 방법이었다. 그녀는 상사에게 피드백을 받아보기로 했다. 그러면 회의에서 더 중요한 역할을 맡게 될지, 다른 길을 찾아볼지 다음 방향이 보일 것이었다.

피드백을 구하는 것은 성장 마인드셋이다. 리나에게 필요한 건 막연한 느낌이 아니라, 실제로 무엇을 하면 더 나은 사람이 될 수 있을지에 대한 구체적인 근거였다. 상사의 피드백은 그 답을 찾는 데 도움을 줄 것이다. 물론 피드백을 상사에게만 받을 수 있는 건 아니다. 나를 잘 아는 사람, 내 편에서 걱정해 주는 사람, 내가 겪는 일을 경험해 본 사람, 인생을 조금 더 오래 살아본 사람에게서도 받을 수 있다.

리나처럼 질문하고, 의견을 구하고, 열린 마음으로 피드백을 받아들이는 것은 '나는 제대로 하고 있는 걸까?' 하는 막연한 불안을 줄이고 자기를 지키는 방법이다. 우리가 받는 정보나 피드백은 지식, 기술, 사고방식에 근거한 것일 수 있다. 그렇다면 어떤 피드백이 건설적일까? 이상적인 피드백에는 다음과 같은 특징이 있다.

첫 번째, 권위 있다. 피드백을 주는 사람은 그 분야를 깊이 이해하고 있어야 한다. 내 일을 오랫동안 지켜봤거나, 함께 일하면서 내 강점과 부족한 점을 알고 있는 사람이면 좋다. 하지만 '권위' 있어야 한다고 해서 피드백을 꼭 직급이 높은 사람에게서 받을 필요는 없다. 때때로 우리는 공식적인 상사보다 존경하는 사람에게서 더 큰 배움을 얻기도 한다. 리나는 상사에게 피드백을 구하기로 했지만, 동시에 사내 프로그램에서 멘토를 찾았다. 그 과정에서 선임 파트너와 좋은 관계를 쌓았고, 그와의 대화를 더 편하게 느꼈다. 리나는 상사보다 자신에게 직접적인 권한이 없는 사람에게 조언을 받는 것이 훨씬 편했다고 말했다. 상사의 피드백을 받을 때 가끔은 너무 방어적으로 되는 경향이 있었기 때문이다.

만약 피드백을 요청하고 싶은 사람이 낯선 인물이라면, 사전 준비와 친분 쌓기가 필요하다. 나 또한 의료 디렉터들에게 무작정 전화를 걸어 프로그램 운영을 조언해 달라고 할 수는 없었다. 나는 그들이 참석하거나 발표하는 콘퍼런스와 회의를 찾아다녔다. 그들에 대해 미리 조사하고, 조용히 다가가 나에 대해 소개한 뒤에 잠시 시간을 내어줄 수 있는지 물었다. 그렇게 시작된 대화는 자연스럽게 이어졌다. 때로는 콘퍼런스 전에 그들의 논문을 미리 읽고, 관심 가는 내용을 정리한 뒤, 현장에서 질문을 던지기도 했다. 발표가 끝난 후 다가가 말을 걸거나 때로는 질의응답 시간에 공개적으로 질문하기도 했다.

두 번째, 구체적이다. 좋은 피드백은 막연한 조언이 아니라, 성장에 꼭 필요한 부분을 구체적으로 짚어주는 내용이어야 한다. 나는 사전에 필요한 자료를 읽고, 부족한 부분을 보완할 수 있는 구체적인 질문을 준비했다. 예를 들어, 트라우마 관련 지식이 필요할 때는 전문가들을 초청해 트라우마 기반 심리치료에 대한 강연을 듣고, 개별 사례의 자문을 구했다. 프로그램 운영과 관련된 실무적 조언이 필요할 때는 의료 디렉터들과 직접 교류했다. 사고방식에 대한 피드백은 L 박사와 논의했다.

세 번째, 솔직하지만 친절하다. 피드백은 솔직하되 상대를 배려해야 한다. 하지만 세상 모든 피드백이 부드러울 순 없다. 때로는 날 선 조언이 가슴을 찌르기도 한다. 그럴 때는 스스로에게 이렇게 말해보자. '기분이 좋지는 않네. 하지만 저 사람은 이 분야에서 경험이 많은 전문가야. 그래도 직접 조언을 들을 기회가 있었다는 게 중요하지. 무엇보다도 내가 직접 질문할 용기를 냈다는 게 의미 있는 일이야.'

사람들은 다른 사람에게 피드백이나 도움을 청하면, 자신이 부족한 사람으로 보이지 않을까 걱정한다. 그런 생각에 갉아 먹히지 않도록 경계해야 한다. 그럴 때는 자기 연민을 발휘해 보라. '모든 걸 다 아는 사람은 없어. 모르는 걸 인정하는 사람이 오히려 강한 사람이야.'

모든 칭찬이 같은 무게를 가지는 것은 아니다.

칭찬이 언제나 긍정적인 영향을 주는 것은 아니다. 피드백을 주거나 받을 때, 능숙함을 키우는 데 도움이 되는 칭찬과 그렇지 않은 칭찬이 있다.

근거 없는 위로는 오히려 해가 될 수도 있다. C 학점을 받은 아이들에게 "넌 잘하고 있어."라고 말했더니, 오히려 더 의욕을 잃었다는 연구 결과도 있다. 특히 젊은 사람에게 "넌 정말 대단한 사람이야."라고 말하는 것은 그들의 성장을 방해한다. 이런 칭찬은 노력과 결과 사이의 상관관계를 흐리게 만들고, 오히려 능력의 한계를 정하는 사고로 이어질 수도 있다. 반면, 조건적이고 노력과 과정에 초점을 맞춘 칭찬은 행동과 결과 사이의 관계를 명확히 인식하도록 돕는다. "이걸 정말 열심히 했구나. 그래서 이렇게 좋은 결과가 나온 거야. 멋지다!" 이런 칭찬은 우리가 통제할 수 있는 노력이라는 요소에 주목하게 한다. 그래서 더 발전할 수 있다는 자신감을 심어주고, 성장 마인드셋을 길러준다.

칭찬에도 균형이 필요하다. 사람 자체의 가치를 인정하는 무조건적 칭찬과 그들이 기울인 노력과 성취를 강조하는 조건적 칭찬이 조화를 이루어야 한다. 직장에서라면 이렇게 말할 수 있다. "당신은 이 회사에서 없어서는 안 될 사람이에요. 함께할 수 있어 정말 기뻐요(무조건적)." "고객 제안서를 준비할 때 최선을 다해준 덕분에, 팀의 성과가 확연히 좋아졌어요. 참 대단해요(조건적)." 학교에서라면 이렇게 말할 수 있다. "네가 있어서 이 교실이 더 따뜻하고 활기차게 느껴져(무조건적)." "네가 필기를 꼼꼼히 하고 시험을 복습하며 틀린 부분을 고치려는 노력이 조금씩 빛을 보고 있어(조건적)."

시각화의 중요성

자기 효능감에는 두 가지 핵심 요소가 있다. 첫 번째는 특정 행동을 수행할 수 있다는 믿음(자기 효능감에 대한 기대)이다. 두 번째는 그 행동이 원하는 결과를 만들어낼 것이라는 확신(결과 기대)이다. 이 두 가지를 더 긍정적으로 바라보고 자기 효능감을 높이는 방법이 있다.

역할놀이

나는 종종 역할놀이를 활용해 환자들이 목표를 이루는 모습을 상상하고, 스트레스 상황에 대비할 수 있도록 돕는다. 리나와 함께할 때도 마찬가지였다. 나는 그녀의 상사 역할을 맡고, 리나는 피드백 세션에서 필요한 것을 요청하는 연습을 했다. 나는 그녀의 상사가 되었다고 생각하고 일부러 반론을 제기하여 그녀가 어떻게 대응하는지 지켜보았다. "굳이 회의에 추가 인원이 필요할까?" 리나는 연습을 하며 점점 더 자연스럽게 대답할 수 있게 되었다. 그리고 실제 상사와의 대화에서 이렇게 말했다. "말씀하신 점 이해합니다(상사의 입장을 인정). 하지만 제가 회의에 참석하면 회사의 전반적인 방향성과 핵심 목표를 더 잘 이해할 수 있습니다. 이를 제 업무에 적용하고, 고객들에게 더욱 명확하게 전달함으로써 우리 회사에 대한 신뢰를 높이는 데 기여할 수 있습니다(회의 참석이 자신뿐만 아니라 회사에도 이득이 된다는 점을 강조)."

유도 심상

매일 몇 분씩 시간을 내어 최상의 시나리오를 떠올리는 것도 좋다. 체중 감량을 목표로 한다면 운동하는 자신의 모습을 구체적으로 상상해 보라. 몸이 가벼워지고, 에너지가 넘치고, 집중력이 좋아지는 느낌 등 그 과정에서 얻을 수 있는 보상을 구체적으로 상상하는 것이 유도 심상의 핵심이다.

'좋은 감정'을 통한 능숙함 루프 만들기

새로운 경험을 하면서 긍정적인 감정을 느끼는 것은 자기 효능감을 키우는 데 중요한 역할을 한다. 어떤 과제나 도전에 임할 때, 그 과정에서 자신이 어떻게 느끼는지 주목하라. 하나를 끝냈다고 해서 다음 과제나 도전으로 바로 넘어가는 게 아니라, 그 과정에서 느낀 감정을 충분히 받아들이는 작업이 중요하다. 비록 완벽한 성공이 아닐지라도 열심히 노력해 배우고, 시도하고, 성취하는 과정 자체로 의미 있다.

무언가를 이루었다면, 그 성취감과 만족감을 충분히 음미하라. 일이 원하는 대로 풀리지 않는다면, 앞에서 이야기한 장애물을 극복하는 전략을 다시 떠올려라. 자신의 감정을 인정하고, 부정적인 사고나 왜곡된 인식에 빠지지 않도록 점검하며, 다시 시도할 수 있도록 스스로를 격려해라.

리나는 상사와의 피드백 세션을 무사히 마쳤다. 하지만 그 후에도 새로운 프로젝트나 회의에 참여하는 과정에서 여러 번 난관을 만났다. 그럼에도 그녀는 포기하지 않았고, 난관을 개인적인 문제로 받아들이지 않았다. 어느 금요일, 리나의 상사가 휴가를 떠나기 전날이었다. 리나는 그가 없는 동안 회의를 대신 맡겠다고 용기를 내어 말했다. 사실 그 말을 꺼내는 것이 조금 긴장되었지만, 이전부터 상사와 대화하며 불안을 조절하는 연습을 해왔던 덕분에 입을 열 수 있었다.

그리고 결국, 상사는 승낙했다! 이 경험은 리나에게 필요한 자신감을 불어넣었고, 점점 떨어지던 업무 몰입도를 되살리는 계기가 되었다. 그녀는 말했다. “필요한 걸 직접적으로 요청하는 법을 배우고 있어요. 저에겐 중요한 연습이에요. 그렇게 하지 않으면 결국 일에 관한 관심조차 사라질 테니까요. 상사도 조금씩 변하고 있어요. 휴가에서 돌아온 뒤에도 저를 회의에 더 참여시켰어요.” 이 변화가 리나의 직장 생활에 어떤 영향을 미쳤을까? “훨씬 기분이 좋아요. 드디어 저도 인정받았다는 느낌이에요. 다시 흥미가 생기고, 예전처럼 더 열심히 하고 싶은 마음도 들어요.”

그녀는 작은 성취들을 통해 자기 효능감을 키웠고, 이제는 회의에서도 자신의 목소리를 내기 시작했다. 리나의 변화가 단숨에 찾아온 건 아니었다. 리나는 스스로의 능숙함을 기르는 데 집중했고, 그 결과 능숙함이 쌓이면서 생산성과 성과가 함께 높아지는 긍정적인 선순환을 만들었다. 리나는 마침내 자신의 일에서 능숙함을 느끼기 시작했다. 그 느낌이 그녀에게 용기를 주었고, 마침내 스스로 급여 인상을 요구해 받아낼 수 있었다. 그렇게 그녀는 ‘낮은 능숙함→회피→낮은 몰입도’의 악순환에서 벗어났다.

한편, 셸리는 9.11 테러 트라우마로 인해 얼어붙어 있던 상태에서 벗어나기로 결심했고, 한 걸음씩 나아가며 조금씩 치유되어 갔다. 상담 말미에는 셸리의 남편이 동행했다. "바르마 박사님, 아내가 다시 웃는 모습을 보게 돼서 정말 행복해요. 아내를 사랑하게 된 건 환한 웃음과 명랑한 성격 때문이었거든요. 솔직히 그날 이후 다시 그런 모습을 볼 수 있을 거라고 기대하지 않았어요. 셸리가 예전처럼 희망적인 사람이 되었어요. 이 프로그램 덕분에 셸리 2.0을 되찾은 거죠."

"셸리 2.0이요?"

즉, 셸리가 한 단계 업그레이드했다는 것이었다. 셸리는 남편이 자신을 보며 예전보다 차분해졌다는 말을 했다고 전했다. "남편의 말로는 오히려 제가 예전보다 더 평온해 보인대요. 운전 중 누가 경적을 울리거나, 줄을 너무 오래 서야 하는 사소한 일에 그가 불평하면 전 그냥 웃어요. 그리고 말하죠. 우린 함께 있고, 건강하고, 살아 있잖아. 그게 가장 중요한 거 아니야?"

실행 전략

도전 과제, 업무, 상황, 목표 앞에서 멈칫하게 될 때, 다음의 질문들이 당신을 조금 더 능숙하게 만들어줄 것이다. 모든 질문에 답하려고 애쓸 필요는 없다. 이 질문들은 문제를 다시 보고, 다르게 접근하도록 도와줄 것들이다. 지금의 생각과 감정, 행동이 나를 돕고 있는가? 아니면 방해가 되는가? 무엇이 혼란을 만들고, 무엇이 지연을 초래하며, 무엇이 불편함을 가져오는가? 더 명확한 실행 전략을 찾으려면 무엇을 다르게 봐야 할까?

●내 감정의 필요 이해하기●

1. 지금 받아들이고 인정받아야 하는 감정은 무엇인가? 그 감정을 누구에게 인정받고 싶은가? 하지만 언제나 타인에게 인정받을 수는 없다. 그럴 때는 감정을 일기에 적어보라.

2. 상실의 아픔을 충분히 애도할 시간이 필요할까? 그렇다면 몸과 마음을 다독이고 스스로에게 연민을 발휘하기 위해 무엇을 할 수 있을까?

3. 목표를 향해 나아가는 동안 내 몸은 어떤 반응을 보였는가? 심장이 두근거렸나? 손바닥에 땀이 났나? 몸이 살짝 떨리지는 않았나? 그것이 설렘 때문이었을까, 막연한 두려움 때문이었을까?

4. 설렘 또는 두려움을 느낀 후 무엇을 했는가? 누군가에게 전화를 걸어 지금 느끼는 감정을 나누고 싶었는가? 아니면 '좀 더 잘할걸' 하고 아쉬움을 삼켰는가? 아니면 그 모든 감정이 한 데 뒤섞여 있었는가?

● 내 생각과 인식을 이해하기 ●

과제나 목표가 너무 어렵게 느껴진다면, 스스로에게 물어보라.

5. 나는 왜 이걸 이루려 하는가? 이 목표를 이루고 싶은 진짜 이유는 무엇인가? 누군가의 기대에 부응하기 위해서인가, 아니면 인정받기 위해서인가? 만약 인정받기 위해서라면 목표를 이루었을 때 내 삶이 어떻게 달라질까? 나는 누구를 만족시키려 하고, 무엇을 증명하려 하는가?

6. 나는 과거의 어려움(혹은 왜곡된 생각)이 미래에도 반복될 것이라고 여기며 새로운 도전과 기회를 회피하고 있는가? 만약 그렇다면 어떤 인지 왜곡이 작용하고 있는가?

– 예시: 재앙적 사고('나는 이 일에 소질이 없어.'), 흑백 논리('이제 너무 늦었어.'), 불공정한 비교('나는 다른 사람들보다 한참 부족해.')

7. 부정적인 생각에서 벗어나기 위해 상황 또는 상황을 인식하는 방식을 어떻게 재구성할 수 있을까? 어떻게 하면 이 도전을 기회로 볼 수 있을까? 어떻게 하면 스스로에게 좀 더 따뜻한 말을 건네고, 더 친절할 수 있을까?

8. 만약 상황을 바꿀 수 없고 내가 개입하는 방식이나 결과도 바꿀 수 없다면, 비록 원하는 방향으로 흘러가지 않더라도, 이 경험을 통해 내가 배울 수 있는 가치는 무엇일까?

● 생각과 감정을 행동으로 바꾸기 ●

어떤 계획이든 실행하려면 여러 요소가 필요하다. 어떤 순서든 상관없지만, 이 모든 요소는 능숙함을 키우기 위해 중요하다.

9. 자신감 기르기: 내가 이미 갖고 있는 능력 중, 다른 영역에도 적용할 수 있는 것은 무엇인가?

10. 자원 마련하기: 구체적으로 내게 필요한 것은 무엇인가? 주변에 요청할 수 있는 구체적인 자원이 있는가? 또는 내가 스스로 마련할 수 있는 것은 무엇인가?

– 예시: 휴식이 필요하다고 말하기, 충분한 휴식, 자기 돌봄

11. 지식과 기술 쌓기: 지금 내가 알아야 할 정보, 배워야 할 기술, 필요한 마음가짐은 무엇이며 그것을 어디에서, 누구에게 배울 수 있을까? 도움이 될 만한 강의, 영상, 책이 있을까? 누군가에게 정보를 얻기 위한 짧은 대화를 요청할 수 있을까? 과거에 어떤 능력이 내게 도움이 되었나?

12. 지원과 책임감 구축하기: 지식, 기술 혹은 마인드셋과 관련된 피드백 중 어떤 성격의 조언이 나에게 도움이 될까? 그리고 그 피드백을 누구에게 받을 수 있을까? 나에게 기꺼이 경험을 들려줄 수 있는 사람은 누구일까? 내가 목표를 향해 가는 동안, 지속적으로 점검해 줄 수 있는 (이미 같은 길을 걸어 성공한) 사람이 있을까?

13. 비전을 구체적으로 그려보기: 하루 3분만이라도, 내가 원하는 결과를 가져다줄 행동을 하는 내 모습을 상상할 수 있을까? 일기장에 적어 보거나, 신뢰할 수 있는 친구와 롤 플레이를 해보면 어떨까?

14. 실행력을 키우고 대안 마련하기: 어떻게 시작하면 직접 경험을 통해 배울 수 있을까? 작은 단계로 쪼개어 일정 기간에 걸쳐 하나씩 해보면 어떨까? 플랜 A가 효과가 없을 경우 플랜 B는 무엇인가?

15. 능숙함을 쌓고 배운 것을 나누기: 내가 배운 것을 바탕으로 다른 사람에게 어떤 도움을 줄 수 있을까? 내가 도움받은 만큼 보답할 수 있을까?

7장 현재성
지금 여기서 의미를 만드는 기술

주의를 기울인다는 것은 가장 드물고 순수한 형태의 너그러움이다.
— 시몬 베유(Simone Weil)

포르투갈 남쪽의 어촌 마을을 여행하다가 길을 잘못 들었을 때였다. 그곳에서 한 카페를 발견했다. 어쩌면 마을의 유일한 카페일지도 몰랐다. 문을 열고 들어가 카운터 뒤에 서 있던 노신사에게 말했다. “Uma mesa para dois, por favor(2인석 부탁드려요).”

자리에 앉아 메뉴를 받으며 다시 물었다. “E por favor a senha do Wi-Fi, senhor(와이파이 비밀번호는 무엇인가요)?” 포르투갈어를 조금은 하지만 메뉴를 읽을 수 있는 정도는 아니어서 구글 번역기가 필요했다. 휴대폰 배터리는 거의 다 닳았고, 데이터 신호도 잘 잡히지 않았다. 와이파이 연결이 되면 조금 나을 듯했다.

노신사는 말없이 미소를 짓더니, 뒤쪽 벽에 걸린 작은 표지판을 가리켰다. 표지판에는 영어로 이렇게 적혀 있었다.

배고프고 피곤했던 나에게는 구글의 신탁이 절실했다. 어디로 가야 하는지, 팁은 얼마나 줘야 하는지, 날씨가 어떨지 알려주는 현대인의 필수 도구. 언제부터 이렇게 구글에 의존하게 된 걸까? 잠시라도 접속할 수 없으면 초조해지는 나 자신을 보며 문득 그런 생각이 들었다. 포르투갈에서 가장 좋았던 순간은 즉흥적인 대화와 예상치 못한 경험들이었다. 아이러니하게도 우리는 '오프 더 그리드', 즉 디지털 세상에서 벗어난 자유로움을 경험하기 위해 인터넷이라는 도구를 활용했다. 어쩌면 그 표지판은 길을 찾으려 애쓰지 말고 그냥 앉아 커피 한잔을 즐기라고 딱 적절한 때에 말하고 있었던 건지도 모른다.

카페의 주인인 노신사의 이름은 주앙이었다. 그는 올해 여든다섯이었지만 풍기는 분위기는 훨씬 젊었다. 남편이 라고스까지 운전해 가서 저녁을 먹을 계획이라고 설명하자 주앙이 많은 의미가 담긴 미소를 지으며 말했다. "포르투갈의 레스토랑에서는 손님을 소중하게 모셔요. 음식과 술을 충분히 즐기며 여유롭게 시간을 보내는 게 기본이랍니다. 최소 두 시간 반에서 세 시간 동안요. 그래서 하루에 테이블당 손님을 한두 팀밖에 받지 않아요. 안타깝지만, 예약도 하지 않고 라고스까지 가면 저녁을 먹지 못할 거예요."

그냥 와이파이를 이용하며 가볍게 에스프레소 한 잔을 마시고 가려던 계획이 완전히 틀어졌다. 대신 우리는 주앙이 추천한 그 가게의 전통 요리를 주문했다. 그와 그의 아내가 요리를 했고, 아들과 며느리가 홀 서빙을 담당했다. 식사하는 동안, 가족 모두가 한 번씩 다가와 우리를 챙겼다. 주앙이 포르투갈 와인과 포르투갈의 전통 디저트인 파스텔 드 나타를 건넸고 함께 앉아 이야기를 나누었다. 우리는 두 시간 반이 지나고 나서야 자리에서 일어났다. 음식도 맛있었지만 그들과 나눈 이야기가 더 즐거웠다.

와이파이가 있었다면 우리의 저녁은 어떻게 달라졌을까? 아마 식사 중간에 휴대폰을 들여다보며 지도를 검색하고, 업무 이메일을 읽고, 소셜 미디어를 확인하느라 대화가 줄었을 것이다. 주앙의 가족과도 이야기를 나누지 못했을 것이다.

디지털은 당연한 일상이 되었다. 온라인이라는 평행 세계가 주는 매력을 이해한다. 기술 덕분에 더 많은 기회를 얻었고, 일에서나 인간관계에서도 편리함을 누린다. 멀리 떨어져 있는 사랑하는 사람들과도 더 쉽게 연락할 수 있다. 하지만 기술이 얼마나 은밀하게 우리의 주의력을 가로채는지도 안다. 출산 직후 새벽에 업무 이메일을 확인하던 내 모습이 어렵지 않게 떠오른다.

나는 가상 세계가 내 삶을 지나치게 채우지 않기를 바랐다. 눈앞에서 펼쳐지는 현실의 아름다움을 온전히 인식하고, 현재를 충분히 누릴 수 있기를 바랐다. 그리고 적절한 균형점을 찾는 것은 내 몫임을 알았다.

스마트폰 사용 진단 앱 MobileDNA에 따르면, 사람들은 평균적으로 스마트폰을 하루 80회 확인하고, 94개의 문자 메시지를 주고받는다. BBC가 인용한 데이터 분석 기업 data.ai(구 App Annie) 보고서에 따르면, 사람들은 하루 5시간, 즉 깨어 있는 시간의 3분의 1을 스마트폰을 사용하며 보낸다. 커먼 센스 미디어Common Sense Media의 조사에 따르면, 10대 청소년들이 하루에 스마트폰을 사용하는 시간은 평균 9시간이다. 2018년 퓨 리서치Pew Research 설문조사에서는 10대 청소년의 절반가량이 '거의 항상' 온라인 상태라고 답했다.

이 숫자들이 충격적으로 느껴질 수도 있다. 하지만 더 심각한 문제는 기술 사용이 공감 능력 감소와 유관하다는 사실이다. 2011년 발표된 조사에서 30년 동안 진행된 72개 연구를 종합 분석한 결과, 대학생들의 공감 능력이 40퍼센트 감소했다고 밝혔다. 특히 2000년 이후 감소폭이 가장 컸으며, 이는 기술 발달의 영향으로 추정된다. 줄어든 것은 공감 능력만이 아니다. 도덕적·윤리적 감수성과 이타적인 행동도 줄었다. 아이큐가 낮아지기라도 한 듯, 인지 능력도 감소했다. 아이들은 읽기와 쓰기를 더 못하게 되었고, 사람들과 어울리고 감정을 표현하는 데 서툴러졌다. 이런 변화는 관계에 어떤 영향을 미칠까? 단지 스마트폰이 시야에 있는 것만으로도 대화의 질과 깊이가 떨어지고, 대화에 몰입하는 정도가 줄어들며, 서로에 대한 유대감과 공감 능력이 감소할 가능성이 크다. 기술이 항상 손 닿는 곳에 있다는 것, 그것이 문제다. 연구 결과, 스마트폰이 없는 캠프에서 단 5일을 보낸 아이들은 표정을 읽고 감정을 해석하는 능력과 사회적 신호를 이해하는 감각이 개선되었다. 반면, 스마트폰 사용을 계속한 대조군에서는 이런 변화가 관찰되지 않았다.

관계에서 깊이가 사라지는 현상을 피상화 가설Shallowing Hypothesis이라고 한다. 전문가들은 우리가 기술이 주는 편리함을 인간관계와 세상에서도 기대하기 시작했다고 말한다. 그 결과, 사람들은 인내심을 잃고, 쉽게 만족하지 못하며, 때로는 타인에 대한 공감 능력마저 잃는다. 인간관계와 현실 세계는 기술처럼 예측할 수 없고, 즉각적인 만족을 주지도 않는다. 하지만 우리는 점점 기술의 편리함에 길들여진다. 그 편리함을 현실과 인간관계에서도 기대했다가 실망한다.

피상화 가설은 정보를 소비하는 방식에도 적용된다. 문해력은 떨어지고 있는데, 우리는 내용을 충분히 이해했다고 착각한다. 사람들은 온라인에서 빠르게 스캔하고, 스크롤하는 방식에 익숙해졌다. 하지만 깊이 이해하기 위해서는 천천히 읽고, 곱씹는 과정이 필수적이다. 빠르게 스크롤하는 직업에 익숙해질수록 깊이 있는 사고를 못 하게 될 가능성이 크다.

하지만 이 모든 변화가 디지털 세계 때문만은 아니다. 지난 30년 동안 사회는 크게 변했다. 물론, 기술의 보급과 사용 증가가 공감 능력 감소와 연관 있다는 연구 결과도 있다. 하지만 미시간 대학교 앤아버 캠퍼스의 사라 H. 콘라스Sara H. Konrath 교수는 공감 능력 저하에는 다른 요인들도 함께 고려해야 한다고 지적했다. 기술이 영향을 미쳤을 수도 있지만, 그것이 전부는 아니다.

- 우리가 본받고 싶은 롤 모델이 누구인지, 그들이 어떤 가치를 중시하는지가 우리에게 영향을 미친다. 리얼리티 프로그램의 확산은 이기적인 태도와 나르시시즘을 미화하고, 심지어 공격적인 행동이 성공의 도구가 되는 사회적 분위기를 형성했다.
- 이제 사람들은 친구보다 외적인 성취를 더 중요하게 여긴다. 감정적으로 친구에게 투자하는 대신, 성공이라는 외부 기준에 집착한다. 그래서 친구를 경쟁자로 인식하거나, 심지어 위협적인 존재로 느끼는 경향이 생겼다. 또한 2018년 퓨 리서치 센터에서 실시한 청소년, 소셜 미디어, 기술에 관한 설문조사에 따르면, 10대 청소년 10명 중 약 4명은 "할 일이 너무 많아서" 학교 밖에서 친구들과 시간을 보내지 않는다고 답했다. 혼자 스마트폰을 보며 보내는 시간이 친구들과 직접 만나는 시간보다 더 좋을까? 같은 설문조사에서는 10대들이 항상 좋은 모습만 보여야 한다는 압박, 온라인 괴롭힘, 친구들과의 갈등과 불필요한 감정 소모 등 소셜 미디어 사용으로 인한 부정적인 영향도 경험하고 있다는 것이 밝혀졌다. 또 다른 연구에 따

르면 15세에서 24세 사이의 사람들이 직접 만나는 시간이 현저히 줄어들었다. 2003년에는 하루 평균 150분이었지만, 2020년에는 40분으로 감소했다. 불과 몇 년 사이 70퍼센트 가까이 줄어든 것이다.

- 우리는 하루에도 수없이 폭력, 전쟁, 테러, 재난 뉴스를 접한다. 점점 이런 일들에 무감각해지고 타인에게 공감할 감정적 여유도 사라진다.
- 읽는 시간이 줄어들고 있다. 특히 소설은 타인의 시각으로 세상을 바라보는 능력을 키워주는데, 우리는 점점 그 기회를 잃고 있다.
- 부모들은 항상 바쁘다. 그래서 아이들의 감정을 충분히 공감해 줄 시간도, 인내심도 부족하다. 그렇게 아이들은 자신의 감정을 표현하는 법, 타인을 이해하는 법을 배울 기회를 잃어간다.
- 우리는 점점 타인의 생각과 감정을 이해하려는 노력을 덜 한다. 주의력이 분산되고 얕은 관계에서 순간적인 만족을 얻다 보니, 깊이 있는 관계를 위해 필요한 감정적 교류와 공감 능력이 길러지지 않는다.

이 목록을 읽다 보면 암담하게 느껴질 수도 있다. 하지만 한 가지 희망적인 사실이 있다. 공감은 고정된 성질이 아니라 유동적인 성질이라는 것이다. 줄어들 수 있다면, 키울 수도 있다. 하지만 그 과정은 의식적인 노력 없이는 이루어지지 않는다. 의도적으로 공감 능력을 기르기 위해 노력해야 한다. 공감은 단순한 감정이 아니라, 사람과 사람 사이를 연결하는 힘이며 사회를 조금 더 인간답게 만드는 요소이다.

이제 본론으로 들어가자. 나는 기술이 기존의 문제를 더 부각시켰을 뿐이라고 생각한다. 우리는 이미 오래전부터 시간과 정신을 다른 곳에 빼앗겼다. 소셜 미디어도 적당한 양으로, 의식적으로 활용하면 사람들에게 소속감, 의미, 삶의 목적을 줄 수 있다. 단, 이는 현실에서의 인간관계가 충족되고 있을 때에 한해서 그렇다. 사실 소셜 미디어는 새로운 가능성을 열었다. 배움의 기회를 창출했고, 기존에 목소리를 내기 어려웠던 사람들과 공동체가 생각과 경험, 목소리를 낼 수 있는 공간을 제공했다.

가상 세계가 진짜 문제가 되는 순간은 다음의 경우이다.

- 사람들과 얼굴을 맞대고 소통하는 시간을 줄일 때. 같이 있어도 각자 휴대폰을 보며 대화마저 휴대폰 속 정보에 집중될 때.
- 비현실적인 기준과 타인과의 비교 또는 사이버 불링으로 인해 자신을 부정적으로 느끼게 될 때(흥미롭게도 이런 비교는 나이가 들수록 줄어들며, 이는 나이가 들수록 행복감이 증가하는 경향과도 관련 있다).
- 소셜 미디어가 신체적·정서적 건강을 돌보는 데 방해가 될 때(특히 수면과 운동에 영향을 미칠 때). 2013년부터 2015년까지 3년에 걸쳐 약 1만 명의 청소년을 대상으로 시행한 〈란셋〉의 소아 및 청소년 건강 연구에 따르면, 매우 빈번하게(하루 3~5시간 이상) 소셜 미디어를 사용하는 10대 여학생들은 우울증을 겪을 가능성이 높았으며 이와 상관관계가 있는 주요 행동 습관으로는 수면 감소, 운동 부족, 유해 콘텐츠에 대한 노출 증가, 사이버 불링 등이 있었다.

부정적인 방향이 정보의 고속도로에서 행선지가 될 필요는 없다. 스스로에게 물어보자. 나의 디지털 습관이 다음의 문제를 일으키고 있지는 않은가?

- 수면 시간이 부족하거나, 숙면을 취하지 못하는가?
- 친구들과 직접 만나는 시간이 점점 줄어드는가?

- 부정적이거나 불쾌한 콘텐츠를 자주 보고, 온라인이나 오프라인에서 소모적인 논쟁에 자꾸 휘말리는가?
- 운동을 거르고, 점점 더 몸을 움직이지 않게 되는가?
- 해야 할 일을 미루고, 소셜 미디어에 시간을 낭비하는가?

유전자를 바꿀 수는 없지만, 건강한 생활 습관을 통해 그 영향력은 바꿀 수 있다. 기술도 마찬가지이다. 기술을 사용하는 것 자체가 나쁜 건 아니다. 우리는 기술이 삶에서 어떤 역할을 미칠지를 의식적으로 결정할 수 있다. 그리고 필요하다면 행동을 조정하면 된다. 잊지 말라. 우리에게는 디지털 사용량을 조절할 수 있는 힘이 있다.

합리적 낙관주의자는 환경이나 나쁜 습관이 주의력을 좌우하게 두지 않는다. 어디에, 어떻게 집중할지 스스로 결정할 수 있다. 7장에서는 우리가 무엇에 주의를 빼앗기는지 살펴보고, '현재에 집중하는 연습'을 통해 주의를 되찾는 방법을 알아본다.

우리의 시간과 주의력은 소중한 자원이며 무한하지 않다. 그러므로 허투루 소모해서는 안 된다.

원숭이처럼 날뛰는 마음

장난감 가게에 들어간 아이를 상상해 보라. 아이는 이것저것 만지고, 신나서 소리 지르고, 전부 다 갖고 싶다고 떼를 쓸 것이다. 무언가를 생각할 때, 우리의 머릿속에서도 비슷한 일이 벌어진다. 불교에서는 이를 '원숭이처럼 날뛰는 마음'이라고 표현한다. 원숭이가 나뭇가지 사이를 쉴 새 없이 뛰어 다니듯, 우리의 생각도 한 곳에 머물지 못하고 계속 옮겨 다닌다. 잡념을 붙들고, 이야기를 지어내고, 판단을 내린다. '와, 멋지다!' '으악, 무서워!' '어휴, 끔찍해!'

지극히 자연스러운 일이다. 뇌의 전두엽은 새로운 자극에 집중하도록 설계되어 있으므로 늘 새로운 것을 찾는다. 오래전 인간은 이 본능 덕분에 살아남았다. 어디선가 바스락 소리가 나면 멈춰 서서 귀를 기울였다. 위험이 없는지 확인하고 나서야 불가에 앉아 숨을 돌렸다.

현재 우리는 디지털 세상 속에서 살아가고 있다. 24시간 내내 쏟아지는 자극의 홍수 속에서 수백만 마리의 원숭이들이 이리저리 날뛴다. 그 속에서 우리는 끊임없이 새로운 것을 좇는다. 이메일 알림이 울리면 바로 확인하고, 소셜 미디어에 새로운 게시물이 올라왔는지 들여다본다. 왜일까? '호기심 간극'을 메우고 싶기 때문이다. 우리는 정보에서 소외되지 않기 위해 외부에서 무슨 일이 벌어지는지 알아내려고 한다.

또한 우리의 뇌는 도파민이라는 화학물질의 작용을 통해 쾌락을 추구하도록 설계되었다. 진화적 관점에서 보면 도파민은 마약이 유발하는 쾌감과 비슷한 화학적 보상으로 긍정적이고 만족감을 주는 행동을 반복하도록 유도한다.

역사를 돌아보면 사람들은 음악이나 책처럼 무해한 것들로부터 도파민이 주는 즐거움을 발견하며 살아왔다. 그 덕분에 순간의 쾌락뿐 아니라, 삶에 깊은 의미를 더해주는 가치를 누렸다. 휴대폰이 메인 빌런이 되기 전에도 비슷한 우려들이 있었다. 라디오가 나왔을 때도, 티브이가 집집마다 놓이기 시작했을 때도, 비디오 게임이 한창 유행했을 때도, 사람들은 그것들이 뇌를 망가뜨린다고 했다. 심지어 책조차도 위험 요소로 여겨진 적이 있었다. 하지만 휴대폰은 이전과 차원이 다르다. 늘 연결되어 있다는 사실이 뇌에 지속적인 도파민 자극을 주면서, 더 강한 중독성을 만들어내기 때문이다. 문제는 도파민이 한 번 치솟으면 그다음엔 더 많은 자극이 필요하다는 것이다. 결국, 예전의 행복감을 느끼려면 점점 더 큰 자극을 찾아야 하는 악순환이 이어진다. 선택지가 많으면 많을수록 좋을 거라고 생각하지만, 실상은 그렇지 않으며 이를 '선택의 역설Paradox of Choice'이라 부른다. 선택의 자유는 좋다. 하지만 너무 많은 선택지가 주어지면 오히려 문제가 된다. 수많은 선택지 앞에서 무엇을 선택할지 몰라 망설이다가, 결국 아무것도 선택하지 않고 돌아선다. 〈하버드 비즈니스 리뷰〉에 소개된 연구에 따르면, 농산물 시장에서 여러 종류의 잼을 늘어놓은 가판대보다, 몇 가지만 선보인 가판대의 판매량이 더 높았다고 한다. 물론 더 다양한 잼을 진열한 가판대가 사람들의 발길을 붙잡기는 했지만, 실제 구매로 이어지지는 않았다. 선택지가 많아지면 피로를 부르고, 결국 결정을 내리는 능력도 떨어진다.○

'주의력 충돌Distraction Conflict'이라는 개념도 있다. 주의력 충돌은 가치 있다고 생각하는 두 가지가 동시에 관심을 요구할 때, 어느 하나에 온전히 집중하기 어려워지는 현상을 말한다. 눈앞의 사람과 휴대폰 속 알림, 전화, 문자 메시지 사이에서 우리는 끊임없이 갈등한다. 초고속 인터넷을 통해 밀려오는 정보와 깊고 느린 사고가 필요한 친밀한 대화를 동시에 감

○ 사이버 기반 과부하 속에서 사람들은 넘치는 정보와 소통에 휩싸인다. 과도한 텍스트, 이미지, 알림이 쏟아지면서 사회적 책임감은 흐려지고, 주변 환경과 단절되고, 타인에 대한 공감이 희미해진다. 이 개념은 심리학자 스탠리 밀그램(Stanley Milgram)이 제안한 '도시 과부하 이론(Urban Overload Theory)'과 같은 맥락이다. 그는 도시 사람들이 낯선 이에게 도움을 주는 일이 드문 이유를 설명하며 이 개념을 제안했다. 도시에서 살아가는 사람들은 수많은 외부 자극에 노출되기 때문에 이를 차단하는 방식으로 적응해 살아간다. 그렇지 않으면 일상을 견디기 힘들어지기 때문이다.

당할 만큼 정신적 대역폭은 넉넉하지 않다. 결국 우리는 서로를 진정으로 바라보고, 오래도록 이어질 정서적 관계를 만들 기회를 놓친다.

우리는 자극의 쓰나미에 휩쓸린 채, 끊임없이 모든 걸 이해하고 정리하려 애쓴다. 하지만 원숭이처럼 날뛰는 마음은 중요한 문제와 그냥 넘겨도 될 사소한 일의 차이를 구분하지 못한다. 잠깐 스쳐 지나갔어야 할 생각이나 감정이 하루, 일주일, 한 달을 망치기도 한다. 뇌가 정말 중요한 것과 그냥 흘려보내도 되는 것을 제대로 가려내지 못하기 때문이다.

도대체 뇌는 왜 이렇게 작동할까? 앞서 말했듯이, 뇌의 역할은 어디까지나 우리를 '살아남게' 하는 것이지, '행복하게' 하는 것이 아니기 때문이다. 행복해지는 것은? 결국 각자의 몫이다. 그래서 더더욱 지금 이 순간에 머무르는 것이 중요하다. 지금 이 순간에 머무른다는 것은 감정의 자연스러운 흐름을 인식하고, 의식적인 태도로 주의를 어디에 둘 것인지 선택하는 것이다.

주의력 되찾기: 세 가지 인지적 함정

원숭이처럼 날뛰는 마음의 지배를 받을 때는 의식적으로 현재에 머무르기 쉽지 않다. 동네에 떠도는 소문에 휩쓸리고, 다음 주에 있을 회의를 걱정하고, 과거의 실수를 곱씹고, 남이 가진 것을 부러워하며 끝없는 생각의 늪에 빠진다. 그렇게 우리는 세 가지 함정에 빠진다.

1. 과거의 함정: 어제에 대한 반추와 후회
2. 미래의 함정: 내일에 대한 걱정과 가정
3. 비교의 함정: 남들과 나를 비교, 이상적인 삶과 현재의 삶을 비교

이제, 이 함정들이 어떻게 모습을 드러내는지 들여다보자.

과거의 함정

- 과거의 일에 지나치게 집중하고, 잘못된 선택을 자책하며, 현실이 달랐더라면 좋았을 거라는 생각을 반복한다.
- 서운했던 일, 억울했던 기억을 잊지 못하고 가슴속에 쌓아둔다. 용서가 어렵고, 쉽게 놓아주지 못한다.
- '그때 그걸 잡았어야 했는데' 하며 지나간 기회에 집착한다. 한 사람, 한 직업, 한 선택이 인생을 바꾸었을 거라 믿는다.
- 예전에 실패했던 경험 때문에 새로운 도전을 두려워한다. 주변에서 "아직 늦지 않았어."라고 말해도 이미 너무 늦었다고 생각한다.
- 무언가 바뀌어야 한다고 느끼지만, 막상 앞으로 나아갈 방법을 몰라 막막하다.

과거를 곱씹다 보면 후회와 죄책감, 수치심이 따라온다. 이런 감정이 쌓이면 결국 우울감으로 이어진다. 어떤 사람들에게는 실패보다 후회가 더 오래 남는다. 행동하지 못하고, 결정을 미루면 대가가 따른다. 하지만 행동하되 신중하게 할 수 있다면 현재의 선택이 미래의 후회를 막을 수도 있다. 그때그때 할 수 있는 일을 해두는 것, 그게 후회를 줄이는 방법이다.

미래의 함정

- '만약에'라는 생각을 반복하며 최악의 상황을 상상하고 성급히 결론을 내린

다. 불확실함을 견디기 어려워, 나쁜 결과라도 차라리 확실한 편이 낫다고 느낀다. 망설임 또한 미래의 함정의 한 형태이다. 결국 끝없는 '만약에' 속에서 결정을 내리지 못한다.

- '쉼'이 어렵다. 무언가를 이루어도 다음 과제에 대한 걱정이 앞선다. 성취의 기쁨을 충분히 만끽하기도 전에 다시 움직여야 한다는 압박감을 느낀다.
- 신체도 영향을 받는다. 가슴이 두근거리고, 턱이 굳고, 두통이 잦다. 속이 불편하고, 불면에 시달리고, 쉽게 짜증이 난다. 늘 피곤하다.

미래를 걱정하는 데 집중하다 보면 몸과 마음이 긴장 속에서 살아가게 된다. 현재를 놓치고, 미래를 차분히 준비할 여유도 사라진다.

비교의 함정

- 자기와 타인을 끊임없이 비교한다.
- 다른 사람이 가진 것, 외모, 성취를 보며 스스로 부족하다고 느끼거나, 따라잡아야 한다는 압박을 느낀다.
- 남들은 별다른 노력 없이 잘 살아가는 것처럼 보인다.
- 뒤처진 것 같아 마음이 무겁고, 외로워지고, 인간관계에서도 더 예민해진다(어울리고 싶고, 인정받고 싶고, 배제되는 것이 두렵다).

디지털 시대는 우리를 비교의 함정에 더욱 취약하게 만들었다. 인간은 사회적 존재이기에 다른 사람들에게 관심을 가지는 건 지극히 자연스러운 일이다. 남과 자신을 비교하는 것도 마찬가지이다. 5장 '자부심'에서도 살펴봤듯이, 비교는 때때로 자기를 객관적으로 평가하는 방법이자 (롤 모델이나 멘토를 통해) 성장의 동기이다. 하지만 그 기준이 지나치게 엄격하고, 자의적이며, 끝없이 높아지면 문제가 된다. 이런 비교는 발전의 원동력이 아닌 부담이 된다. 결국 스스로를 깎아내리는 완벽주의에 빠지고, 부족하다는 생각만 남는다. 그리고 기분이 가라앉으면, 위로가 될 만한 것을 찾는다. 이때 가장 쉽게 손에 쥐는 것이 휴대폰이다. 대부분의 사람은 아침에 눈을 뜨고 15분 안에 소셜 미디어를 확인한다. 그리고 하루 종일, 1시간에 8번에서 12번씩 휴대폰을 들여다본다.

영화를 보듯 소셜 미디어를 스크롤하다 보면, 잠시나마 현실에서 벗어날 수 있다. 문제는 우리가 매일 마주하는 피드가 철저히 편집되었다는 점이다. 아름다운 몸매, 성공적인 커리어, 완벽해 보이는 연애 등의 이미지는 우리를 열등감에 빠뜨리고, 성취에서 연애에 이르기까지 모든 기대치를 왜곡시킨다. '나도 노력하는데 왜 나에게는 이런 일이 안 생기는 걸까?' 게다가 온라인에서 본 모습과 현실의 사람들이 다를 때, 실망감을 느끼기도 한다. 온라인에서의 아름다움과 성공에 대한 기준은 계속해서 바뀐다. 따라잡으려 하면 할수록 점점 더 멀어지고, 그에 따른 행복도 마찬가지다.

비교는 부러움을 낳는다. 단순한 부러움일 때는 그저 '저 사람이 가진 걸 나도 갖고 싶다.'라는 생각에서 그친다. 하지만 악의적인 마음이 섞이면 '저 사람도 그걸 갖지 않았으면 좋겠다.'라는 생각으로 변한다. 결국 비교는 우리 삶에서 즐거움을 빼앗고, 타인의 행복을 기뻐하거나, 불행에 공감하는 능력마저 빼앗는다. 심지어 남의 불행에서 묘한 만족감을 느끼는 '샤덴프로이데Schadenfreude'로 이어질 수도 있다.

자기와 타인을 비교하는 일은 처음엔 별문제 없어 보인다. 하지만 비교가 사고를 지배하기 시작하면, 자아감 자체가 위협받는다. 주의력이 흐트러지고, 다른 사람을 배려할 여유가 줄어든다. 머릿속은 '내가 어떻게 보이는지, 남들이 나를 어떻게 생각하는지'로 가득 찬다. 그러다 보면 불안과 우울이 깊어지고, 휴대폰이나 SNS에 대한 의존도 높아진다. 우리는 의식적으로든 무의식적으로든 긍정적인 피드를 기대하며 게시물을 올린다. 하지만 그것이 또 다른 사람에게 부러움을 유발하고, 그 사람은 다시 자신의 게시물을 올린다. 이렇게 비교와 부러움의 악순환에 빠진다.

소외될까 두려운 마음

포모FOMO, Fear Of Missing Out: 유행에 뒤처지거나 소외되는 것에 대한 두려움과 불안

길었던 한 주를 보내고 금요일 밤은 그냥 집에서 쉬기로 했다. 그런데 밤 아홉 시쯤 되니 문득 다른 사람들은 무엇을 하고 있을지 궁금해진다. 소셜 미디어를 열어본다. 그리스 해변에서 찍은 사진, 암벽 등반을 하는 사람, 로맨틱한 저녁 식사, 친구들과의 모임, 아기와 함께하는 포근한 순간이 연달아 뜬다. 그 모습을 보니 '왜 내 삶은 이렇게 심심할까?' 하는 생각이 든다.

연구자들에 따르면, 포모는 단순한 아쉬움이 아니다. 다른 사람들이 나보다 더 많은 걸 경험하고, 더 많은 걸 알고, 더 좋은 걸 가지고 있다는 생각에서 오는 불안과 초조함이다. 포모는 짜증, 불안 그리고 스스로 부족하다는 느낌으로 구성된다. 이 감정의 본질은 단순히 무언가를 놓치는 것이 아니다. 핵심은 배제될지도 모른다는 두려움, 어딘가에 속하지 못할지도 모른다는 불안이다. 자기 결정 이론에 따르면, 인간은 소속감, 유능함,

자율성이라는 세 가지 기본 욕구를 가지고 있다.

결국 남는 건 불안이다. 그리고 그 불안을 달래려 우리는 끊임없이 휴대폰을 들여다보고 스크롤을 내린다. 사람들은 삶에 방해가 된다는 걸 알면서도 한밤중에 깨어나, 운전하면서, 밥을 먹으면서, 가족과 함께하면서, 일하면서, 공부하면서도 소셜 미디어를 확인한다. 한 번 흐트러진 집중력을 되찾는 데는 많은 비용이 든다. 포모는 우리의 기분을 저하시킬 뿐만 아니라, 삶의 만족도, 수면, 주의력을 무너뜨리고, 결국 자존감까지 갉아먹는다.

거절당할 것 같은 불안감, 사회적 고립을 경험할 때 복통, 가슴 두근거림, 어지럼증, 불면, 신경과민, 긴장성 두통 등으로 포모를 경험하는 경우도 있었다. 자기 비교와 포모는 인간 사회에 늘 존재해 왔다. 하지만 소셜 미디어를 통해 경험하는 포모는 끝없는 비교 속에서 자아 감각마저 위협한다.

살다 보면 누구나 이런 인지적 함정에 빠진다. 그렇다고 해서 비교의 함정에 계속 빠져 있을 필요는 없다. 오랜 시간 비교 속에 머물면, 결국 모든 시선이 '나'에게로만 향한다. 과학자들은 이것이 현대인의 정신건강 위기를 악화시키는 원인 중 하나라고 지적했다. 자기와 세상을 연결한 사고가 자기 성찰로 이어지면 유용하다. 하지만 그 생각이 지나치면, 세상의 모든 일이 마치 나와 직접적인 관련이 있는 것처럼 느껴진다. 결국 '나는 도대체 뭐가 문제지?' 하는 생각에 사로잡히고, 비관 사고의 늪에 빠진다.[o] 현재의 나와 이상적인 나 사이의 간극에만 집중할 때, 우리는 더 이상 지금 이 순간을 경험하거나 즐기지 못하게 된다.

뇌 영상 연구에 따르면, 자기에 대한 지나친 집중과 반추는 뇌 전두엽 중앙부의 활동을 증가시킨다. 이번 장에서 소개할 방법들은 과도하게 활성화된 뇌 영역을 조절하는 데 도움을 줄 것이다.

먼저 인정하자. 우리는 본래 새로운 것에 호기심을 느끼고, 탐구하는 존재이다. 그렇기에 선택의 과부하에 취약하며 자기 비교의 늪에 빠지기 쉽다. 하지만 디지털 세상을 악마화하거나, 자책할 필요는 없다. 대신 모든 것을 따라잡을 수 없고, 애초에 그럴 필요도 없다는 사실을 이성적으로 받아들이면 된다.

7장에서는 원숭이처럼 날뛰는 마음을 다독이고, 스스로 주의력을 조절하는 방법을 이야기하려 한다. 그리고 '현재를 살기 위한 처방전'을 통해 지금 이 순간을 더 잘 살아갈 수 있는 실천법을 제시할 것이다. 현재에 가까워지면 삶의 의미를 만들 수 있다.

지금 이 순간을 인식하는 법

현재에 대한 인식은 지금 여기에서 벌어지는 현실을 있는 그대로 바라보는 마음 챙김 연습이다. 이 연습을 통해 외부에서 어떤 자극이 오더라도 즉각 반응하지 않고, 한 발 물러서서 잠시 멈출 공간을 만들 수 있다. 중립적이고 건강한 정서적 거리는 자유와 선택, 스스로를 통제할 힘, 주의력을 되찾아준다.

현재에 대한 인식은 삶의 즐거움을 배가시킨다. 해 질 녘 하늘을 수

○ 비관주의는 실제로 건강에 영향을 미친다. 특히, 부정적인 생각을 계속 곱씹는 반추는 우울증의 심각도와 지속 기간을 늘릴 뿐만 아니라, 재발 위험도 높인다. 혹시 이 문제로 힘들거나 관련된 정보를 더 자세히 알고 싶다면, 정신건강 전문가의 도움을 받아보는 것을 고려하라.

놓은 무수한 빛깔부터 소중한 사람과의 따뜻한 포옹까지, 지금 이 순간의 아름다움을 더 깊이 음미할 수 있다. 심지어 옷을 입고, 샤워하고, 커피 한 잔을 마시고, 아침 식사를 만드는 평범한 일상조차 온전히 집중하면 현재에 머물 수 있고 정신이 더 맑아진다. 오직 한 가지에 집중해 보라. 그러면 더 많은 일을 더 정확하고, 효율적으로 해내게 된다.

현재를 인식하기 위해서는 원숭이처럼 날뛰는 마음을 다정하게 대하는 법을 배우는 것이 중요하다. 나는 환자들에게 공항의 수하물 컨베이어 벨트를 떠올리라고 말한다. 수많은 가방이 눈앞을 지나가지만, 다른 사람의 가방을 집어 들어 열어보거나 가져가지 않는다. 잠시 눈길이 갈 수도 있지만, 내 것이 아니라면 그냥 지나가게 둔다. 그처럼 우리의 생각도 그냥 흘려보내면 된다.

많은 환자가 마음 챙김을 실천한 후, 갈등을 대하는 방식이 달라졌다고 말한다. 더 인내심이 생기고, 일이 원하는 대로 풀리지 않아도 덜 상처받는다. 현재에 대한 인식을 통해 다른 사람들 역시 저마다의 두려움과 왜곡된 생각 속에서 헤매고 있음을 이해하게 되기 때문이다.

아래 처방전에서는 현재에 대한 인식을 활용하는 몇 가지 방법을 소개한다.

지금 이 순간 음미하기

- 머릿속에 그려보기: 차가운 얼음이 가득 찬 시원한 음료 한 잔
- 느껴보기: 손끝에 닿는 부드러운 고양이 털
- 맡아보기: 갓 구운 초콜릿 칩 쿠키의 달콤한 냄새

우리는 감각을 통해 순간을 음미한다. 단순히 무언가에 대해 생각하는 것만으로도 순간을 음미할 수 있다. 하지만 비교에 마음을 빼앗기면, 눈앞에서 피어나는 소중한 현재를 놓치게 된다. 나는 음미를 '즐거움을 위한 연습'이라고 부른다.

우리는 일상 속에서도 음미의 순간을 만들 수 있다. 평범한 저녁 식사라도 특별한 날처럼 일부러 멋을 내 차려입고 즐길 수 있다. 노트북으로 작업을 해야 한다면 작은 접이식 테이블과 의자를 들고 해변으로 가서 일할 수도 있다. 내 경우에는 지루한 의대 수업을 듣는 날에는 좋아하는 옷을 입었고, 병원에서 야간 당직을 서야 할 때는 함께 일하는 의료진을 위한 간식거리를 챙겼다.

우리는 과거의 순간을 떠올리거나, 다가올 미래를 기대하며 현재의 기분을 나아지게 만들 수도 있다(이를 각각 '과거 음미하기'와 '미래 음미하기'라고 부른다).

다른 사람과 함께하는 순간을 음미할 수도 있다. 진솔한 관계 속에서 우리는 서로에게 마음을 열고, 속마음을 나누며, 따뜻한 시간을 함께 보낸다. 물론 문자 메시지로 약속 장소를 알려주거나, 사진을 공유하거나, 간단한 정보를 전해야 할 때도 있다. 하지만 문자 메시지로는 사랑하는 사람의 목소리를 대신할 수 없다. 사랑하는 사람의 목소리는 마음을 어루만지는 온기와도 같다. 사람과의 직접적인 소통은 스트레스를 낮추고, 긍정적인 감정을 증폭시키는 호르몬을 분비시킨다.

2010년 영국 〈왕립학회 회보Proceedings of the Royal Society B: Biological Sciences〉에 실린 연구에서는 사춘기 이전의 소녀 61명이 불안한 순간에 엄마와 연락을 주고받는 방식에 따라 스트레스 반응이 어떻게 달라지는지 관찰했다. 한 그룹은 엄마의 목소리를 직접 듣는 음성 통화를 했고, 다른 그룹은 문자 메시지로 같은 내용의 위로를 받았다. 결과는 어땠을까? 음성 통화 그룹은 스트레스가 줄어들었고, 안정감을 주는 호르몬이 분비되었다. 하지만 문자 메시지로 위로받은 그룹에서는 이런 반응이 나타나지 않았다. 즉, 문자 메시지만으로는 음성 통화가 주는 안정감과 정서적 연결감을 대체할 수 없다는 것이다.

현재를 살기 위한 처방전

깊은 호흡과 바디 스캔 연습을 통하면 현재에 대해 인식할 수 있고 몸의 긴장감이 풀린다. 3장에서 다룬 '호흡과 친해지기'와 '몸과 친해지기'를 참고해 보자. 명상 앱을 활용해 자신에게 맞는 방식을 찾아보는 것도 좋다. 점진적 근육 이완도 효과적이다. 근육을 한 부위씩 조여주었다가 풀어주면서 긴장을 흘려보내는 연습을 하면 된다. 인터넷을 찾아보면 쉽게 따라 할 수 있는 자료가 많다.

일상의 작은 순간 음미하기. 창문을 열었을 때 불어오는 바람의 냄새, 몸을 부드럽게 감싸는 이불의 감촉, 식사할 때 한 입 한 입을 천천히 느껴보라. 접시에 담긴 음식을 먼저 눈으로 감상한 후, 한 입을 베어 물고 천천히 씹으면서 향과 질감을 느껴보라. 그렇게 하면 평범한 식사가 완전히 새로운 경험이 된다.

지금 이 순간에 머무는 것이 어려운가? 한 시간 정도 순수하게 즐기는 시간을 가져보라. 머리를 쓰지 않아도 되고, 적당한 즐거움과 몰입이 있는 활동을 해보라. 보드게임이나 비디오 게임도 좋고, 아이들과 신나게 뛰어놀아도 괜찮다. 코미디나 자연 다큐멘터리처럼 자극적이지 않은 영상을 보는 것도 좋다(단, 과도하게 자극적인 영상을 보거나 영상을 몰아보는 것은 좋지 않다). 산책이나 샤워처럼 별다른 정신적 에너지가 필요하지 않지만 건강에 도움이 되는 활동을 한 후 재미있고 흥미로운 무언가를 시도해 보는 것도 좋다.

정신적 피로 극복하기

너무 많은 선택지가 주어지면, 오히려 아무것도 고르지 못한다. 주의력도 마찬가지이다. 여러 가지 일을 동시에 신경 써야 하는 상황에서는 몸이 지치지 않더라도 머리가 점점 무거워지고 피로가 쌓인다.

수면이 부족하면 기억력, 인지력, 주의력, 학습 능력, 창의적 사고, 이타적 성향, 의사 결정 능력 등이 모두 저하한다. 한 연구에 따르면 수면 부족은 공감 능력을 떨어뜨리고, 상대의 말을 이해하고 듣는 태도를 약화시킨다. 이타적인 행동이나 관대함이 줄어들며, 충동 조절 능력까지 약해진다. 판사들은 오후가 될수록 가석방을 허가할 확률이 낮아졌고, 수면 부족 상태의 의사들은 환자가 아무리 아프다고 해도 진통제를 처방하지 않는 경우가 많았다.

에너지가 떨어지면 우리는 모든 현상을 더 크게 받아들인다. 작은 실수도 커 보이고, 손실은 더 뼈아프게 느껴진다. 자기와 타인을 비교하는 함정에도 쉽게 빠진다. 해야 할 일은 끝없이 늘어나는 것 같고, 미래를 생각할수록 '이걸 다 해낼 수 있을까?' 하는 두려움이 커진다.

건강한 수면 습관을 기르기 위해 활용할 수 있는 방법은 많다. 자연의 소리를 들려주는 앱, 명상 가이드, 잔잔한 음악이 도움이 된다. 하지만 때로는 잠을 많이 자는 것보다 '올바른 방식의 휴식'이 필요하다. 단순히 한 시간 일찍 잠들고, 한 시간 일찍 일어나는 것만으로도 우울감을 줄일 수 있다.

휴식은 단순히 잠을 자는 것만을 의미하지 않는다. 휴식은 다음의 세 가지 요소로 구성되며, 하루 동안 이 요소들을 전부 챙기는 것이 이상적이다.

- 신체적 휴식: 수면과 짧은 낮잠 같은 수동적 휴식과 스트레칭이나 마사지 같은 능동적 휴식이 있다.
- 정신적·감각적 휴식: 외부 소음뿐 아니라, 내면의 소음도 잠시 차단하라.
- 사회적·정서적 휴식: 혼자 있는 시간과 함께하는 시간 사이에서 균형을 찾아보라. 의도적으로 관계를 선택하라. 에너지를 북돋아주는 사람들과 시간을 보내고, 나를 소모시키는 관계는 정리하라. 다른 사람들과 언제, 얼마나 오래, 얼마나 자주 함께할지 스스로 결정하라. 만남의 방식과 빈도는 삶의 흐름에 따라 바뀔 수 있다. "요즘 정신없이 바쁜데, 통화로 잠깐 이야기 나눌까?"

현재를 살기 위한 처방전

집에 나만을 위한 공간을 하나 만들자. 독서를 위한 편안한 의자, 낮잠을 잘 수 있는 부드러운 담요와 베개, 촛불, 일기장, 화분, 소중한 추억이 깃든 사진이나 물건들, 예술 작품 등 마음을 편안하고 차분하게 해주는 것이면 무엇이든 좋다. 혹은 그저 잘 정리된 공간 하나만으로도 충분할 수 있다. 깔끔하게 정돈된 공간은 집중력을 높이고, 스트레스를 줄이며, 기분을 한층 밝게 만든다.

하루를 정리하고 마무리하는 의식을 만들어라. 컴퓨터를 끄고, 휴대폰을 치우고(알림도 꺼라), 음악을 틀거나 향을 피워보라.

아침을 평온하게 시작하라. 우리는 대개 아침부터 남을 챙기거나, 휴대폰으로 소셜 미디어나 문자 메시지를 확인하며 하루를 시작한다. 하지만 가능하다면 아침의 일부를 나를 위한 시간으로 남겨두라. 다른 가족보다 20~30분 먼저 일어나 햇살이 내리쬐는 창가에서 커피 한잔을 마시거나, 바깥 공기를 느껴보라. 아침 햇빛을 쬐면 뇌가 멜라토닌 생성을 멈추도록 신호를 보내기 때문에 낮 동안 맑은 정신으로 더욱 또렷하게 깨어 있을 수 있다. 이렇게 조절된 멜라토닌은 저녁이 되면서 서서히 증가해, 자연스럽게 숙면을 취할 수 있다.

명상을 하거나, 좋아하는 책을 읽거나, 일기를 쓰거나, 가볍게 산책해 보라.

나만의 '오아시스 순간'을 만들어라. 하루 5분이라도 다음 할 일에 쫓기지 않고, 지금 이 순간에 머무르는 시간을 마련하라. 눈을 감아라. 깊이 숨을 들이마셔라.

여가 활동은 시간이 남을 때 하는 게 아니라 시간을 따로 내서 해야 하는 중요한 삶의 한 부분이다. 그 시간 동안 우리는 스스로를 돌볼 수 있다. 여가를 즐기면 사람들과 더 가깝게 지낼 수 있고, 혈압이 낮아지며, 우울한 기분이 줄어들고, 긴장이 풀린다. 그래서 궁극적으로 전반적인 행복감이 높아진다. 차 한잔을 즐겨라. 건강한 점심 식사를 하라. 혼자여도 좋고, 친구와 함께여도 좋다. 운동을 하거나, 목표와 계획을 다시 점검해 보라. 상담을 받거나, 낮잠을 자거나, 친구에게 전화를 걸어보라.

행복은 단순히 여가를 즐기느냐 마느냐에 달린 것이 아니다. 그 시간을 가치 있게 여기느냐가 더 중요하다. 여가를 의미 없다고 여기는 사람들은 우울감과 불안, 스트레스를 더 쉽게 느낀다. 시간은 노력해서 얻는 것이 아니다. 살아 있는 한 누구에게나 주어지는 소중한 선물이다.

감사의 힘

감사와 자기 연민이 함께할 때 자아 존중감과 자신감이 크게 향상된다. 또한 감사는 현재의 삶과 인간관계를 더 소중하게 여기게 하고 과거와 미래에 대한 인지적 함정에 빠지지 않도록 만든다. 과거의 실망, 후회, 수치심, 실패에 대한 집착을 내려놓고 현재에 머물며 미래를 더 긍정적으로 바라보게 함으로써 더 큰 가능성을 열어준다.

감사는 단 몇 초면 할 수 있다. 잠시 모든 것을 멈춰라. 지금 이 순간, 감사할 것들을 머릿속에 떠올려라. 책장에 꽂혀 있던 책을 드디어 펼친 순간, 누군가의 수고를 거쳐 내 앞에 놓인 요리, 그리고 이 모든 것을 누릴 수 있는 삶 그 자체.

감사는 포모의 강력한 해독제이다. 우리는 감사를 통해 조모JOMO, Joy of Missing Out, 즉 놓치는 것의 즐거움을 알 수 있다. 조모는 타인의 기대에 흔들리지 않고, 내가 원하는 삶을 의도적으로 선택하는 것이다. 남들이 가는 파티라고 굳이 따라가지 않아도 괜찮다. 오늘은 집에서 편히 쉬는 것이 더 나을 수도 있다. 연인이나 친구와 깊은 대화를 나누거나, 아무것도 하지 않으며 나를 돌보는 시간이 더 값질 수도 있다. 조모와 감사는 흩어졌던 주의력을 되찾아 자신의 선택을 존중할 수 있게 돕는다. 내 삶을 충실히 살아가고 있다면 남들과 비교할 틈조차 없다. 나는 새로운 직장에 들어간 후 일하느라 바쁜데, 즐겁게 사는 친구를 보고 '나도 예전에는 저랬는데 이제는 일에 치여 사는구나.' 하는 생각에 기분이 가라앉는다면 감사를 통해 흑백 논리를 바꿔보라. '지금 나는 다른 삶의 단계에 있어. 이 직업은 내가 선택한 거야. 이 기회를 얻기 위해 얼마나 열심히 노력했는지 생각해 보면 일할 수 있다는 건 참 감사한 일이야.' 그리고 친구를 보며 새로운 깨달음을 얻을 수도 있다. '내가 달라지고자 하면 누구도 그걸 막을 수 없어. 변화를 만드는 건 내 선택이야. 일주일에 한 시간이라도 나를 위해 즐거운 일을 하자.' 다른 사람들이 꿈같은 여행을 떠나고, 멋진 결혼식을 올리고, 일에서 성공하고, 아이의 성장을 기뻐하는 걸 보면 비교의 함정에 빠질 수도 있다. 하지만 그 순간 간단한 댓글 하나, 짧은 문자 메시지 한 통, 이메일, 전화 또는 (직접 손으로 쓴) 메모로 진심을 담은 축하를 전해보자. 그 한마디가 한 사람을 스쳐 지나가는 인연에서 오래 남는 관계로 바꿔줄 수도 있다.

대화란 단순한 말의 주고받음이 아니다. 진짜 대화는 서로를 향한 열린 마음과 깊이 있는 경청에서 시작된다. 대화에서 가장 큰 선물은 현재에 머무르는 것이다. 틱낫한은 이렇게 말했다. "진정한 경청의 목적은 단 하나다. 상대가 마음을 비울 수 있도록 돕는 것이다."

현재를 살기 위한 처방전

감사의 만트라(힌두교와 불교에서 사용되는 신성한 주문이나 구절 – 편집자 주)를 만들어보라. "나는 내가 이룬 것들에 감사한다. 내게 주어진 기회와 도움에 감사한다. 나의 건강에 감사한다."

감사를 글이나 말로 직접 표현하라.

오늘 누군가가 도움을 주었는가? 당신에게 따뜻한 말 한마디를 건넸는가? 그 순간을 떠올리며 감사함을 간직하라.

어려운 문제에 직면해 있는가? 힘든 시간을 보내고 있다면, 자기에게 응원의 말을 적어보라. 한 연구에 따르면, 15분간 자기 연민의 글쓰기를 한 부모들은 죄책감을 덜 느끼고 육아의 어려움을 더 잘 견뎠다. 내가 지나온 길, 맞닥뜨린 어려움, 한계와 성취까지 그 모든 것이 나를 만들었음을 인정하고 친구에게 하듯 자신에게도 연민을 발휘해 보라.

몰입의 순간 찾기

몰입 혹은 '완전히 빠져드는 상태'. 도전, 재미, 흥미, 의미가 어우러져 시간이 흐르는 것도 잊을 만큼 깊이 빠져드는 순간에 우리의 뇌는 변한다. 몰입의 순간, 우리는 오직 현재에만 집중하고 시간이 흐르는 것을 잊고 자신을 의식하는 감각마저 희미해진다. 몰입은 단순히 느낌이 아니다. 노르에피네프린이 집중력을 높이고, 도파민과 세로토닌이 즐거움을 증폭시키면서 피로를 줄여준다(물론 몰입이 현실을 피하기 위한 도구로만 쓰인다면 문제가 된다. 하지만 대부분의 경우, 몰입은 주의력을 빼앗는 수많은 방해 요소로부터 우리를 보호한다).

몰입이 깊어질수록 과거를 후회하고, 현재를 걱정하고, 미래를 두려워하는 감정이 조용히 가라앉는다(뇌 스캔 결과도 이를 뒷받침한다). 몰입은 무의미하게 휴대폰을 스크롤하는 것보다 훨씬 생산적이고 건강한 대처 방식이다.

최고의 몰입 상태는 흥미로운 활동을 하며 적당한 도전 과제가 주어질 때 온다. 너무 쉬우면 지루하고, 너무 어려우면 스트레스가 되지만, 적당한 난이도일 때는 자연스럽게 빠져든다. 몰입은 목적과 놀이 그리고 현재의 순간을 하나로 엮는다. 그 결과는? 순수한 즐거움이다.

몰입할 수 있는 활동을 찾기 어렵다면, 예전에는 좋아했지만 바쁘게 살다 보니 멀어진 것들을 떠올리자. 누구나 시간 가는 줄 모르고 빠져드는 순간을 경험한 적이 있다. 그 순간을 다시 찾는 것만으로도 삶이 조금은 더 충만해진다. 내 경우에는 이 책을 집필하기 위해 자료를 조사하고 글을 쓰며 깊은 몰입을 경험했다. 그리고 의대에 재학 중인 학생들을 가르칠 때, 내가 좋아하는 주제로 강연할 때도 그랬다. 내 남편의 경우에는 아이들과 스키를 탈 때 몰입을 경험했다. 어떤 환자는 마크 앤소니의 노래에 맞춰 살사를 출 때, 또 다른 환자는 일요일에 저녁 식사를 준비할 때 몰입을 경험했다.

55세의 환자 닉은 투자은행에서 일하며 오랜 시간 고강도 스트레스를 감당했다. 나는 그에게 한때 큰 만족감을 주었던 무언가를 다시 찾아보기를 권했다. 닉은 고민 끝에 대학 시절 록 밴드에서 연주하던 기타를 꺼내 먼지를 털었다. 그는 다시 기타를 잡았고 그 덕분에 드럼을 능숙하게 연주하는 열여섯 살짜리 아들과 함께 공연을 하게 되었다. 사회불안장애, 광장공포증, 우울증, 강박증에 시달리던 또 다른 환자 제임스는 불안과 두려움에 갇혀 있지 않기로 결심한 후 자전거를 타고 장거리 투어에 나섰다. 결국 그는 철인 3종 경기에서 우승까지 했다.

누구에게나 완전히 몰입하는 순간이 있다. 그런 활동을 되찾으면, 우리는 주변의 모든 소음이 사라진 현재에 온전히 머물게 된다. 어쩌면 지금이 바로 새로운 취미나 도전을 찾아야 할 적기일지도 모른다. 친구들의 취미나 스포츠, 그들이 듣는 수업이나 성취가 부럽게 느껴진다면, 하고 싶은 무언가를 오랫동안 미루었다는 신호일 수도 있다. 그 호기심을 따라가 보라. 어쩌면 새로운 충만함과 몰입의 순간을 만나게 될지도 모른다.

현재를 살기 위한 처방전

예전부터 해보고 싶었던 취미나 활동이 있다면, 이번 기회에 시도해 보라. 과거에 깊은 충만함을 느꼈던 활동을 다시 시작해 보는 것도 좋다.

몰입의 시간을 정하라. 하루에 15분이라도 확보하라. 가족에게 그 시간만큼은 자리를 비운다고 말하고, 휴대폰과 컴퓨터는 보이지 않고 소리도 들리지 않는 곳에 두라. 그 시간 동안, 오직 나를 위한 몰입을 경험해 보라.

자연과 다시 이어지는 길

과학자들은 자연 관련성Nature Relatedness, 즉 우리가 자연과 얼마나 연결되어 있는지를 세 가지 차원에서 연구한다. 인지적 측면(자연을 자신의 정체성과 건강의 일부로 인식하는가/자연 보호가 가치 있다고 여기는가), 감정적 측면(자연이 긍정적인 감정을 불러일으키는가), 경험적 측면(자연을 찾고 자연 속에서 편안함을 느끼는가)이 있다. 이 세 가지 중 한 가지는 확실하다. 자연과 연결될수록 긍정적인 감정이 커지고, 삶의 만족도와 활력이 높아진다. 뿐만 아니라, 자율성과 개인의 성장, 삶의 목적 또한 더욱 분명해진다. 나는 자연 속에서 시간을 보내는 것이 '원스톱 쇼핑'과 같은 해결책이라고 생각한다. 한 번에 여러 가지를 충족시켜 주기 때문이다. 국제연합 유엔UN에 따르면 2050년까지 전 세계 인구의 68퍼센트가 도시 환경에서 거주하게 된다. 도시에 치우친 시대일수록 우리는 의식적으로 자연을 찾아 나서야 하고, 자연을 보호하는 일을 신경 써야 한다.

여기서 '자연'은 단순히 숲이나 바다만을 의미하는 것이 아니라 경이로움을 불러일으키는 모든 대상을 포함한다. 경이로움은 일상의 무게를 벗을 수 있게 돕는다. 때로는 견디기 힘든 현실을 버틸 힘을 주고, 준비가 되었을 때 진실을 마주할 용기를 준다. 경이로운 경험은 부정적인 자기 대화, 선입견, 과거가 남긴 판단들 등 우리를 제한하는 요소들을 초월한다. 그 순간, 모든 생각이 잠시 멈추고 오직 현재만이 눈앞에 펼쳐진다. 그 귀중한 순간에는 원숭이처럼 날뛰던 마음이 사라지고 판단도, 비교도, 후회도, 미래에 대한 걱정도, 심지어 말조차도 멈춘다. 그 순간과 비교할 다른 경험이 없기 때문이다.

머릿속에서 끝없이 반복되는 생각에서 벗어나게 해준다면, 무엇이든 지금 이 순간의 경이로움을 경험할 수 있는 기회가 된다. 새벽 기차를 타기 위해 어둠 속에서 일어나야 할 수도 있다. 하지만 그 덕분에 눈앞에 펼쳐지는 일출의 아름다움을 마주하고, 다리를 건너며 이런 구조물을 설계하고 만든 인간의 지혜에 감탄할 수도 있다.

현재를 살기 위한 처방전

바깥에 나가서 15분 동안 앉아 있자. 눈을 감아라. 주변의 소리에 귀를 기울여라.

하이킹, 정원 가꾸기, 산악자전거, 산책, 수영, 별 보기, 캠핑 같은 활동을 해보라.

경이로움을 느낄 수 있는 새로운 환경을 찾아보라. 굳이 먼 곳일 필요는 없다. 차로 짧은 거리를 이동하거나, 출퇴근길에 보이는 곳에 들르거나, 잠깐 걸어서 가도 좋다. 건축물, 공원, 미술관, 숲, 유적지, 박물관을 방문해 보라. 음악을 듣거나 춤을 춰보라.

시간 되찾기

지구상에서 내가 보내는 시간은 오직 나만이 바꿀 수 있다. 어쩌면 그 첫걸음은 몇 가지를 내려놓는 일일지도 모른다. 나도 소중한 것들을 내려놓기가 쉽지는 않았다. 하지만 이 책을 쓰는 동안, 많은 모임과 약속을 건너뛸 수밖에 없었다. 내가 하는 일들의 균형을 꼭 맞추려고 하기보다는 상황에 따라 유연하게 조절할 수 있게 나에게 허락을 구해야 했다. 그래야 더 집중하고, 더 좋은 결과를 낼 수 있기 때문이다. 지금 당장 모든 걸 완벽하게 해내지 못하더라도, '일시적인 상태'라고 생각하는 것이 중요하다. 예를 들어, '지금 친구들과 자주 연락할 시간이 없지만 이건 어디까지나 일시적인 상황'이라고 생각하면 현재의 상황이 영원히 계속될 것이라는 비관적인 생각에서 벗어날 수 있다.

해야 할 일이 많아 벅차다면, 가장 중요한 세 가지에 집중하라. 중요하다고 생각하는 일들에 시간을 쓰고, 나머지는 과감히 덜어내도 된다. 마음을 무겁게 하는 일들은 가급적 내려놓고 삶에 의미를 더해주는 일, 나를 지탱해 주는 일에 시간을 더 들여라. 그렇게 하면 삶의 의미와 목적이 더 선명해질 것이다. 때로는 도움을 요청해야 할 수도 있다. 배우자, 상사, 동료에게 말해보라. "이건 나 혼자 해내기 어려워." 친구와 일을 나누거나, 서로 돕는 것도 방법이다. 때로는 '이 일은 지금 하지 않겠어.'라고 자신을 허락하는 것도 필요하다. 의미와 목적을 이루는 데 도움을 주는 사람들 혹은 곁에서 응원해 주는 사람들을 '목적의 동반자'라고 부르면 어떨까?

현재를 살기 위한 처방전

일을 마쳐도 계속 다음 할 일에 쫓기고 있는가? 그렇다면 그 일이 남긴 긍정적인 점을 떠올리자. '설거지를 다 했으니 내일 아침에 깨끗한 싱크대를 보면 기분이 좋겠지?' '어려운 이메일을 보냈어. 참 잘했어.' '오늘 딸과 함께 장을 봤어. 대화도 나누고, 필요한 일도 끝내서 좋네.' 이렇게 생각하면 지금 이 순간에 더욱 집중할 수 있고, 지금 하는 일의 의미가 더욱 분명해진다.

주앙의 카페에서 저녁을 먹은 후 내 앞에 펼쳐진 세상과 소셜 미디어가 제공하는 도파민의 빠른 쾌락 사이에서 더 이상 갈등하지 않게 되었다고 말할 수 있으면 좋겠다. 하지만 그건 거짓말이다. 이제 우리는 기술 덕분에 이전 세대에서는 상상도 못 했던 방식으로 사람들과 소통한다. 나라고 예외는 아니다. "엄마, 또 휴대폰 보고 있어?" 가끔 아이가 나를 타박할 때가 있다. 환자, 친구, 팔로워, 미디어의 메시지에 답을 하다 보면 그렇게 '또 스마트폰' 상태가 된다.

적어도 지금은, 그리고 아마 앞으로도 소셜 미디어와 뒤뚱거리는 일과 삶의 균형은 계속될 것이다. 나뿐만 아니라 대부분이 마찬가지일 것이다. 뉴스를 보고, 정보를 얻고, 사랑하는 사람들의 소식을 듣고, 일하고, 때로는 즐기기 위해 우리는 기술을 사용한다. 그러니 될 수 있는 한 건강한 방식으로 사용해야 한다. 나는 기술을 사용하는 시간을 의도적으로 조절한다. 온라인에서 내가 어떤 콘텐츠에 끌리는지도 신경 써서 지켜본다. 그렇게 내 삶과 마음, 몸과 관계를 돌볼 때, 포모는 자연스럽게 사라진다.

모든 소셜 미디어가 삶을 망치는 것은 아니다. 생각 없이 수동적으로 스크롤을 내리는 것보다 적극적으로 참여할 때, 부정적인 영향은 훨씬 줄어든다. 예를 들어, 소셜 미디어를 사람들과 직접 연락하고 안부를 주고받는 데 활용하라. 단순히 보기만 하는 것이 아니라 대화를 나누고, 연결되었다는 느낌을 받을 수 있게 해보라.

개인적인 정보를 올릴 때는 한 번 더 생각하길 바란다. 온라인에 남긴 흔적은 지워지지 않는다. 무엇을 공유할지 신중하게 선택해야 한다. 그런 고민을 하는 환자에게 나는 스스로에게 이렇게 질문해 보라고 조언한다. '목표가 무엇인가?' '얻을 수 있는 것과 잃을 수 있는 것은 무엇인가?' '잃게 될 것을 감당할 수 있는가?' 만약 '나는 솔직하게 개인 정보를 공개해야 도움을 받을 수 있다.'라고 생각한다면, 그렇게 했을 때 정말 원하는 도움을 받을 수 있는지 돌아보아야 한다. 소셜 미디어가 아니라 다른 방식으로도 도움을 받을 수 있지 않을까?

기술을 주도적으로 사용하기: 레벨 1

스크린 타임(휴대폰 사용 시간)을 확인하라. 대부분의 기기에는 기본적으로 설정된 시간 제한 기능이 있다. 특정 웹사이트와 앱 사용을 차단하거나, 일정 시간이 지나면 알람이 울리도록 설정할 수 있다.

기기를 이용할 때는 현재에 집중하는 태도를 가져라. 소셜 미디어를 왜 사용하는지 스스로에게 질문하라(정보를 얻기 위해, 친구들의 소식을 알기 위해, 뉴스를 읽거나 영감을 얻기 위해). 그 목적을 오프라인으로도 채울 수 있는 방법을 찾아보라.

기술로부터 자유로운 시간과 공간을 만들라. 식사 시간, 자기 전과 아침 시간만큼은 기기 없이 보내라.

하루를 명상으로 시작하고 마무리하라. 눈을 뜨자마자, 잠들기 직전, 휴대폰을 들여다보는 대신 조용히 숨을 들이쉬며 자신에게 집중해 보자.

기술을 주도적으로 사용하기: 레벨 2

하루에 한두 번, 시간을 정해 소셜 미디어에서 벗어나라. 나는 가끔 주말에는 게시물을 올리지 않는다. 그러면 자연스럽게 이런 생각이 사라진다. '누가 좋아요 눌렀을까?' '댓글이 달렸을까?' 그리고 '…좋아요가 하나도 없네.'

자주 쓰지 않는 앱은 지워라.

제대로 보지도 않고 매번 삭제하는 뉴스레터와 광고 메일이 있다면? 과감하게 구독을 해지하라.

기술을 주도적으로 사용하기: 레벨 3

소셜 미디어를 보고 난 뒤 스스로에게 물어보라. 얻은 게 있는가? 불안한가? 방향 없이 떠도는 기분인가? 질투심이 드는가? 이런 감정을 자각하는 것이 습관을 바꾸는 첫걸음이 될 수 있다.

카메라가 아닌 눈으로 보라. 사진을 찍고 싶은 충동을 참아라. 사람들의 표정, 풍경, 공기의 냄새, 손끝에 닿는 감각을 느껴라. 그 순간을 머릿속에 선명한 앨범으로 남기라.

기술을 주도적으로 사용하기: 레벨 4

친구들과 함께 있을 때는 휴대폰을 치워라(정말 급한 연락이 올까 걱정된다면, 친구들에게 미리 말하고 정해진 시간에만 짧게 확인하는 것이 좋다).

활자를 읽을 때는 집중하라. 인쇄된 책과 종이 자료도 함께 읽어보라. 온라인의 글은 쉽게 훑어볼 수 있다고 착각하지만, 사실은 제대로 이해하지 못한 채 지나칠 때가 많다. 그러다 보면 이해력이 점점 흐려진다. 뇌가 집중할 수 있도록 일부러 속도를 늦추고, 지금 하는 일이 중요하다는 것을 스스로에게 상기시켜야 한다. 알림(메시지, 업데이트, 경고 등)은 꺼두는 편이 좋다. 방해 요소를 줄이고, 조용한 공간을 찾아라. 화면이든 종이든, 중요한 단어나 요점을 메모하며 읽는 것이 도움이 된다. 마치 누군가에게 설명하듯 정리해 보면 이해가 쉬워진다. 온라인 글은 휙휙 넘기지만, 책은 뇌가 속도를 늦추고 내용을 깊이 받아들이게 한다. 책에서 핵심 내용이 어디에 위치했는지를 기억하게 해주는 시각적 단서는 내용을 더 확실히 각인시키고 강화하는 데 도움이 된다. 17만 명 이상이 참여한 '종이책을 버리지 마라Don't Throw Away Your Printed Books'라는 제목의 메타분석 연구에서도, 종이책이 디지털 텍스트보다 문해력 면에서 더 뛰어나다는 결과가 나왔다. 우리가 글을 대충 훑어보는 것은 온라인에서 '좋아요'를 받을 때마다 분비되는 도파민으로 쾌락을 얻는 빠른 보상에 익숙해졌기 때문이다. 이를 균형 있게 조절하려면, 종이책을 천천히 음미하며 읽는 시간을 가져보라.

휴가나 휴일에는 소셜 미디어에서 잠시 벗어나라. 사진을 올리고 싶다면, 여행이 끝난 후에도 늦지 않다.

스스로에게 물어보라. '내가 소셜 미디어를 사용하는 방식이 내 삶의 방향(커리어 성장, 누군가를 돕는 일, 배움, 인간관계 강화 등)과 맞는가?' '그냥 시간을 때우기 위해 얼마나 자주 소셜 미디어를 켜는가?' '소셜 미디어가 나를 포모에 빠뜨리거나 불필요한 비교를 하게 만드는가?'

밤하늘의 별을 볼 때, 별은 막 빛나기 시작한 것처럼 보인다. 하지만 사실 그 빛은 오래전 출발해 이제야 우리의 망막에 도달한 것이다. 나사NASA에 따르면, 태양(지구에서 약 9천 3백만 마일 거리)의 빛이 우리에게 닿는 데까지는 8.3분이 걸린다. 우리가 보는 태양은 언제나 8.3분 전의 모습이라는 뜻이다.

지구에서 그다음으로 가까운 별은 4광년 넘게 떨어져 있다. 우리가 보는 별빛은 이미 수년 전에 출발한 빛이다. 그러니 엄밀히 말하면, '현재를 산다.'는 것은 애초에 불가능한 일이다. 하지만 많은 종교에서 말하듯이 중요한 건 순간을 완벽히 붙잡는 게 아니라, 그 순간을 붙잡으려는 과정에서 얻는 경험과 느낌이다. 고대 그리스의 스토아 철학자들은 지금 이 순간에 대한 집중 혹은 몰입을 뜻하는 프로소케Prosoché를 좋은 삶의 필수 요소로 보았다. 7장의 도입부에는 프랑스 철학자이자 사상가, 정치 운동가였던 시몬 베유의 말이 있다. 그는 주의를 기울인다는 것은 가장 순수한 선물이라고 했다. 현재에 집중하려면 결국 계속 연습하는 수밖에 없다. 어떤 날은 쉽게 되다가도, 어떤 날은 불가능할지도 모른다. 시간과 삶은 끊임없이 흐르고 변하기 때문이다. 그것이 바로 현재가 가진 아름다운 가능성이다. 별빛처럼 시간도 우리를 향해 흘러온다. 우리는 그 길 한가운데에서 그것을 마주하게 된다. 그리고 바로 그때 순간을 어떻게 채울지는 우리의 선택에 달려 있다.

실행 전략

● 걱정과 반추에서 벗어나기 ●

과거를 후회하거나 미래에 관한 걱정이 쌓이면 현재를 있는 그대로 받아들이기 어려워진다. 그 생각이 끝없이 맴돌면, 마음이 무거워지고 현재의 소중함을 놓친다. 하지만 후회와 걱정에서 자유로워지는 방법이 있다.

• 시간 정하기: 걱정을 '정해진 시간'에만 하라. 걱정이 머릿속을 맴돈다면 걱정 일기를 써보라. 마음속 걱정을 전부 종이에 쏟아내라. 걱정에게 속 이야기를 들려주어 고맙다고 말하라. 그리고 하루를 계속 보내라(이 방법은 불면증에도 효과적이다. 많은 사람이 낮에는 너무 바빠서 미처 걱정을 하지 못하다가 침대에 누워 밀려오는 걱정에 빠진다).

• 걱정을 덜어내는 또 다른 방법: 할 일은 '할 일 목록'에 적어두라. 할 일을 종이에 정리하면 지금 해야 할 일에 집중할 수 있다.

• 과거의 기억이 계속 떠오른다면 그에 대한 감정을 글로 풀어보라. 과거로 돌아가서 자신을 도울 수 있다면 어떻게 하겠는가? 그 시절의 나를 어떻게 구하고 위로하고 싶은가? 과거의 트라우마나 분노가 깊다면, 치료사와 함께 이 작업을 해보는 것도 좋다. 미래가 불안하다면 막연한 걱정에 머무르지 말고, 지금 할 수 있는 해결책을 찾아보라. 문제를 해결하기 위해 무엇을 할 수 있을까?

• (트라우마를 일으킬 정도는 아닌) 과거의 일로 여전히 누군가에게 화가

난다면, 편지를 써보라. 편지를 보낼 필요는 없다. 그들이 아직 살아 있다면, 관계를 회복할 가치가 있을까? 나 자신 그리고 그들을 용서하고 싶은가? 누구도 용서를 강요하지 않는다. 하지만 상대의 입장에서 한 번쯤 바라보는 것은 도움이 될 수도 있다. 이 분노가 내 삶을 지배하지 않도록 하려면 무엇을 할 수 있을까?

• '너무 늦었다.'라는 생각이 들 때마다 지금 당장 할 수 있는 일을 하나 적어보라.

나는 이제 ________________ 을(를) 하기에는 너무 늦었어.

→ 나는 아직 ______________________ 을(를) 할 수 있어.

• 잃어버린 것들에 대한 후회가 남아 있는가? 일기장에 적어보라.

내게서 사라진 것: _______. → 지금 나에게 줄 것: __________.

많은 사람이 지나온 시간 속에서 아쉬움을 찾는다. 더 많은 시간을 가족과 보내지 못해서 후회되고, 좋아했던 것들을 더 하지 못해서 아쉬우며, 용기 내어 승진을 요청하지 못했던 일이 떠오른다. 그럴 때는 이렇게 생각해 보라. '그 일은 이미 지나갔다. 이제 그와 관련해 나는 무엇을 할 수 있는가?' 만약 돌이킬 수 없다면 스스로에게 답하라. '내가 정말로 원했던, 그때 채워주지 못한 나의 근본적인 욕구는 무엇인가?'

현재에 집중하기 위해선 과거를 있는 그대로 받아들이는 과정이 필요하다. 모든 걸 바꿀 수 없고, 바꾸어야만 하는 것도 아니다. 때로는 과거를 있는 그대로 인정하는 것, 즉 일어났거나 일어나지 않은 일들을 받아들이는 것만으로도 상처 입은 마음을 어루만지고, 다시 온전한 나로 돌아올 수 있다.

8장 사람
나를 키우는 관계, 소모시키는 관계

빨리 가고 싶다면 혼자 가라. 멀리 가고 싶다면 함께 가라.
— 아프리카 속담

뉴욕의 광고업계에서 성공적인 커리어를 쌓고, 마라톤을 하고, 어머니이자 할머니인 60대 초반의 리즈는 누가 봐도 안정적이고 완벽해 보이는 삶을 살았다. 하지만 그녀는 어느 날 갑자기 다리에서 몸을 던졌다.○

리즈는 살아남았지만 심각한 부상을 입었고, 앞으로의 회복 과정은 길고 험난해 보였다. 리즈는 여러 차례 수술을 받고 중환자실에서 긴 밤을

○ 여기에서 다루는 리즈의 이야기는 그녀의 삶을 간략하게 정리한 것이다. 8장의 핵심인 관계의 중요성과 그것이 어린 시절 경험과 외로움에 어떻게 영향을 받는지를 설명하기 위해, 그녀의 사례에서 일부 내용을 선택적으로 다루었다. 각자의 여정은 모두 다르다. 나는 자살의 위험 요인이나 정신건강 치료에 대해 포괄적으로 논의하려는 것이 아니며, 또한 의료 서비스의 불평등을 고려할 때, 이런 치료가 모든 사람에게 쉽게 접근 가능하다는 뜻도 아니다.

보낸 후에야 정신과 병동으로 옮겨졌다. 휠체어에 앉은 그녀는 어딘가 허탈한 미소를 지으며 말했다. “이제 다시 맞춰지는 중이에요.” 그때 처음으로 리즈의 뉴욕식 유머 감각을 엿볼 수 있었다. 그녀는 유머 감각을 잃지 않았지만 30년 넘게 깊은 우울을 견뎌왔다. 삶의 끈을 놓으려는 시도를 한 것은 이번이 처음이었다. “더 이상 누구에게도 짐이 되고 싶지 않았어요.” 그녀가 조용히 말했다.

리즈의 몸에는 깊고 선명한 상처들이 남았다. 차트에는 리즈의 오랜 우울증의 기록과 최근 수차례 받은 수술의 기록이 있었다. 하지만 나에게 가장 깊은 인상을 남긴 것은 깁스도, 붕대도, 눈에 보이는 상처도, 차트 속의 기록도 아니었다. 그녀에게 남은 외로움의 흔적이었다. 문득 인도의 병원에서 일하던 시절이 떠올랐다. 그곳에서는 환자 곁에 늘 가족이 함께했다. 신체의 병은 약으로 고칠 수 있지만 절망과 외로움은 사랑, 관심, 지지 그리고 따뜻한 손길이 있어야만 치유된다. 물론 약물 치료와 정신적 지지를 함께 받는 것이 가장 좋다.

이혼 후에 리즈의 두 아들은 남편에게로 갔다. “전 일 말고는 잘하는 게 없었어요. 그 와중에 우울증과 싸워야 했고요. 제 차트를 보면 정신과의 약물학 교과서 한 권이 다 들어가 있을 거예요.”

리즈는 아들들과 손주들을 ‘한동안’ 만나지 못했다. “다들 바빠요. 그 아이들에게 짐이 되고 싶지 않아요.” 다시 한번 ‘짐’이라는 단어가 나왔다. “이제 아무도 나를 필요로 하지 않아요.” 그녀가 담담하게 말했다. “살아갈 이유를 모르겠어요.”

나는 리즈를 만나기 위해 전국 곳곳에서 병원으로 달려온 아들들과 며느리들을 만났다. 그들이 리즈를 향해 보내는 사랑은 그녀가 느끼는 것보다 훨씬 강했다. 하지만 리즈는 고개를 저었다. “다들 그냥 나를 불쌍하게 생각하는 것뿐이에요." 리즈는 자신을 걱정하고 아끼는 사람들의 마음을 제대로 느끼지 못했던 걸까? 그런 시각이 그녀가 지금 겪고 있는 모든 문제에 어떤 영향을 미쳤을까?

좋은 친구란 있는 그대로의 모습도 괜찮다고 말해주는 사람이다.[o] 지금 친구들과 원하는 모습의 관계를 맺고 있는가? 사회적 관계가 조금 더 따뜻해지길 바라든, 어딘가에서 손을 내밀어 줄 사람이 절실히 필요하든, 합리적 낙관주의자의 방식으로 친구를 사귀는 방법을 나누고 싶다.

나는 이를 '인간관계 연습'이라고 부른다. 이 과정은 선순환을 만든다. 긍정적인 태도는 좋은 행동을 이끌고, 좋은 행동은 다시 긍정적인 태도를 만든다. 긍정적이든 부정적이든 인간관계를 바라보는 태도는 우리의 행동을 바꾸고, 그 행동은 다른 사람이 우리를 대하는 방식에도 영향을 미친다. 한 연구에서 학생들이 교실 분위기를 어떻게 인식하는지(냉랭하다고 여기는지, 따뜻하다고 여기는지) 조사했다. 결과는 흥미로웠다. 학생들이 교실을 어떻게 바라보느냐보다 그 안에서 어떻게 행동하느냐가 학생들에게 더 큰 영향을 미쳤다. 다른 사람들과 적극적으로 어울린 학생들은 교실을 편안하고 따뜻한 곳으로 여겼다. 반면, 혼자 있는 시간이 길었던 경우에는 교실을 차갑고 거리감이 느껴지는 곳이라고 생각했다. 이를 '수용의 예언 Acceptance Prophecy'이라고 한다.

자신을 제대로 들여다보지 않으면 다른 사람들이 나를 어떻게 바라보는지도 왜곡되기 쉽다. 그렇게 되면 인간관계도 자연스럽게 어긋난다.

---

o 여기서 '친구'라는 단어는 단순한 우정을 넘어선다. 가족, 연인, 직장 관계, 지역 사회에서 맺은 관계 등 모든 인간관계를 포함한다.

친구를 사귀는 가장 좋은 방법은 내가 먼저 좋은 친구가 되어주는 것이다. 그리고 그 시작은 자기 자신과 친해지는 것이다.

8장에서는 타인 그리고 자신과 건강한 관계를 맺는 방법을 다룬다. 또한 우정을 해치는 흔한 왜곡 사고들을 짚어보고 해결책을 제시한다. 우정은 노력 없이 유지될 수 없다. 우정에는 노력이 필요하지 않다고 믿는 사람일수록 관계를 오래 유지하기 어렵다. 하지만 그렇다고 해서 우정이 꼭 어렵고 복잡한 것은 아니다.

이제 지금까지의 관계와 형태를 돌아보고, 다양한 우정을 살펴보고, 소중한 관계를 더 단단하게 만들고, 새로운 인연을 맺는 방법을 알아보자.

외로운 행성?

사회적 고립은 인류 역사에서 고문 도구로 사용될 만큼 인간에게 치명적이다. 사회적 연결은 음식, 주거, 휴식만큼이나 기본적인 생존 요소이다. 따라서 다음의 통계는 걱정스럽다.

- 2020년 1월, 보험회사 시그나Cigna가 미국 전역에서 18세 이상 성인 1만여 명을 대상으로 조사한 결과, 61퍼센트의 미국인이 외로움을 느낀다고 답했다(이 조사는 전 세계적인 팬데믹 코로나19로 많은 사람이 장기간 사회적 고립을 강요당하기 전에 진행되었다). 팬데믹 이후 발표된 시그나의 조사에서도 높은 수준의 외로움이 여전히 지속되었다. 2022년에 실시한 설문조사에 따르면, 성인의 58퍼센트가 외롭다고 답했으며, 특히 다음과 같은 그룹에서 외로움이 두드러졌다. 18~34세의 청년층(외로움을 느낀다는 응답이 두 배 이상 많았음), 부모(특히 어머니), 저소득층, 소수 인종 및 대표성이 낮은 집단, 과

거에는 사회적 고립이 주로 노년층에서 나타났다. 그러나 2021년에는 청년들이 65세 이상 연령층보다 두 배 더 높은 외로움을 보고했다.

- 같은 해, 미국생활조사센터Survey Center on American Life에서 실시하는 정기 사회 조사에서는 미국인들이 유지하는 가까운 친구의 수가 크게 줄어든 것으로 나타났다. 30년 전만 해도, 미국인의 33퍼센트가 가족을 제외하고 10명 이상의 가까운 친구를 가지고 있었다. 그러나 현재 그 비율은 고작 13퍼센트에 불과하다. 설문에 응답한 사람 중 절반도 되지 않는 이들만이 '가장 친한 친구'가 있다고 말했다.
- 같은 보고서에 따르면, 사람들은 예전보다 친구와 개인적인 고민을 나누거나 의지하는 일이 줄어들었다.

이 현상은 특히 남성들 사이에서 두드러졌다. "지난 한 주 동안 친구에게 감정적인 지지를 받았다."라고 답한 여성은 41퍼센트였지만, 남성은 21퍼센트에 불과했다.

우정은 여러 이유로 점점 뒷전이 되고 있다. 긴 노동 시간, 생산성 및 성과 중심의 문화, 길어진 출퇴근 시간, 이전 세대보다 자녀와 더 많은 시간을 보내는 부모들, 종교 활동 및 지역사회 활동 감소, 소셜 미디어 사용 증가, 심지어 온라인 쇼핑의 확산까지. 삶은 바쁘고 사람들은 점점 서로에게서 멀어진다. 많은 사람이 고향을 떠나면서 한때 자연스러웠던 확장된 가족, 학교 친구들, 이웃 그리고 지역사회의 연결이 희미해졌다.

외로움은 단순히 넷플릭스를 보며 혼자 밤을 보내는 것을 말하는 게 아니다. 외로움은 깊이 있는 연결을 갈망하는 상태이다. 얼마나 많은 사람과 어울리는지가 아니라, 그 관계가 얼마나 의미 있는지에 달려 있다. 사회적 교류가 적어도 관계의 질이 만족스럽다면 외롭지 않다. 반면, 많은 사람 속에 둘러싸여 있어도 진정한 연결이 없다면 외롭다. 영화 〈지상 최고의 아빠〉에서 로빈 윌리엄스가 연기한 렌스 클레이튼은 이렇게 말한다. "나는 한때 인생에서 가장 끔찍한 일은 혼자가 되는 거라고 생각했어. 근데 아니더라고. 진짜 최악은 사람들이 곁에 있는데도 외롭다고 느끼는 거야."

많은 사람이 인간관계에 완전히 만족하지 못하면서도, 그것을 외로움이라고 여기지 않는다. 하지만 이 역시 외로움의 또 다른 형태이다.

외로움은 은밀하게 스며든다. 리즈가 주당 100시간을 일하던 시절에 그녀에게 외롭냐고 물었으면, 그녀는 비즈니스 런치, 자선 행사 일정을 줄줄이 늘어놓으며 그렇지 않다고 했을 것이다. 하지만 사실 그때도 리즈는 사람들 사이에서 외로웠다. 퇴직 후, 그 관계들이 순식간에 사라졌을 때야 비로소 깨달았다. 이는 직업적 성취와 눈에 보이는 성공을 중시하는 문화에서 쉽게 빠지는 함정이다.

외로움이 건강에 미치는 영향은 생각보다 훨씬 강력하다. 외로움은 유전자 발현을 변화시키고 만성 염증을 유발한다. 이 염증이 지속되면 심장건강°부터 인지 저하까지 다양한 문제를 일으킨다. 심지어 암, 뇌졸중, 정신건강 문제의 위험을 높이고, 노화를 가속화한다. 외로움은 뇌의 작동

° 2016년 〈하트〉 저널에 발표된 23개 연구(총 18만 1천 명 대상)의 메타 분석에 따르면, 사회적·정서적 지지가 부족한 사람들은 심장마비 위험이 29퍼센트 증가했고, 뇌졸중 가능성이 32퍼센트 높아졌다. 이 연구는 외로움이 심혈관 건강에 미치는 위험이 흡연과 비만에 버금간다고 지적했다. 또한 2015년 〈심리과학조망〉에 발표된 메타 분석에 따르면, 외로움은 사망 위험과 직접적으로 관련된다. 외로움을 경험한 사람들의 사망 가능성은 26퍼센트, 사회적 고립을 경험한 사람들은 29퍼센트, 혼자 사는 사람들은 32퍼센트 증가했다.

방식까지 변화시킨다. 심각한 사회적 고립이 지속되면 뇌에 특정한 신경 패턴이 형성되는데, 이 패턴은 우울증과 크게 다르지 않은 형태이다. 외로움이 유발하는 스트레스 반응은 사회적 상황에서 위험을 더 크게 인식한다. 그 결과, 고립에서 벗어나려면 꼭 필요한 사회적 기술마저 손상될 수 있다.

인간관계는 스트레스, 질병, 우울로부터 우리를 보호하는 완충 역할을 한다. 그리고 리즈처럼 선천적·환경적 요인 때문에 외로움과 우울에 취약한 사람들에게는 의식적인 인간관계 연습이 체계적인 치료 과정의 중요한 일부가 된다. 리즈는 약물 치료와 심리 치료를 받았고, 입원 병동에서 진행되는 다양한 그룹 치료에도 참여했다. 무엇보다도 리즈 본인이 정말 나아지고 싶어 했다.

사회적 연결은 조기 사망 위험을 절반으로 낮춘다. 중년 여성들 중 결혼 생활이나 유사한 관계에서 높은 만족도를 느끼는 이들은 그렇지 않은 여성들보다 심혈관 질환 위험이 낮았다. 하지만 결혼해야만 안정적인 지지망을 가질 수 있는 것은 아니다. 과학자들은 친구들과 어울리는 것이 스트레스가 몸에 남기는 흔적을 완화할 수 있다고 본다. 스트레스를 받을 때 친구에게 다가가면, '보살핌-어울림 반응Tend-and-Befriend Response'이 활성화되며 이 과정에서 옥시토신과 엔도르핀이 증가하고, 스트레스가 줄어든다. 사회적 지지는 콜레스테롤 수치를 낮추고, 면역력을 강화하며, 수술 후 상처 치유를 촉진하고, 코르티솔 수치를 감소시키는 데 도움을 준다. 여러 의학 분야에서 사회적 지지의 긍정적 효과를 입증하는 연구는 수없이 많다. 사회적 유대의 긍정적인 효과는 개인적인 인간관계에만 국한되지 않는다. 직장 내에서 형성된 친밀한 유대 관계는 직원의 몰입도, 창의성, 생산성, 근속률을 높이고, 직원의 건강을 증진시키며, 업무 중 발생하는 사고를 줄이고, 스트레스, 질병, 직장 내 부상으로 인한 병가를 최소화하는 효과가 있다. 직장에서 동료의 지지를 받지 못하면 건강뿐만 아니라 사망률에도 영향이 간다. 사회적 지지는 개인과 직장을 넘어 지역사회에도 긍정적인 영향을 준다. 탄탄한 사회적 연결망을 가진 지역사회는 자연재해에 대한 대응력이 높고, 피해에서 더 빠르게 회복한다.

반대로 지속적인 갈등은 정반대의 영향을 미친다. 가족이나 친구와 실망스러운 관계를 맺거나 부정적인 경험을 하면 신체적·정신적 건강을 악화시키는 요인이 된다. 또한 부부가 감정적으로 격렬한 다툼을 벌이면 면역력이 저하된다. 실연 증후군Broken Heart Syndrome은 단순한 은유가 아니라 실제로 존재하는 현상이다. 관계에서 오는 극심한 스트레스나 오랜 갈등은 부정맥(불규칙한 심장 박동)이나 혈관 경련을 일으킨다. 심한 경우에는 심장마비로도 이어진다.

연구에 따르면, 가족과 친구를 포함해 너덧 명과 친밀한 관계를 유지하는 것이 외로움을 줄이는 데 가장 효과적이다. 하지만 단 한두 명이라도 나를 깊이 이해하는 사람이 있다면, 그것만으로도 충분하다. 나는 진실한 친구가 한 명만 있어도, 그 존재가 외로움을 덜어주는 데 큰 힘이 된다고 믿는다. 인터넷 덕분에 우리는 수많은 사람과 즉각적으로 연결된다. 하지만 디지털을 통한 관계가 대면 관계와 같은 효과를 내는지에 대해서는 의견이 엇갈린다.

외로움을 극복하는 가장 좋은 방법은 외로움을 내면의 신호로 받아들이는 것이다. 외로움은 결국 '어딘가에 속하고 싶다.'는 본능적인 욕구를 깨닫게 해준다. 어떤 사람들은 유전적으로 외로움을 더 쉽게 느끼지만○ 유전자가 인생의 모든 것을 결정하지는 않는다.

리즈는 선천적으로 외로움을 쉽게 느끼는 성향이었고, 여기에 오랜 기간 지속된 심각한 우울증이 더해졌다. 하지만 리즈는 자기 연민을 통해 스스로를 이해하기 위해 노력하고, 장기간 지속적인 정신건강 치료를 받으면서, 새로운 사고방식과 습관을 익히고, 사회적 관계를 변화시켰다. 환경과 노력에 따라 삶은 충분히 달라진다.[○○]

우리가 관계를 맺는 방식은 결국 우리가 가진 인식과 행동에서 비롯된다. 그렇다면 그 인식과 행동은 어디에서 온 걸까? 그 답은 우리의 '연결' 방식에 있다.

애착: 우리가 처음으로 맺는 관계

인간의 뇌는 태어날 때 이미 세상을 배울 준비가 되어 있는 1천억 개의 뉴런을 지니고 있다. 하지만 배움은 태내에서부터 시작된다. 아기는 자신의 생존이 어머니에게 달려 있다는 것을 본능적으로 안다. 그래서 태어나기도 전에 어머니의 목소리를 듣고, 촉감을 느끼며, 양수 속에서 냄새와 맛을 익힌다. 출생 직후에는 본능적으로 어머니의 냄새, 목소리, 손길을 향해 움직인다. 이렇게 시작된 각인 과정은 애착이라는 이름으로 유아기 내내 이어진다.

○ 외로움의 유전적 연관성을 분석한 연구가 1만 명 이상을 대상으로 진행되었으며 〈신경정신약리학(Neuropsychopharmacology)〉 저널에 게재되었다. 연구 결과, 외로움을 유발하는 단일 유전자는 존재하지 않았지만, 외로움이 유전적 영향을 받을 수 있는 특성일 가능성이 제기되었다.

○○ 외로움과 함께 우울 증상이나 무력감, 절망감을 느끼고 있다면, 정신건강 전문가와 상담해 보기를 권한다.

우리가 타인과 얼마나 쉽게 유대감을 형성하는지는 어린 시절에 형성된 애착 유형에 따라 달라진다. 애착은 본능적인 욕구이며, 생물학적으로는 생존을 위한 필요에서, 심리적으로는 안전함을 느끼고자 하는 욕구에서 비롯된다. 영국의 정신과 의사이자 정신분석가인 존 볼비는 애착을 '인간 사이의 지속적인 심리적 연결'로 정의했다. 그는 애착이 우리의 감정 조절 능력, 스스로를 달래는 방법, 타인과의 관계 형성 방식까지 영향을 미친다고 보았다. 즉, 애착 유형은 우리가 얼마나 안정적으로 신뢰를 형성할 수 있는지, 다른 사람에게 위안을 구하고 도움을 요청할 수 있는지, 세상을 탐험하는 용기를 가질 수 있는지를 결정하는 중요한 요소이다.

안정적인 애착은 '자기를 존중하는 것'과 '타인을 존중하는 것' 사이의 건강한 균형을 만든다. 이는 에릭 번이 말한 "나는 괜찮고(자기 긍정), 너도 괜찮다(타인 긍정)."라는 심리적 균형과도 일맥상통하며 5장에서 다룬 자부심과도 관련 있다.

유아기 때 양육자가 아이의 필요에 얼마나 잘(혹은 부족하게) 반응했는지가 결국 애착 유형을 결정한다. 1970년대, 심리학자 메리 에인스워스와 연구진은 어머니-영아 관계를 연구하며 애착 유형을 분류했다. 이 연구를 통해 애착은 안정 애착과 불안정 애착으로 나뉜다는 사실이 밝혀졌다. 양육자의 따뜻한 돌봄이 부족하거나 일관성이 없으면, 불안정 애착이 형성될 수 있다. 이는 다시 회피형 애착과 불안형 애착으로 나뉜다.[o] 이러한 애착 유형을 인지하지 못하면, 관계에 부정적인 영향을 미칠 수 있다.

---

o 이후 연구에서 '혼란형 애착(Disorganized Attachment)'이 추가되었다. 혼란형 애착은 회피형과 불안형의 특성을 모두 지닌 복합적인 유형이다.

회피형 애착

어린 시절에 감정을 무시당하거나 공감받지 못하면, 아이들은 '내 감정은 중요하지 않다.'는 메시지를 내면화한다. 이런 경험을 한 아이들은 성장해서 어른이 되더라도 자신의 감정뿐만 아니라 타인의 감정에도 둔감해질 가능성이 크다. 그들은 감정적 벽을 세우고, 타인을 쉽게 믿지 않으며, 과도하게 독립적인 태도를 보인다. 또한 무심한 듯 보이거나, 관계를 쉽게 단절하고, 타인의 감정 표현을 받아들이기 힘들어하는 경향이 있다.

지나치게 자기에게만 의존하는 태도는 때때로 심각한 결과를 초래한다. 임상 전문가들은 미국에서 자살률이 증가한 원인 중 하나로, '모든 문제를 스스로 해결해야 한다.'는 사회적 기대를 지적한다. 우리는 정신적으로 힘든 상황에서도 타인의 도움을 받기보다는, 혼자 해결해야 한다고 생각하는 경향이 있다. '이건 내가 혼자 해결해야 해.' 앞서 언급했듯이 '해야 한다.'는 사고방식이 얼마나 위험한지를 다시 한번 확인할 수 있다.

다른 사람에게 도움을 청하기 어려워하는 경향은 회피형 애착 유형에서 더 뚜렷하게 나타난다. 이들에게 도움이 필요하다는 사실을 타인이 잘 인식하지 못하거나, 상대가 직접 요청하지 않으면 반응하지 않는 경우가 많다.

회피형 애착 유형의 사람들은 겉으로는 차분하고 흔들리지 않는 듯 보인다. 하지만 힘든 상황에서는 심박수와 혈압이 상승하고 이는 스스로 깨닫지 못하는 스트레스가 몸에 쌓이고 있음을 보여준다. 지속적인 긴장 상태는 몸과 마음을 서서히 지치게 만든다. 나는 억눌린 감정의 무게에 결국 무너지는 환자들을 많이 보았다. 한 곳에서 감정을 억누르면, 반드시 다른 곳에서 터져 나온다. 그게 배탈이든, 두통이든, 피부 트러블이든, 결국 몸은 신호를 보낸다.

불안정 애착은 심혈관 질환, 만성 통증, 피로, 불안, 우울증의 발생률을 높인다. 리즈는 엄격하고 차가운 부모 아래서 자랐다. 통제적이고 비판적인 양육 환경 속에서 성장하며, 자연스럽게 감정을 억누르고 관계를 회피하는 법을 익혔다. 리즈의 가정은 만성적인 불안과 치료받지 못한 정신 질환의 영향 아래 있었으므로 그녀의 어린 시절을 더욱 힘겹게 만들었다. 리즈는 자신의 어머니가 대인관계에서 극심한 불안을 느꼈고, 거절당하는 것을 두려워했다고 말했다. 반면에 리즈의 아버지는 갈등을 피하는 편이었고, 전반적으로 친밀한 관계를 맺는 데 소극적이었다. 가족력을 고려할 때, 리즈는 선천적으로 우울과 외로움에 취약했을 가능성이 크다. 후성유전학Epigenetics 연구는 어린 시절 가혹한 환경에서 받은 만성적 스트레스가 유전자의 발현 방식에 변화를 일으키고, 성인이 된 후 우울증으로 이어질 수 있다고 말한다(뿐만 아니라, 어린 시절 지속된 스트레스는 뇌의 노화를 가속한다). 부모가 힘든 환경을 경험하면 그로 인해 발생한 후성유전학적 변화가 자녀에게도 유전될 수 있다.

리즈는 아주 어린 시절부터 자신의 가치가 타인에게 얼마나 유용한지, 눈에 보이는 성취를 얼마나 이루었는지로 결정된다고 배웠다. 감정을 표현하거나, 도움을 요청하거나, 누군가에게 기대는 것은 곧 약함의 증거였다. 리즈는 세상에서 자신이 혼자이고, 사람들이 자신을 좋아하지 않으며 짐처럼 여긴다고 느꼈다. 그리고 약함을 보이는 것은 곧 나약한 사람이 되는 것이라 생각했다.

어른이 된 후 그녀는 모든 에너지를 직업적 성공과 자선 단체 활동에 쏟았다. 그리고 자신을 보호하기 위해 감정의 벽을 세웠다. 겉으로는 차갑고 무심해 보였지만, 속으로는 완벽을 추구하고, 스스로를 끊임없이 책망하며, 불안과 외로움 속에서 살아갔다. 직장에서 작은 무시라도 받았다고 느끼면, 스스로를 가혹하게 다그쳤다(부모의 목소리를 내면화한 결과였다).

그리고 더욱 일에 매달리며, 자신을 세상으로부터 더 철저히 고립시켰다. 아들이 먼저 연락하면 답을 했지만 그녀가 먼저 연락하는 일은 드물었다. 그녀의 자살 시도는 가족들에게 크나큰 충격이었다. 리즈는 성공했고, 존경받았으며, 다양한 취미와 관심사를 가진 사람이었다. 무엇보다 자식들에게 사랑받는 엄마였다. 그러나 유전적 요인, 만성적인 우울, 어린 시절의 상처는 이 모든 긍정적인 면을 보지 못하게 만들었다.

불안형 애착

불안형 애착은 일관성 없는 양육 환경에서 비롯되는 경우가 많다. 이 유형의 사람들은 관계를 강하게 갈망하고, 관계의 자연스러운 거리감이나 변화에 대한 내성이 부족하다. 또한 관계가 위태롭다고 느끼거나 거절당할 가능성이 보이면 극도로 불안해하며 예민하게 반응한다. 이전 장에서 만났던 샘, 니콜, 세잘, 리나처럼 타인의 기대에 부응하기 위해 노력하고, 그 과정에서 자신의 행복을 희생한다. 필요한 만큼의 인정, 확신, 칭찬을 받지 못하면 쉽게 낙담하거나 좌절하며, 거절당할까 봐, 혹은 관계가 끊어질까 봐 늘 두려워한다. 그들은 스스로를 의심하며, 직장에서 도움을 요청하는 것을 두려워하고, 인간관계의 작은 신호에도 과민하게 반응하면서 스스로 두려워하던 일이 결국 현실이 될 거라고 믿는다. 이런 불안은 결국 타인을 지치게 하고, 관계를 멀어지게 만들며, 우려했던 일이 실제로 일어나는 자기충족적 예언Self-fulfilling Prophecy이 되기도 한다.

안정형 애착

불안정 애착은 한쪽 팔은 과도하게 발달하거나 지나치게 쓰이고, 반대쪽 팔은 거의 발달하지 않거나 쓰지 못하는 상태라고 할 수 있다. 회피형 애착은 자기 의존이 지나치게 발달한 대신, 도움을 요청하는 능력은 거의 자라지 못한 상태이다. 이러한 불균형 때문에 관계를 갑작스럽게 혹은 너무 이른 시점에 끝내는 경우가 많다. 하지만 파트너가 따뜻한 애정을 표현하면 회피형 애착을 가진 사람들에게도 변화가 찾아온다. 자신이 사랑받고 있다는 사실을 인식하면, 조금씩 마음을 열고, 상대에게 보답하고 싶어진다.

불안형 애착의 특징 중 하나는 위협 감지 시스템이 과하게 발달하는 것이다. 즉, 관계에서 발생할 수 있는 상실, 버려짐, 거절, 거리감에 대해서는 예민한 반면, 자신의 내면을 진정시키는 시스템은 제대로 활성화되지 않거나 미숙한 상태일 때가 많다. 이 때문에 불안형 애착 유형의 사람들은 때로는 건강하지 않은 관계마저 쉽게 놓지 못하고 오랫동안 매달린다. 회피형 애착과 불안형 애착 모두 자기 연민이 부족하면 인간관계에서 지나치게 위축되거나 반대로 상대를 놓치지 않으려 과하게 집착한다. 하지만 어떤 유형이든 오랜 시간에 걸쳐 의식적인 노력을 기울이고 적절한 도움을 받는다면, 자신의 내면을 돌보는 방법을 배울 수 있다. 그리고 감정을 건강하게 다루고 조절하는 방법을 익혀 타인과의 관계에도 이를 적용하게 된다.

이상적인 안정형 애착 유형의 사람은 타인에게 기댈 수 있고, 도움을 주고받을 수도 있으며, 그 모든 과정을 자연스럽고 편안하게 받아들인다. 동시에 자신을 돌볼 줄 알고, 타인에게도 그만큼의 공간을 허용하는 여유가 있다. 양육자에게 일관성 있는 보살핌을 받으며 성장한 사람들은 자기 연민을 발휘할 줄 알며, 건강한 자부심을 가지고, 감정을 조절하는 능력이 뛰어나다. 부당한 대우를 받을 때는 자신의 느낌을 신뢰하고, 자신이 마땅히 받아야 할 것을 요구하고, 필요할 때는 결단력 있게 관계를 정리한다. 파트너에게서 지지를 기대하며, 사람들의 좋은 면을 보려고 한다. '나는 당신에게 소중한 사람이고, 당신이 나를 긍정적으로 바라본다고 믿어. 나는 필요할 때 도움을 요청할 수 있어. 그리고 당신 역시 내게 기대도 돼.' 긍정적인 기대는 타인을 지지하는 방식에도 영향을 미쳐 '나는 당신을 긍정적으로 생각해.'라는 태도를 보이며, 그 믿음이 상대의 더 나은 모습을 끌어낸다.

안정형 애착이 가져오는 건강상의 이점은 크다. 통증과 피로, 불안, 우울, 짜증이 줄어들고, 에너지가 증가하며, 건강한 습관을 만들고 유지하는 능력이 향상된다. 또한 외로움이 초래하는 질병을 피하는 데도 도움이 된다. 따라서 일부 기업들도 직원들의 애착 유형이 직장 내 신뢰, 협업, 소통 그리고 즐거움에 어떤 영향을 미치는지 주목하기 시작했다.

어린 시절 양육자의 보살핌이 들쑥날쑥했거나, 냉담하고 가혹했다면, 그 흔적은 성인이 되고도 쉽게 사라지지 않는다. 양육자가 그들 나름의 방식으로 최선을 다했더라도, 그 보살핌이 나에게 충분하지 않았을 수도 있다. 그들도 한계가 있는 완벽하지 못한 인간이기에 나에게 필요한 것을 다 채워주지 못했을 수도 있다.

하지만 어린 시절에 안정적인 애착을 형성하지 못했다고 해서, 그것이 평생을 결정짓는 것은 아니다. 애착 유형은 어린 시절의 환경에 의해 형성되지만, 결코 돌이킬 수 없는 것은 아니다. 성인의 뇌는 놀라울 만큼 유연하고 적응력이 뛰어나며, 언제든지 변화할 준비가 되어 있다. 그리고 그 변화를 만들어갈 주체는 바로 나 자신이다. 통찰과 끈기가 필요하지만, 이제 운전대는 나의 손에 있다. 어디로 갈지를 내가 정할 수 있다. 낙관적인 기질을 타고나지 않았거나, 가까운 관계에서 배울 기회가 없었다 해도, 합리적 낙관주의는 충분히 당신의 것이 될 수 있다. 합리적 낙관주의로 애착 유형을 이해하고, 때론 관계 속에서 반복하는 비효율적인 행동들을 깨닫게 된다.

우정의 네 가지 유형

많은 친구가 필요하진 않다. 그저 몇 명이라도 꾸준히 연락을 주고받는 좋은 친구가 있으면 된다. 우정의 다양한 유형을 이해하면, 더 의식적으로 관계를 가꾸어 나갈 수 있다.

깊은 우정

모든 진부한 표현들이 다 맞다. 그들은 언제나 내 편이고, 나를 이해하며, 든든한 버팀목이 되어준다. 좋은 순간에도, 힘든 순간에도 변함없이 곁을 지켜주고, 서로의 성공을 기뻐하며, 약점도 있는 그대로 받아준다.

• 긍정적인 점: 내가 가진 것, 내가 이룬 것, 내가 해줄 수 있는 것 때문이 아니라, 그냥 '나' 자체로 사랑받고 있다는 사실을 알게 해준다. 진심으로 아끼고, 마음을 쓰기 때문에 서로의 삶에 머무른다.

• 관계 유지 팁: 아무리 가까운 친구라도 삶의 기쁨과 어려움을 함께 나누지 않으면 점점 멀어진다. 재미있는 사진이나 메시지를 주고받는 것도 좋지만, 가끔은 직접 만나 얼굴을 보고 이야기하고, 목소리로 안부를 나누는 것이 좋다.

의미 있는 우정

함께한 경험과 적당한 친밀함이 조화를 이루는 관계이다. 삶의 비슷한 국면을 지나며 서로에게 의지한다(창업을 준비하거나, 아이를 키우거나, 학교를 다니거나, 이혼이나 은퇴 등 인생의 전환점을 맞이하는 시기 등).

• 긍정적인 점: 서로에게 도움이 되는 실질적인 정보를 주고받고, 경험을 나누며 삶을 더 나아지게 만든다. 진심으로 이야기를 들어주고 공감하면서 힘이 되어준다.

• 관계 유지 팁: 함께하는 시간이 많아질수록 이 관계는 더 단단해질 수도 있다. 하지만 어떤 인연은 지금 이대로 충분하고, 삶의 방향이 달라지며 자연스럽게 멀어진다.

관심사·활동·비지니스 파트너

함께 뛰는 러닝메이트, 이사회에서 자연스럽게 이야기를 나누는 사람들, 프로젝트를 함께하며 신뢰를 쌓아온 동료들, 비즈니스 아이디어를 공유하는 조언자들 등을 말한다.

• 긍정적인 점: 서로 깊은 속내를 털어놓지는 않지만, 함께하는 시간이 즐겁다. 일상을 조금 더 유쾌하고 의미 있게 만든다.

• 관계 유지 팁: 이 관계는 자주 만나 신뢰가 쌓이면, 의미 있는 우정으로 발전할 가능성이 있다. 같은 목표를 향해 나아가고, 정보를 나누면서 서로 점점 더 가까워지기도 한다. 더 친해지고 싶다면 이렇게 말을 건네보라. "시간 괜찮으면 커피나 점심 한번 같이 할까?" 어쩌면 요가를 같이 다니는 사람이 아이 학교 학부모이기도 하고, 러닝메이트가 직장에서 마주치는 사람일 수도 있다. 여러 접점이 생기면, 관계가 더 깊어질 가능성이 있다. 하지만 그렇지 않더라도 그 자체로도 충분히 유의미한 관계이다.

소소한 인연

나는 이 단어를 우리가 하루 동안 마주치는 작지만 따뜻한 순간들을 설명할 때 사용한다. 연구자이자 교수이며 작가인 바버라 프레드릭슨은 이를 '마이크로 모먼트Micro-Moments'라 부른다. 커피를 주문하며 바리스타와 나누는 짧은 대화, 버스 기사에게 건네는 인사, 횡단보도에서 신호를 봐주는 교통 안전원과의 눈 맞춤, 가게 직원과 주고받는 가벼운 대화, 경비원의 안부 인사, 아이를 등하교시키며 인사하는 부모들, 반려동물을 기르는 사람들끼리 반갑게 나누는 말 한마디, 매일 같은 시간에 같은 자리에서 마주치는 출퇴근길의 익숙한 얼굴들 등 일상 속에서 나눌 수 있는 순간을 말한다. 엄밀히 말하면 친구는 아니지만, 같은 삶의 공간에서 따뜻한 존재감을 나누는 이들이다.

• 긍정적인 점: 우리는 소소하고 부담 없는 만남이 지닌 힘을 과소평가한다. 낯선 사람이나 익숙한 얼굴들과 공유하는 짧은 순간이 쌓이면 의외로 큰 영향을 미친다. 소소한 인연들은 외로움을 덜어주고, 하루에 작은 생기를 불어넣는다. 심리학자 바버라 프레드릭슨은 이렇게 설명했다. "긍정성 공명Positivity Resonance은 긍정적 태도, 상호 배려와 관심, 행동과 생리학적 동조성을 특징으로 하는 일종의 대인 관계이다." 눈이 마주치면 대화를 나누지 않더라도 표정과 몸짓이 자연스럽게 맞춰진다. 귀여운 강아지, 사랑스러운 아이들, 북적이는 계산대, 쾌청한 하늘 등을 보며 같은 감정을 공유한다. 가벼운 교류지만 기분이 좋아지고 그날 하루가 조금 더 따뜻해진다. 친절을 받거나, 심지어 친절을 보는 것만으로도 스트레스 반응이 완화된다. 세상이 조금 더 밝아질 수도 있다. 사회 실험에 따르면 아무런 친절을 경험하지 않은 사람들보다 작은 친절을 받은 사람들이 친절을 베풀 가능성이 높다. 친절은 그렇게 전파된다.

• 관계 유지 팁: 눈을 맞추고, 미소를 짓고, 가볍게 고개를 끄덕이는 것부터 시작하라. 바버라 프레드릭슨은 긍정적인 비언어적 신호가 사람들

의 뇌에 영향을 주어 서로를 따라 하게 만들고, 동기화가 일어난다고 말했다. 몸을 돌려 상대를 향하고, 잠시 멈추는 것만으로도 대화할 준비가 되었다는 신호를 보낼 수 있다. 가벼운 농담이나 공감할 수 있는 이야기를 건네는 것도 좋다. 조금 더 가까워지고 싶다면, 적절한 질문을 건네라(요즘 어떻게 지내세요? 다쳤다던 반려동물의 발은 좀 괜찮아졌나요? 아냐의 생일파티는 어땠어요?). "어떻게 지내세요?"라는 질문을 받으면, 가볍게 긍정적인 답을 하거나, 정신없는 하루였다고 솔직히 말해도 된다.

소소한 인연이 깊은 관계를 대신할 수는 없지만, 꾸준히 인연을 키워가다 보면 예상치 못했던 따스한 순간이 생긴다. 단골 가게 직원이 내가 찾던 물건을 미리 챙겨두거나, 내가 잠시 자리를 비운 사이에 경비원이 이중 주차된 차를 지켜준다. 이웃과 반려동물을 번갈아 돌보고, 여행 중일 때 우편물을 챙겨주며, 가끔은 병원에 갈 때 서로를 태워다 주기도 한다.

소소한 인연 또는 '일상적인 상호 작용'은 우리가 의식하지 못하는 사이, 하루를 조금씩 풍요롭게 만든다. 이를 통해 우리는 다양한 연령대와 배경을 가진 사람들과 자연스럽게 어울리게 된다. 작은 교류들이 쌓이면 마음이 충만해지고, 긍정성과 안정감을 주며, 소속감을 키운다. 결국 기분이 나아지고, 건강과 삶의 질도 조금씩 향상된다.

합리적 낙관주의자를 위한 관계 맺기 가이드

아래 방법들은 더 의식적으로 인간관계를 맺고 유지하는 데 도움을 준다. 어떤 방법은 대화를 부드럽게 이어가도록 도와주고, 어떤 방법은 마음과 감정을 다스린다.

지지적 경청: 탐색하고, 반응하고, 행동하기

나는 강연을 하든, 환자와 이야기하든, 친구들과 대화하든, 아이들과 시간을 보내든 지지적 경청을 하려고 노력한다. 탐색하고, 반응하고, 행동하라.[o]

• 탐색하기: 상대가 말할 때 끼어들거나 의견을 덧붙이지 않고 조용히 듣는 것을 말한다. 그들이 진짜 하고 싶은 말이 무엇인지 귀 기울이고 말뿐만 아니라 표정과 몸짓도 살펴보아야 한다.

– 관찰하기: 괜찮다고 말하지만 얼굴이 어둡고, 어깨가 축 처지고, 목소리에 생기가 없다면 그 말의 이면을 읽어야 한다.

• 반응하기: 들은 내용을 정리해서 상대에게 다시 전달해 보라. 먼저, 상대의 메시지를 받아들이고 들은 말을 요약한다. "그러니까 네 말은 이런 거지?" "내가 제대로 이해한 게 맞아?" "내가 정확히 알아들었을까?" 이 과정에서 상대의 표정이나 감정 변화를 살펴야 한다. 심리치료사들이 흔히 하는 방식이기도 하다. "눈물이 맺힌 것 같군요?" 또는 "오늘은 기분이 좋아 보이시네요." 그리고 말을 멈추고 상대가 말을 이어갈 수 있도록 기다린다. 이렇게 하면 상대는 자신의 감정을 더 정확히 표현하게 된다. 억지로 해석을 덧붙이거나, 내 경험을 끼워 넣거나, 조언하려는 유혹을 참

---

o 2021년 〈JAMA〉에 실린 연구에 따르면, 인지 기능 저하로 이어질 가능성이 있는 유전적 요인을 가진 사람들도 주변에 자신의 이야기를 들어주는 지지적인 사람이 있을 경우 뇌졸중과 치매 발병 위험이 줄어든다. 또 다른 흥미로운 사실은 진심으로 들어주는 사람이 곁에 있으면, 뇌 나이가 최대 4년 더 젊어질 수 있다는 것이다.

아야 한다. 또한 어색한 침묵을 채우려고 긍정적인 말이나 위로를 던지는 것도 조심해야 한다. 그런 말들이 오히려 상대의 감정을 가볍게 여기는 것처럼 여겨질 수도 있다. 상대의 말을 듣고, 내 생각을 유연하게 조정하는 것이 인지적 유연성의 핵심이다.

– 메시지 받아들이기: 상대의 감정을 인정하고, 그 무게를 함께 공유한다. "많이 슬프고/속상하고/걱정되는구나." "네가 얼마나 고통스러운지 조금은 알 것 같아."

– 메시지에 반응하기: 이제 상대의 감정을 진심으로 이해하고 있음을 보여줄 차례이다. "너는 (　　) 해야 해." 같은 분석이나 조언 대신, 다음 같은 공감의 말을 건네라. "이 상황이 너에게 정말 힘들다는 거 알겠어." "요즘 많이 지쳐 있었겠네." "신경 쓸 게 너무 많아서 마음이 무거울 것 같아." 선의에서 비롯된 조언일지라도 상대의 말문을 막아버릴 수 있다. 그들이 스스로 깨달음에 이를 수 있도록 조용히 들어주는 것이 더 중요하다. 때로는 신뢰할 수 있는 누군가에게 마음을 터놓고 이야기하는 것만으로도 '아하, 그렇구나.' 하는 깨달음의 순간이 찾아온다.

– 경험 나누기: 이제 조심스럽게, 적절한 선에서 경험을 조금씩 나눌 수 있다. 하지만 조언을 하려 하거나, 대화의 흐름이 나에게 집중되지 않도록 신경 써야 한다. 그들이 외로움 속에서 너무 오래 머물지 않도록 연민을 담아 조용히 손을 내미는 정도면 된다. 그들이 혼자가 아니라는 걸 느끼게 하라. 똑같은 일을 직접 겪어보진 않았어도, 비슷한 감정을 느껴본 적이 있다면 짧게 나눌 수도 있다. "내가 똑같은 일을 겪은 건 아니지만, 예전에 ○○를 경험한 적이 있어. 그때 정말 힘들었어. 네가 얼마나 힘들었을지 가늠조차 안 된다." 짧게 말하고, 상황을 비교하지 않도록 유의하라. 상대방에게 내 경험을 나누는 것이 도움이 되지 않을 것 같다면 하지

않는 편이 더 낫다.

• 행동하기: 공감을 행동으로 옮길 차례다. 행동이 공감의 본질이다.

– "내가 곁에 있을게." "혹시 내가 도울 일이 있을까?" 상황이 적절하고 상대가 원한다면, 실질적인 해결책을 제안할 수도 있다. 하지만 상대가 정말 원하는지 살피고, 내가 할 수 있는 만큼만 손을 내밀어야 한다. 때론 그저 들어주는 것만으로도 충분하다. 경청이 그들이 원하는 전부라면, 그것만으로도 충분한 도움이 된다.

– 말과 행동으로 지지하고 있다는 걸 보여주면서 꾸준히 함께한다. 때로는 엽서 한 장, 짧은 한마디가 큰 힘이 된다. "네 생각이 많이 나. 몸 잘 챙겨."

– 힘든 시간을 지나고 있는 사람에게 꾸준히 곁을 내어주는 사람이야말로 진정한 친구이고, 나아가 그들에겐 천사 같은 존재이다.

탐색, 반응, 행동은 모든 형태의 우정에 통한다. 내가 새로운 마을로 이사를 왔다고 가정해 보자. 길도 낯설고, 사람들도 낯설다. 그래서 도보 투어를 신청해 한 여성과 자연스럽게 이야기를 나누게 된다. 첫째 날, 그리고 둘째 날도 그 여성과 나란히 걸으며 대화한다. 투어가 끝난 후, 그녀가 묻는다. "어쩌다 이곳으로 이사 왔어요?"

처음엔 이사 온 이유를 말할지 망설였지만, 이제는 말해도 괜찮을 것 같다. 이별 후 새로운 시작을 하고 싶던 차에 구조조정으로 직장까지 잃었다고 털어놓는다. 그녀는 내 말을 들어주고 인정과 연민을 담아 반응한다. "짧은 시간 동안 많은 일이 있었네요. 요즘은 좀 어때요?" 그 순간, 대화가 더 깊어진다. 그리고 그녀는 공감을 행동으로 옮긴다. "내 친구들을 몇 명 소개해 줄게요. 내가 듣는 요가 수업 한번 와볼래요? 보통 요가가 끝나고

다 같이 커피 마셔요." 그렇게 새로운 인연을 만들고, 관계를 넓힌다.

리즈의 치료 과정에서도 사람들과의 연결이 중요한 역할을 했다. 그녀는 오랫동안 자신의 가치를 일과 성취 속에서 찾았지만, 함께 치료를 받는 환자들은 그녀의 커리어나 수상 경력이 아니라 그녀라는 사람 자체에 관심을 보였다. 조금씩 리즈는 관계를 맺는 방식을 배워갔다. 더 이상 누군가에게 보여주기 위해 애쓰지 않고, 마음을 열고, 타인의 이야기에 귀 기울이는 법을 익혔다. 리즈가 일에서 성공할 수 있었던 비결인 남다른 호기심과 세심함은 인간관계에서도 힘을 발휘했다. 결국 그녀는 독서 모임의 리더가 되어 활발한 토론을 이끌었다. 리즈는 예전부터 다른 사람을 가르치는 걸 좋아했다. 그러나 아버지는 그런 일을 하찮게 여겼고, 자연스럽게 가르치는 일에서 멀어졌다. 하지만 내가 보기에 리즈는 교육자의 자질을 타고난 사람이었다.

갈등 해결하기: XYZ 기법

XYZ 기법은 감정이 격해진 순간, 실시간으로 소통할 때 강력한 도구가 된다.[○] 이 기법은 부부가 더 건강한 관계를 맺고, 갈등을 해결하며, 문제가 커지기 전에 막을 수 있도록 돕기 위해 만들어졌다. 하지만 나는 XYZ 기법이 꼭 부부에게만 필요한 것은 아니라고 생각한다. 오랜 친구 사이에도, 부모와 성인 자녀 사이에도 충분히 적용될 수 있다. 갈등을 해

○ XYZ 기법은 갈등 해결과 관계 강화를 돕기 위해 개발된 결혼 초기 부부관계 향상 프로그램(PREP, Prevention and Relationship Enhancement Program)에서 유래했다. 프렙은 부부가 효과적으로 갈등을 해결하고, 감정적 유대감과 우정을 키우며, 더 깊이 연결될 수 있도록 돕는다.

결하는 데뿐만이 아니라, 건강한 관계를 유지하는 데에도 유용하다.

이 방법의 핵심은 초점을 '사람'이 아니라, '행동과 상황'에 두는 것이다. 상대방의 인격을 깎아내리거나, 과거의 모든 실수를 끄집어내거나, "넌 늘 그래." 같은 일반화는 피한다. 방법은 다음과 같다.

"X의 상황에서, 네가 Y를 했을 때, 나는 Z를 느꼈어."

- X의 상황에서: 문제가 되었던 순간을 구체적으로 설명한다. 과거의 모든 잘못을 나열하는 것이 아니라, 딱 한 가지 순간만 짚는다.
- 네가 Y를 했을 때: 문제의 원인이 된 구체적인 행동을 명확하게 설명한다.
- 나는 Z를 느꼈고, 그래서 [행동/반응] 했어: '나'라는 주어를 사용해 그 순간 어떤 감정을 느꼈고, 그것이 내 행동에 어떻게 영향을 미쳤는지를 설명한다. 이 방식의 피드백은 상대의 부정적인 행동을 지적하면서도, 방어적인 반응을 줄이는 데 효과적이다.

중요한 건 상대가 어떤 사람인지 일반화하는 대신 그 상황이 나에게 어떤 느낌을 주었는지 이야기하는 것이다. 이는 조건적 부정적 스트로크와 무조건적 부정적 스트로크의 차이기도 하다. 조건적 부정적 스트로크는 피드백을 통해 행동을 지적하고 개선할 기회를 준다. 하지만 무조건적 부정적 스트로크는 상대의 존재 자체를 공격한다. 무조건적 부정적 스트로크의 말은 상대에게 수치심과 무력감을 주고, 관계를 더 멀어지게 만든다. XYZ 기법은 긴장이 최고조에 이르렀을 때보다, 평소 가벼운 상황에서 연습하는 것이 좋다. 그래야 갈등이 심해질 때도 자연스럽게 활용할 수 있다.

4장에서 등장했던 낸시와 샤론을 기억하는가? 그들은 가사 분담 문제로 다투었지만, XYZ 기법을 가정에서 활용하며 부부 관계를 개선했다. XYZ 기법은 갈등 해결뿐만 아니라, 긍정적인 행동을 강화하는 데도 효과적이다. 낸시와 샤론은 고마움을 표현하는 방식으로 XYZ 기법을 활용했다. "당신이 일요일 아침에 아이들을 데리고 나가서 나를 조금 더 잘 수 있게 해줬을 때, 정말 고마웠고 존중받는 느낌을 받았어. 오랜만에 정말 편안하게 쉴 수 있었어."

조건적 긍정적 스트로크는 좋은 행동을 반복하게 만드는 힘이 있다. 하지만 이유 없이 건네는 무조건적 긍정적 스트로크도 중요하다. "고마워." "사랑해." "넌 참 좋은 사람이야." 그리고 따뜻한 포옹, 환한 미소, 작은 친절 하나처럼 아무 말 없이도 전해지는 것들이 있다. 관계 연구의 권위자인 존 가트만에 따르면, 관계의 마법 비율은 5 대 1이다. 즉, 한 번 다투거나 서운한 일이 생기면, 그걸 만회하기 위해 다섯 번 이상의 긍정적인 순간이 필요하다.

인식에 도전하기

2014년 〈실험심리학 저널Journal of Experimental Psychology〉에 실린 연구에 따르면, 시카고의 지하철 승객들은 낯선 사람과의 대화를 대체로 어색하고, 불편하고, 생산성을 낮추는 일로 생각했다. 하지만 실제로 옆자리에 앉은 사람과 대화를 나눠본 후에는 대부분이 예상과 달리 기분이 좋아지고, 순간적인 행복감이 높아지는 경험을 했다. '소소한 인연'조차 사람을 기분 좋게 만들 수 있다면, 오랜 친구나 가까운 관계에서는 어떤 변화가 일어날까?

누군가에게 지지받고 있다는 느낌은 우리의 뇌에 '괜찮다.' '안전하다.' '긴장을 풀어도 된다.'라고 신호를 보낸다. 인류는 진화적으로 무리 생활을 하며 생존했기 때문에 집단에서의 고립을 본능적인 위험으로 받아들인다. 그래서 누군가가 나를 지켜주고 있다는 믿음은 정신건강을 지키는 가장 든든한 방패가 된다.

지지받고 있다는 인식은 사회적 네트워크를 더 단단하게 만들고, 긍정적이고 희망적인 분위기를 조성하며, 궁극적으로 관계의 지속성과 성공에도 영향을 미친다. 그리고 이 효과는 단순히 가까운 사람들에게만 머무르지 않는다. 환자가 의사에게 지지받고 이해받는다고 느끼면 의사와의 유대 관계도 자연스럽게 더 원활해진다. 그 결과, 치료 계획을 더 잘 따르고, 예약된 진료에도 빠지지 않고 꾸준히 병원에 방문하며, 결과적으로 건강이 더 나아진다.

마찬가지로 긍정적인 관계를 기대하면 긍정적인 결과가 따라온다. 서로 윈윈할 수 있다고 믿을 때, 대화도 협력도 훨씬 더 원활해진다. 앞에서 이야기한 교실 실험을 기억하는가? 사람들이 우리를 받아들일 거라고 믿으면, 우리 역시 사람들에게 더 따뜻한 태도를 보인다. 그러면 상대도 우리를 편안하게 받아들인다. 긍정적인 기대를 가진 사람은 상대의 중립적인 행동을 굳이 부정적으로 해석하지 않는다. '어쩌면 그 사람은 나를 무시한 게 아닐지도 모른다. 울고 있는 아이를 달래느라 정신이 없었을 수도 있고, 아이스크림이 묻은 셔츠가 부끄러웠을 수도 있지. 그냥 그날따라 기분이 좋지 않았던 건지도 모르고.' 하지만 그렇다고 해서 누군가가 반복해서 우리를 실망시키고, 존중 없이 대하거나, 경계를 넘는 행동을 할 때까지 참을 필요는 없다. 그런 문제는 모른 척하지 말고 정면으로 마주해야 한다.

안타깝게도 어린 시절의 애착 경험 때문에 스스로에 대한 부정적인 인식과 타인이 나를 어떻게 볼지에 대한 불안감에 사로잡힌다. 새로운 사람을 만나거나, 관계를 깊게 만들거나, 오래된 인연을 다시 찾지 못하도록 방해하는 경우도 있다. 어디에도 속하지 못할까 봐 불안한 나머지 관계 속에서 스스로를 잃어버리기도 한다.

사소한 갈등에도 지나치게 동요하며, 관계가 흔들릴까 봐 점점 더 위축되기도 한다. 어느 쪽이든 결국 우리가 두려워하는 것은 거절이다. '혹시 저 사람이 나를 좋아하지 않으면 어쩌지?' 하는 생각이 행동을 조심스럽게 만든다. 실제로 우리는 상대가 나를 덜 좋아한다고 가정하는 경향이 있으며 심리학에서는 이를 '호감 격차Liking Gap'라고 부른다. 그러나 이런 사고방식이 처음부터 존재했던 것은 아니다. 5세 미만의 아이들은 이런 걱정을 하지 않는다. 타인의 시선을 의식하지 않는 나이이기 때문이다. 하지만 조금씩 사회를 배우면서 타인의 시선을 고민하기 시작한다. 또한 '아름다운 혼란 효과Beautiful Mess Effect'라고 불리는 현상도 있다. 취약한 부분을 보이면, 상대가 나를 부정적으로 판단하거나 비판할까 봐 적절하게 자기를 드러내는 것조차 망설이지만 그런 솔직함이 관계를 더 깊고 따뜻하게 만든다는 사실을 간과한다. 즉 우리는 생각보다 사람들에게 더 많은 호감을 받고 있다는 사실을 모른 채 살아간다.

새로운 관점을 위한 ABCDE 기법

리즈는 자신의 상황을 '나는 혼자'라는 틀 안에서만 해석했다. 가족이 병문안을 와도 "다들 그냥 나를 불쌍하게 생각하는 것뿐이에요."라고 말했다. 그녀가 지지받고 있다고 인식하게 하려면 그녀의 사고방식을 재구성해야 했다. 다음은 ABCDE 접근법을 활용해 리즈의 사고를 변화시키는 과정이다.

A. 선행 사건Antecedent: 가족이 병문안을 위해 비행기를 타고 왔다.

B. 믿음Belief: '다들 그냥 나를 불쌍하게 생각하는 것뿐이야.'

C. 결과Consequences: 외로움을 느끼고, 자신이 가치 없다고 생각하며, 감정적으로 무뎌진다.

D. 왜곡Distortions: '그들은 나를 불쌍하게 여겨서 온 거야(마음 읽기 오류, 긍정적인 면 무시하기).' '내가 더 좋은 엄마였다면 가족이 정말 나를 보고 싶어 했을 텐데(후회 중심 사고).' '지금까지 쌓은 커리어 없이는 나는 무가치하고 재미없는 사람일 뿐이야(흑백 논리 사고).' '아무도 나를 진심으로 신경 쓰지 않아(재앙화 사고).' '그러니 나는 결국 혼자야(감정적 추론, 부정적인 정보만 선택적으로 수용하기).'

E. 포용Embrace: '나는 우울증을 겪어왔고, 어릴 때부터 "너는 중요하지 않아."라는 말을 들으며 자랐어. 그 상처가 사라지지는 않겠지만, 그 기억이 내 삶을 계속 지배하게 둘 필요는 없어. 나는 아버지가 내게 주지 않았던 믿음을 내 아이들에게 줄 수 있어. 아이들이 나를 긍정적으로 본다면, 어쩌면 그게 진실일지도 몰라.' '나는 병원에서 친구들을 사귀었어. 그들은 내가 무엇을 이루었는지가 아니라, 그냥 나라는 이유로 나를 좋아했어.' '나의 경험과 아픔 덕분에 다른 사람을 더 잘 이해하고 공감할 수 있어. 그리고 손을 내밀어 다가가는 것이 그들에게도, 그리고 나 자신에게도 도움과 위로가 돼.' '완벽할 필요 없어. 사실 완벽해야 한다는 강박이 오히려 나를 해쳤어. 이제는 스스로에게 좀 더 관대해질 수 있어.'

물론, 리즈가 이런 깨달음을 단번에 얻은 것은 아니다. 하지만 천천히 연습하다 보면, ABCDE 기법은 부정적인 생각을 걸러내고, 더 현실적이고 긍정적인 시각으로 전환하는 데 도움을 준다.

인식 바꾸기

다음은 관계에 대한 일반적인 인식을 바꾸는 몇 가지 방법이다.

- 상황: 항상 자기들끼리만 어울리는 무리가 있다.
- 인식: '저 사람들은 배타적이고, 낯선 사람과 어울리지 않을 거야.'
- 바꾸기: 그들이 정말 그렇게 행동하는지 객관적인 증거가 있는가? 나는 그들과 대화하려고 노력했는가? 만약 내가 다가갔는데도 그들이 나를 거부했다면, 그 생각이 어느 정도 맞을 수도 있다. 하지만 내가 아무런 시도도 하지 않았는데, 그들이 먼저 다가오지 않는다고 서운해하는 것이라면, 그건 내가 만든 인식일 수도 있다. 이제 선택해야 한다. 내가 먼저 다가갈 것인가, 아니면 친해지고 싶은 생각을 그냥 흘려보낼 것인가.

- 상황: 어떤 행사에 초대받았는데 아는 사람이 거의 없다.
- 인식: '새로운 사람을 만나고 싶지 않아. 그래도 가는 게 좋겠지? 그다지 재미있을 것 같지 않아. 아는 사람도 없고, 어떤 분위기인지도 모르겠고, 마땅한 대화 주제도 떠오르지 않아.'
- 바꾸기: 이런 생각의 이면에는 흑백 논리 사고가 숨어 있다. '나는 원래 사람들과 잘 어울리지 못해.' 혹은 자신과 타인을 비교하는 마음이 있을지도 모른다. '나는 저 사람들만큼 재미있지/예쁘지/세련되지/매력적이지/인기 많지 않아.' 또는 신체 이미지에 대한 자의식이 있을지도 모른다. '나는 지금 몸이 좋지 않아/지금 입고 있는 옷이 어울리지 않아/사람들을 만나러 갈 때 입을만한 괜찮은 옷이 없어.' 자신이 취약하다는 느낌에 사로잡혀 있을 수도 있다. '얼마 전 직장에서 해고되었고/연인과 헤어졌고 사람들이 그 일에 관해 물어볼까 봐 두려워.' 자신이 이미 많은 위기를 극

복해 왔다는 사실을 상기하라. 그 과정에서 배우고 익힌 것들이 있다. 리즈가 사람에 대한 호기심과 통찰력을 친구를 사귀는 데 활용한 것처럼, 자신이 가진 무언가를 상황에 따라 적용할 수 있다. 혹시 이 행사에 가본 적 있는 사람을 알고 있다면 그들에게 행사의 분위기와 장점을 물어볼 수 있고, 그 후 조금 더 가벼운 발걸음으로 갈 수 있을지도 모른다. 행사에 가는 사람을 알고 있다면 동행하는 것도 좋다. 다른 사람을 초대할 수 있는 자리라면, 편한 친구를 데려가도 좋다. 그리고 행사에 대해 미리 알아보자. 배움의 기회가 있는 자리라면, 그것만으로도 흥미가 생기고 마음이 편해진다. 무슨 말을 해야 할지 모르겠는가? 초점을 바꿔보자. 사람들은 자신에 관해 이야기하는 것을 좋아한다. 일단 미소를 짓고 인사를 나눈 뒤 행사에 대해 가볍게 묻는 것으로 시작해 보라. 귀를 기울이고, 후속 질문을 하라. 개방형 질문을 하라. '올여름 어떻게 보내셨어요?' '요즘 재미있게 본 책이나 영화 혹은 듣고 있는 팟캐스트가 있나요?' 그 대화 속에서 작은 단서들을 발견할 수도 있다. 공동 관심사가 발견되면 대화는 더 자연스럽게 흐른다. 사람들과 어울리는 데 어려운 기술이 필요한 것은 아니다. 그저 상대에게 관심을 가지고, 그들의 이야기를 들어주는 것만으로도 충분하다.

• 상황: 도움이 필요하지만 선뜻 요청하기가 망설여진다.

• 인식: '다른 사람에게 부담을 주고 싶지 않아. 이런 걸 부탁하면 좀 창피하지 않을까? 거절당하면 어쩌지?'

• 바꾸기: 2022년 시장 조사 기관인 '원폴OnePoll'에 따르면, 사람들은 한계에 다다를 때까지 도움을 요청하지 않는다. 하지만 현실은 다르다. 우리는 남들이 우리의 부탁을 부담스럽게 여길 거라고 생각하지만, 사람들

은 그렇게까지 어렵게 생각하지 않는다. 우리가 가면을 벗고 진짜 모습을 보일 때, 유대가 형성된다. 그리고 그 과정에서 얻는 이점은 생각보다 크다. 도움을 주고받는 것은 단순한 인간관계의 윤활유가 아니라, 실제 신체 건강에도 영향을 미친다. 혈압이 낮아지고, 스트레스 호르몬이 줄어들며, 면역력이 향상된다.

작은 부탁부터 시작해 보자. 레스토랑에서 냅킨을 더 달라고 요청하거나, 헬스장에서 누군가에게 무거운 기구를 들 때 도와달라고 부탁해 보라. 그러다 보면 도움을 요청하는 일이 점점 덜 어색해진다. 큰 부탁일수록 직접적으로 요청하는 게 좋다. 돌려 말하거나 눈치만 주면서 상대가 알아주길 바라는 것은 좋지 않다. "파티에 가는데 전 애인을 만날지도 몰라. 네가 같이 가주면 정말 큰 힘이 될 것 같아. 또 너랑 가면 훨씬 더 즐거울 거야." "첫 데이트가 있는데 나중에 부담 없이 빠져나올 수 있도록 다른 약속을 하나 잡아두고 싶어." 여기에 아주 훌륭한 예시가 하나 있다. 어떤 여성이 수술을 앞두고 하이킹 모임 친구들과 구글 캘린더를 공유했다. 그리고 일주일 동안은 간호가 필요 없지만 수술 후 혼자 있고 싶지 않으니 시간 되는 사람은 방문 등록을 해달라고 요청했다. 그녀가 그렇게 말하자, 여러 사람이 기꺼이 병원에 방문을 신청했다. 그리고 시간이 흘러, 그녀도 같은 방식으로 감사와 호의를 돌려주었다. 이렇게 도움을 주고받으며 관계는 더욱 단단해진다.

• 상황: 연락이 뜸해진 사람과 다시 연락하고 싶다.

• 인식: '내가 망쳤어. 이제 와서 연락하기엔 너무 늦었어.'

• 바꾸기: '너무 늦었다.'라는 이유로 오래된 친구나 새로운 친구에게 연락을 하지 못하는 사람들이 많다. 그들은 대개 이런 생각들을 한다. '괜

히 폐를 끼치는 건 아닐까? 부담을 주고 싶지 않아.' '굳이 새 친구를 사귀고 싶어 하지 않을 거야. 새 친구를 사귀기엔 내 나이가 너무 많아.' '예전에 서운했던 일이 있었으니 날 반길 리 없을 거야.'

요즘 같은 시대에는 자연스럽게 이어지는 인연이 많지 않다. 우리는 능동적으로 기회를 만들어야 한다. 몇 주, 몇 달, 몇 년이 지났든 다시 연락하는 데 늦은 때란 없다. 연구에 따르면, 사람들은 예상치 못한 문자를 받을 때 더욱 기뻐한다. 예전에 나는 연락을 잘 챙기는 사람이 아니었다. '연락한 지 너무 오래됐어. 이제 와서 연락하면 어색하지 않을까?' 하는 생각이 나를 더 망설이게 했다. 하지만 지금은 상대도 같은 생각으로 주저하고 있을지 모른다는 걸 안다. 그래서 이젠 그냥 편히 연락한다.

우리가 마음을 열고, 이야기를 나누고, 도움을 요청할 때, 사람들은 생각보다 더 우리를 반긴다. 우리는 종종 우리가 다른 사람들에게 얼마나 중요한 존재인지 과소평가한다. 그리고 예고 없이 도착한 문자 메시지 한 통이 상대에게 얼마나 큰 의미가 될 수 있는지를 모른다. 감사를 표현하고 받는 것은 삶의 만족도를 높이고, 정신건강에도 긍정적인 영향을 준다. 사람들 사이의 유대를 강화하고, 관계를 더 단단하게 만든다. 감사를 자주 나누는 관계일수록 더 큰 만족감과 안정감을 느끼고, 서로에게 더 헌신적이다.

연락이 뜸했던 사람들과의 관계를 다시 돌아보기로 한 리즈는 예전 대학 룸메이트에게 먼저 문자 메시지를 보냈다. 친구는 보스턴에서 경제학 교수로 일하고 있었다. 마침 리즈가 아버지의 기대에 부응하기 위해 놓아버렸던 많은 취미 중 하나인 캘리그래피를 다시 시작한 참이었다. 리즈는 옛 친구에게 캘리그래피로 정성 들여 쓴 카드를 보냈다. 십 년 만의 연락이었다. 얼마 후, 병원으로 친구의 답장이 도착했다. 리즈는 이 경험을 통해 연락을 한다는 건 단순한 제스처가 아니라, 마음을 열고 다시 연결되는 과정임을 깨달았다.

학교 친구든, 직장 동료든, 어린 시절의 인연이든 오래된 친구에게 연락을 해보라. 문득 어떻게 지내고 있는지 궁금하다는 이메일 한 통이면 된다. 어디서 만났는지, 그때 나눈 대화가 얼마나 즐거웠는지, 함께 웃었던 농담 하나쯤 덧붙여도 좋다. 옛 친구가 흥미로워할 만한 기사를 보내라. 깊은 이야기를 불쑥 꺼내거나 굳이 만남을 제안할 필요는 없다. 그저 큰 기대 없이 가볍게 대화를 다시 시작하면 된다. 만약 답장이 온다면 그때부터 천천히 이어가자. 답장이 오지 않아도 괜찮다. 때로는 답장이 오고, 때로는 오지 않는다. 하지만 먼저 손을 내밀었다는 사실만으로 충분히 기분이 좋아질 것이다.

오랜 친구와의 침묵이 단순한 오해 때문이라면, 혹은 상대가 나를 멀리하는 것 같다면 솔직하게 말해보라. "보고 싶어. 정말 오랜만이네. 그때 있었던 일에 관해 한번 이야기해 보고 싶어." 어렵겠지만 내가 했던 실수가 있다면 인정하고, 오해가 있었다면 풀 준비를 해야 한다. 관계를 다시 이어가든, 여기서 서로의 마음을 정리하든, 한 걸음 내딛는 것 자체로 의미 있다.

용서

용서는 나에게 상처 준 사람에 대한 원망을 놓아주는 힘이다. 상대의 행동 때문에 관계가 망가졌더라도 여전히 선택할 수 있다.

첫 번째, 상대가 한 일에 대해 더 이상 책임을 묻지 않는다. 만약 상대방이 순전히 실수로 잘못을 저질렀거나, 자신의 행동이 어떤 영향을 미칠지 몰랐거나, 혹은 너무 어렸거나, 잘못을 인정하고 관계를 유지하려 한다면 용서가 쉬워진다. 물론 가장 좋은 사과는 행동의 변화이다. 하지만 상대가 변하지 않는다면 어떻게 해야 할까? 자신의 잘못을 인정하지 않거나 나쁜 행동을 고치려 하지 않는다면? 아래에 소개된 몇 가지 방법으로 상처 주는 행동이나 나쁜 행동에 대처할 수 있다.

두 번째, 신뢰하되 검증하라. 사과를 하긴 했지만 어딘가 애매할 때, 책임을 인정하는 듯하면서도 내 탓을 하는 듯할 때, 다시는 그러지 않겠다고 했지만 똑같은 일이 반복될 때. 그럴 때는 상대방이 변하기를 기대하는 것보다 관계를 재고해 볼 필요가 있다. 어쩌면 나에게 선택의 여지가 없을 수도 있다. 관계를 끊을 수 없는 상황이거나 그냥 넘어가야만 하는 경우라면 어떻게 해야 할까? 그렇다면 용서하되 잊지는 말라. '신뢰하되 검증하라.'는 원칙을 기억하고 상대의 말과 행동을 지켜보자.

세 번째, 그냥 살아가며 흘려보내라. 이 방법은 비집착과 급진적 수용의 개념을 바탕으로 한다. 상처 주는 상대방의 행동을 정당화하거나 승인하지 않으면서도 그 일에 매달려 내 평온을 잃고 싶지 않다면 받아들이고 놓아주어야 한다. 받아들이되 매달리지 않고 그저 흘러가도록 두는 것이 더 나은 선택일 수 있다. 불교에서는 고통이 삶의 일부이며 고통으로 인해 괴로운 것은 우리가 어떤 생각, 기억, 사람, 과거에 매달리기 때문이라고 한다. 나 역시 그랬다. 하지만 이미 일어난 일이다. 나쁜 상황을 받아들인다고 해서 그것을 용인하는 건 아니다. 다만, 과거에 얽매여 스스로가 감정의 포로가 되지 않도록 나를 놓아주지 않는 상태에서 벗어나는 것이다.

때로는 분노도 필요하다. 억누르지 말고, 바꾸려 하지 말고, 그저 '나는 지금 화가 났다.'고 인정하며 내 감정을 마주하면 비로소 애도하고, 놓아주고, 용서할 수 있다. 고마우면서도 화가 날 수 있다. 그 사람이 우리에게 많은 걸 해줬다고 해서 언제나 이해하고 받아들여야 하는 건 아니다. 종종 우리가 애도하는 건 관계 자체의 상실이 아니라 우리가 기대했던 관계의 상실일지도 모른다. '받아들임'이라는 말을 체념이나 나쁜 상황에 대한 묵인과 동일시하는 경우가 많은데, 받아들인다는 것은 정당화가 아니라 더 이상 그것에 매달리지 않겠다는 뜻이다. 용서는 분노가 굳어져 원한이 되지 않게 막아준다. 그렇게 해야만 그 감정에서 벗어나 진짜 치유를 시작할 수 있다.

건강한 경계

관계에서의 갈등은 대개 서로 다른 목표와 가치, 각자의 필요와 기대가 충돌하는 데서 시작된다. 하지만 더 깊이 들여다보면 갈등의 안쪽 깊은 곳에는 남을 실망시키고 싶지 않은 마음이 있다. 그 마음 때문에 자꾸만 자신을 뒷전으로 미루고, 타인의 필요 먼저 채워주려 한다.

해결책은 단순하다. 자신을 지키기 위한 경계를 세우는 것이다. 경계는 우리를 지키는 동시에, 상대를 존중하는 일이기도 하다. 경계가 있어야만 감정적으로 소진되지 않고, 사랑하는 사람들에게 온전히 다가갈 수 있다.

리즈는 감정적인 경계를 너무 높이 쌓아 타인과의 연결을 차단했다. 반면 또 다른 환자인 아만다는 경계가 전혀 없어서 같은 문제를 반복하고 있었다. 사회생활을 막 시작한 아만다는 사적인 약속과 인간관계에 끌려다니느라 정작 자신의 삶을 안정시키지 못했다.

아만다에게 친구들은 단순한 인간관계가 아니었다. 많은 청년이 그렇듯 그녀에게도 우정은 삶의 중요한 부분이었다. 아만다는 천성적으로 사교적인 사람이었고, 그녀가 자라온 문화에서 공동체는 핵심적인 가치였다. 그런데 이제 친구들이 하나둘 약혼하고, 결혼하기 시작했다. 아만다는 이렇게 말하며 웃었다. "요즘은 제 본업이 결혼식 하객인 것 같다니까요." 단순한 농담이 아니었다. 청첩장이 쏟아지고 선물을 준비하고, 날짜를 맞춰 휴가를 내고, 브라이덜 샤워 경비까지 부담하는 것은 보통 일이 아니었다. 더구나 들러리를 맡게 되면 드레스, 구두, 파티 비용까지 추가되었으니 피로감이 커질 수밖에 없었다.

아만다는 사람들과 친밀한 관계를 맺고 유지하는 데 능숙했다. 하지만 소속되고 싶은 욕구는 자율성, 능력, 경제적 안정 같은 그녀의 또 다른 기본적인 필요와 충돌하고 있었다. 혼자만의 시간이 부족했다. 아만다는 자전거를 타고 싶었고, 관심 있던 요가도 배우고 싶었다. 하지만 돈을 쓰고, 시간을 내고, 얼굴을 비추어야 한다는 다른 사람들의 암묵적인 기대에 쉽게 휘둘렸다. 당연한 듯 요구되었고, 그녀는 거절하는 법을 몰랐다. 그리고 그렇게 할수록 자신의 필요는 점점 뒷전이 되었다.

리즈와 아만다는 극과 극 성향처럼 보이지만, 관계 속에서 자신의 감정을 돌아보아야 한다는 공통된 문제를 직면하고 있었다. 그리고 감정이 관계 속에서 어떤 영향을 미치는지, 더 만족스러운 사회적 경험을 위해 무엇을 할 수 있는지를 고민해야 했다.

아만다는 '내가 그들의 기대에 부응하지 않으면 친구들이 나를 버릴 거야.'라는 생각에서 벗어나지 못했다. 그 불안감이 그녀를 계속해서 관계 속에 묶어두었다. 아만다는 자신의 가치를 친구들의 인정에 맡겼다. 결혼하는 친구들을 위해 수천 달러를 쓰며, 늘 자신보다 친구들의 필요를 우선했다. 건강한 경계를 세우지 못한 대가는 컸다. 그녀는 사랑하는 사람들을 향한 원망을 키워갔다. 소속되고 싶은 욕구와 사람들에게 인정받고 싶은 마음은 그녀의 재정 목표와 진정으로 원하는 삶 사이에서 충돌했다. 더 진솔하고 충만한 삶을 살고 싶었지만, 그 욕망은 늘 다른 사람들의 기대에 가로막혔다.

건강한 경계는 관계의 단절을 가져오는 것이 아니라, 우리가 존중하고 신뢰하는 사람들과의 관계를 지켜준다. 아만다는 언젠가 또다시 들러리를 부탁받게 될 것임을 알고 있었다. 그때를 대비해, 친구들을 지지하면서도 자신의 경계를 지킬 방법을 고민해 보기로 했다.

먼저, 아만다는 결혼하는 친구에게 진심으로 축하한다는 마음을 전했다. 그리고 자신을 초대해 준 것에 대한 감사 인사도 잊지 않았다. 하지만 예전처럼 즉시 승낙하지 않고 이렇게 말했다. "꼭 가고 싶어. 정말 기쁘고, 너희 둘이 결혼식을 하다니 나도 기대돼. 내 일정(예산도!)을 확인해 보고 며칠 내로 다시 연락해 줄게." 며칠 후, 아만다는 친구에게 연락해 말했다. "네 결혼식에서 들러리를 맡게 되어 영광이야. 그런데 브라이덜 샤워에는 참석하기 어려울 것 같아." 아만다는 처음으로 자신의 시간과 경제적 상황을 고려한 결정을 내렸으며 아만다의 결정을 존중할 것인지 말 것인지 선택하는 건 친구의 몫이었다.

아만다는 경계를 세우기 위해 다음과 같은 항목을 고려했다.

• 신중함: 건강한 경계는 순간적이거나 감정적인 반응에서 나오지 않아야 한다. 아만다는 충분히 고민한 뒤 선택했다.

• 배려: 사려 깊은 경계는 단순한 거절이 아니라 가능한 부분과 불가능한 부분을 함께 전하는 것이어야 한다. "정말 미안해. 브라이덜 샤워에는 일정과 예산 때문에 참석할 수 없을 것 같아. 하지만 결혼식엔 꼭 갈게!" 감사에는 단순한 예의 이상의 의미가 담겨 있다. 상대가 보낸 관심과 배려를 인정하고, 그 관계를 가치 있게 여긴다는 뜻을 전하는 것이다. "나

를 떠올려줘서 정말 고마워." "나도 함께할 수 있게 해줘서 고마워." "초대해 줘서 기뻐."

• 창의적인 방식의 협업과 협력: 아만다는 브라이덜 샤워 계획하기를 돕고, 결혼식의 장식과 게임을 준비하는 것처럼 꼭 참석하지 않아도 '함께하는' 방법이 있다는 것을 깨닫고 마음이 한결 가벼워졌다. 이것은 아만다가 감당할 수 있는 범위 안에서 친구들과의 관계를 유지하는 방법이었다. 무엇보다 억지로 맞추려다 생길지도 모르는 원망을 막는 길이었다. 이 아이디어는 다음처럼 응용할 수 있다. "저녁 식사를 내가 주도적으로 준비하는 건 어렵지만, 음식을 몇 가지 가져가고 뒷정리를 도울게." 사람마다 각자의 방식으로 마음을 전할 수 있다. 어떤 사람은 시간을, 어떤 사람은 공간을, 또 어떤 사람은 경제적인 지원을 할 수 있다. 각자의 강점을 살려 부담 없이 함께하는 것이 중요하다.

• 명확함: 아만다는 친구에게 결혼을 진심으로 축하한다는 마음을 전달했고, 결혼식에 가서 함께하고 싶다는 기대감, 브라이덜 샤워에는 참석할 수 없는 사정을 명확하게 이야기했다. 덕분에 어떤 오해도 없었으며 어색한 분위기 속에서 추측할 필요도 없었다.

• 유연함: 우정은 전부가 아니며 전무도 아니다. 아만다는 좋은 친구가 되기 위해 모든 걸 맞출 필요는 없음을 깨달았다.

• 보강: 경계는 한 번 세운다고 끝나지 않는다. 아만다는 경계를 시험받았을 때 상냥하면서도 단호하게 지켜냈다. 그녀의 친구는 다시 물었다. "너무 아쉬워. 브라이덜 샤워에 정말 못 오는 거야?" 아만다는 친구의 말을 듣고 잠시 고민했다. 하지만 친구에게 말한 예산 관련 이유를 재차 설명할 필요는 없었다. 그녀는 부드럽지만 단호하게 자신의 결정을 한 번 더 확인시켰다. "결혼식에서 널 만날 생각을 하니 정말 기대돼. 하지만 브

라이덜 샤워에는 참석하기 어려워. 그래도 브라이덜 샤워 준비는 도울 수 있어!"

• 솔직함: 관계의 깊이에 따라 결정을 내린 이유를 더 솔직하게 이야기하는 것도 좋다. "요즘 학교/일/가족/휴식/정신건강에 집중해야 해서." 친구들에게 건강이 좋지 않아 가지 못한다고 말하며 '너 때문이 아니라 나의 문제'임을 알릴 수도 있다.

아만다는 놀라운 경험을 했다. 몇몇 친구들은 살짝 실망한 듯했지만, 아무도 그녀와의 관계를 끊지 않았다. 시간이 지나면서 아만다는 경계 세우기에 점점 익숙해졌다. 처음엔 경계 세우기가 낯설고 어렵겠지만, 경계에 따라오는 여러 가지 장점이 있다는 사실을 기억해야 한다.

첫 번째, 경계는 가까워지기 위한 것이다. 경계는 멀어지기 위해서가 아니라, 오래 함께하기 위해 필요하다. 때로는 짧은 실망을 주어야 관계를 오래 지속할 수 있다. 분명한 경계는 기대치를 조정하고, 오해를 줄여준다.

두 번째, 경계는 나를 돌보는 방법이다. 내가 나를 지켜야 다른 사람에게도 진심을 다할 수 있다.

세 번째, 경계가 꼭 단단한 벽일 필요는 없다. 서로를 존중하고 지지하는 관계라면 단단한 벽이 아니라 울타리처럼 유연하게 조정할 수 있는 경계를 세울 수도 있다.

네 번째, 경계는 스스로를 보호하는 힘이다. 하지만 때때로 울타리가 단단한 벽이 되어야 할 때도 생긴다. 경계 세우기는 관계를 끝내기 위한 결정을 내리는 첫 번째 단계가 될 수도 있다.

나와 친해지기

8장의 초반에서도 이야기했듯, 다른 사람들과 친해지려면 먼저 자기와 친해져야 한다. 마음이 불안하고 흔들릴 때, 따뜻한 기억을 떠올리게 하는 말과 이미지 혹은 간단한 연습을 통해 스스로를 위로할 수 있으며 이를 '안정성 점화Secure Priming'라고 한다.

아래의 내용들은 타인과 건강한 관계를 맺는 데 필수적인 요소이자 가장 중요한 우정, 즉 자기와의 관계를 건강하게 가꾸는 방법에 관한 것이다. 완벽한 어린 시절을 보낸 사람은 많지 않다. 과거의 관계가 어떠했든, 우리는 스스로에게 위안이 되는 안식처를 만들 수 있다. 자기 연민은 상처의 고리를 끊고, 회복을 돕고, 온전한 모습으로 타인과 연결될 수 있도록 한다. 나와 친해지기 위한 네 가지 방법을 소개하겠다.

첫 번째, 파트너에게 나를 도울 수 있는 방법을 알려라. 상대가 항상 완벽한 말을 찾아 위로해 주기는 어렵다. 하지만 말이 전부는 아니다. 곁을 조용히 지켜주는 것, 포옹해 주거나 등을 토닥이는 것, 정성스러운 한 끼를 만들어주는 것 같은 사소한 행동들이 말보다 더 큰 위로가 되기도 한다. 그리고 무엇보다 서로의 이야기를 진심으로 들어주는 것이야말로 관계를 지탱하는 가장 큰 힘이다.°

두 번째, 원하는 것을 직접 표현하라. "네 말이 언제나 큰 위로가 돼. 오늘도 그런 따뜻한 말을 들을 수 있을까? 오늘은 정말 힘든 하루였는데,

---

° 감사를 표현하는 것은 모든 관계에서 중요하지만, 특히 회피형 애착 유형의 사람들에게 효과적이다. 고맙다는 말을 듣는 직원이 더 열심히 일한다. 감사는 생산성을 높이고, 사람들이 더 오래, 더 열심히 일하게 만든다.

네 말을 들으면 힘이 날 것 같아."

세 번째, 긍정적인 기억을 적어보거나 떠올려라. 지켜지고, 소중히 여겨지고, 사랑받는 기분이 들었던 순간을 떠올리거나 그때의 기분을 적어본다.

네 번째, 미래의 안정된 나에게 편지를 써라. 그들에게 무엇을 기대했는가? 다른 사람들에게 무엇을 줄 수 있기를 바라는가? 어떤 일이 일어나기를 바라는가? 자신에게 무엇을 주어야 하는가? (휴식, 수면, 인정 등) 무엇을 누릴 자격이 있다고 생각하는가? 무엇을 바꾸고 싶은가? 무엇이 잘되지 않는가? (밀어내기, 너무 밀어붙이기 등)

이런 연습들이 위안을 주고 안심시키며 마음을 달래준다. 자신의 애착 유형을 심리 치료를 통해 탐구하면 더 깊은 이해를 얻고 대처 능력을 키울 수 있다.

고독 연습하기

혼자 있는 법을 익히다 보면, 내가 나에게 줄 수 있는 것들이 얼마나 많은지 깨닫는다. 그것은 일부러, 그리고 의식적으로 나 자신과 함께하는 시간을 즐기는 일이다. 스스로에게 긍정적 스트로크를 건네고, 토닥이는 연습이기도 하다. 이 과정은 온전히 재충전할 기회를 주고, 타인과 함께하는 순간에 더욱 집중하게 만든다. 또한 자기의 가치를 재확인하게 해주며, 감정을 외면하거나, 어려움을 피하거나, 내면의 공허함을 타인이 채워주길 바라면서 관계를 망치는 일을 막는다. 고독 연습을 통해 우리는 즐거움의 근원이 결국 우리 자신이라는 사실을 깨닫는다.

하지만 많은 사람에게 혼자 있는 시간이 낯설고 불편할 수 있다. 많은 사람이 고독을 두려워하는 이유는, 즐거움이 외부 세계나 사회적 관계에서만 온다고 믿기 때문이다. 누군가와 함께하며 즐거운 시간을 보내면 우리는 그 즐거움을 그 사람 덕분이라고 생각하기 쉽다. 하지만 사실 웃음과 기쁨, 긍정적인 감정을 느끼고 표현하는 능력은 원래부터 우리 안에 있었다. 다만 우리가 스스로 꺼내 쓰지 않았을 뿐이다. 누군가의 허락을 받을 필요는 없다. 내면의 평온과 즐거움을 누릴 자격은 처음부터 우리에게 주어져 있다. 마음도, 몸도, 영혼도 결국은 내 것이며 기쁨과 즐거움은 내 안에서 피어난다. 사회적 거절과 고립은 상처를 준다. 소속감은 인간의 기본적인 욕구이기 때문이다. 하지만 결국 삶의 의미와 소속감을 결정하는 것은 나 자신과 얼마나 편안하게 지낼 수 있는지에 달려 있다.

아무 방해 없는 혼자만의 시간은 희망과 꿈, 그리고 스스로의 행동을 깊이 들여다볼 기회를 준다. 뇌는 오직 휴식과 고요한 집중 속에서만 새로운 연결망을 만든다. 혼자 있는 시간은 감정을 조절하는 데 필수적이며, 특히 강력한 부정적 감정을 완화하는 데 도움을 준다. 또한 자기 인식을 높이고 사고를 확장시켜 창의적이고 효율적인 문제 해결 능력을 키울 수 있다. 충분한 휴식은 우리의 내적 에너지를 회복시켜 타인과의 관계를 더욱 원만하게 만들고, 공감과 이해의 깊이를 더한다. 즐거운 고독과 의미 있는 관계 맺기가 균형을 이룰 때, 집중력과 생산성, 창의성이 극대화된다. 긍정적인 관계도 뇌가 혼자인 상태에서 해야 할 중요한 사고 과정을 방해할 수 있다. 그러니 가끔은 혼자여야 한다. 혼자 있는 시간을 즐기는 정도는 사람마다 다르다. 어떤 이들은 자연스럽게 받아들이지만, 그렇지 않은 사람들도 있다. 그렇다고 해도 고독을 경험하는 법을 배우는 것은 삶의 균형을 위해 필요한 기술이다.

물론 너무 거창하게 생각할 필요는 없다. 혼자 있는 연습을 꼭 집에서 해야 하는 건 아니다. 공원 벤치에서 해도 되고, 배를 타고 가면서, 카페에서 커피 한 잔을 마시며 해도 된다. 단, 핸드폰을 보지 않는 것이 중요하다.

혼자 있는 연습은 즐거움을 느끼고 표현할 수 있는 힘이 본래 내 안에 있음을 깨닫게 한다. 소중한 친구를 대하듯 스스로를 다루는 그 과정에서, 내면 깊은 곳에 감춰져 있던 즐거움이 모습을 드러낸다. 소속감이란 결국, 남이 만드는 게 아니라 내 안에서 시작되는 것이다. 즉, 즐거움의 근원은 외부가 아닌 내면에 있다.

새로운 시작

리즈는 자살 시도 후 8주 만에 퇴원했다. "많은 사람의 도움 덕분에 저를 다시 찾게 되었어요. 모두에게 감사해요." 그녀가 미소 지으며 말했다. 처음 보는 환한 웃음이었다. 그로부터 얼마 지나지 않아 간호 스테이션에서 호출이 왔다. 데스크에 있던 직원이 흰 난 꽃과 작은 쪽지를 건넸다. "새로운 시작을 함께해 주셔서 감사합니다."

리즈의 며느리가 보낸 것이었다. 리즈는 여름 동안 보스턴에서 아들 가족과 함께 지냈다. 그들은 리즈가 가족과 가까이에 있을 수 있게 매사추세츠로 이사하는 걸 도우러 뉴욕에 왔다. 또 리즈는 가르치는 일을 시작했다. 모교에서 방문 교수직을 맡게 된 것이다. 그렇게 되기까지 리즈가 캘리그래피 카드를 보냈던 대학 동창의 도움이 컸다. 리즈는 오랜 시간에 걸친 꾸준한 심리 치료와 약물 조절, 관계 맺기와 마음 챙김 연습으로 가족의 사랑을 온전히 받아들이게 되었다. 그리고 처음으로, 누군가에게 기대고 싶은 마음과 스스로 서고 싶은 마음 사이에서 균형을 찾았다.

리즈와 마주 앉아 이야기를 나눈 지 벌써 20년이 지났다. 그때나 지금이나 그녀에게서 가장 감탄스러운 것은 삶을 향한 의지였다. 한때 희망을 잃고 극심한 우울과 고독으로 다리에서 몸을 던졌던 리즈가, 친구들에게 따뜻한 카드를 보내고, 독서 모임을 이끌며, 가족 가까이에서 새로운 삶을 설계하고, 새로운 직업을 준비하는 사람이 되어 있었다. 리즈의 여정은 복잡하고 다층적이었다. 어린 시절의 스트레스와 애착 유형, 삶을 바라보는 방식, 유전적인 우울증 소인과 개인적 경험 그리고 나이 들어가며 겪은 상실과 깊은 외로움이 뒤엉켜 있었다. 하지만 리즈의 이야기는 상처만으로 이루어지지 않았다. 리즈의 삶은 회복의 과정이었고, 희망으로 나아가는 길이었으며, 합리적 낙관주의를 실천하는 여정이기도 했다. 오랜 시간 타인과의 관계에서 방어적인 태도를 유지해 온 리즈는 스스로의 선택으로 진정한 친밀함을 받아들이고, 더 의식적으로 관계를 맺게 되었다. 리즈는 치료 과정에서 스스로를 돌아보며 자신의 한계를 인정했고, 그 한계를 뛰어넘을 방법을 찾으려 노력했다. 그 모습을 보며 나는 자신을 회복하고, 관계를 다시 맺으며, 길을 찾는 일은 언제든 가능함을 깨달았다. 우리는 우리가 겪은 일들의 총합 그 이상이 될 수 있으며, 스스로를 치유하고, 더 나은 관계를 맺으며 미래를 만들어갈 수 있는 존재이다.

이 사실을 인식하고 실천할 때, 삶은 전혀 다른 방향으로 흘러가기 시작한다.

실행 전략

아래 질문들은 쉽지 않은 고민을 요구하거나, 예상치 못한 감정을 불러일으킬지도 모른다. 부담스럽다면 건너뛰어도 좋다. 하지만 마음에 와닿는 질문이 있다면, 천천히 곱씹어보길 권한다. 개인적으로는 크게 다가오지 않던 문제를 타인의 반응을 통해 인식하기도 한다.

이 질문들에 대한 답을 찬찬히 살펴보면, 어떤 상황에서 특정한 감정, 생각, 행동이 나타나는지를 파악하는 데 도움이 된다. 한 가지 답이 특정 애착 유형을 결정짓지는 않는다. 직장에서와 친구와 있을 때는 또 다르게 느낄 수도 있다. 그런 차이는 어쩌면 당연하다. 중요한 것은 개별적인 답이 아니라 전체적인 답변의 패턴이다. 이 연습은 어디까지나 자신의 일반적인 성향을 조금 더 분명하게 이해하는 데 도움을 주기 위한 것이다. 더 깊이 탐구하고 싶다면 신뢰할 수 있는 사람이나 전문가와 이야기해 보는 것도 좋은 방법이다.

●자기 의존 과활성●

1. 친밀한 사이가 되기보다 적당한 거리를 두는 것이 더 편한가?

2. 힘든 상황에서 다른 사람에게 기대기보다는 스스로 해결하려 하고 그것에 자부심을 느끼는 경향이 있는가?

3. 타인에게 기대기 어려워서 혼자 문제를 해결하는 것이 익숙한가?

4. 대부분의 사람에게 스트레스가 될 만한 상황에서도 별다른 동요 없이 담담한 편인가? 사람들이 "넌 참 침착해." 혹은 "넌 스트레스 받을 상

황에서도 무덤덤해."라고 말하는가?

5. 사람들이 친구 관계에 대해 고민하는 걸 보면서, '어차피 인생은 혼자 사는 건데, 굳이 저렇게까지 신경 쓸 필요가 있을까?'라고 생각한 적이 있는가?

● 도움 요청 및 도움 제공 저활성 ●

1. 누군가에게 자신의 감정을 솔직하게 털어놓는 일이 쉽지 않은가?

2. 감정을 자극할 만한 대화나 갈등을 피하고, 가능한 한 객관적인 사실만을 중심으로 이야기하는 것을 선호하는가?

3. 사람들과 일정한 거리를 유지하려 하는가? (혹은 주변에서 당신에게 그렇게 보인다고 이야기한 적이 있는가?) 친구나 연인이 가까워지려 하면 어느 순간 마음이 멀어지거나 관심이 식는 느낌이 드는가?

4. 도움이 필요할 때도, '부탁해도 소용없을 거야.' 혹은 '남에게 부담 주고 싶지 않아.'라는 이유로 그냥 혼자 해결하려 하는가?

5. 주변에서 당신이 고마움을 표현하거나 애정을 나누는 방식에 대해 서운함을 느꼈다고 말한 적이 있는가? 누군가 힘들어할 때 다가가 위로하는 일이 어렵게 느껴지는가? 가까운 사람들에게 솔직하게 애정을 표현하는 것이 어색한가?

● 자기 진정 저활성 ●

1. 혼자 있는 게 두려워서 늘 누군가 곁에 있길 원하는가?

2. 이미 사랑받고 있거나 긍정적인 관계를 맺고 있다는 걸 알면서도 계속해서 다른 사람의 관심, 칭찬, 확신을 받으려는 경향이 있는가?

3. 타인의 기대에 부응하려 애쓰다가 자신이 감당할 수 있는 한계선

을 넘은 적이 있는가? 힘든 상황에서 스스로 해결하기보다 여러 사람에게 위로와 조언을 구하며 의존하는 편인가?

4. 타인의 위로가 충분하지 않다고 느끼거나, 스스로를 다독여도 별 소용이 없다고 느끼는가?

5. 거절당하거나 상처받았을 때, 감정을 추스르는 일이 힘든가?

●위협 감지 시스템 과활성●

1. 관계에서 최악의 상황을 먼저 떠올리는 경향이 있는가? 예를 들면, 관계가 끝날까 봐 두려운 마음이 자주 드는가? (친구를 포함해) 다른 사람들이 나를 좋아하지 않을까 걱정하며 계속 곱씹는가? 누군가 답이 늦으면, 혹시 '내가 뭘 잘못했나?' 불안해지는가?

2. 배우자나 연인이 나보다 더 나은 사람을 만나게 될까 봐 속으로 불안해하는가?

3. 누군가 내 의견에 반대하면, 혹시 나를 싫어하나 걱정하는가?

4. 내 인간관계는 순탄하기보다 기복이 심하거나 불안정한 편인가?

5. 주변 사람들의 기분에 쉽게 영향을 받는가? 모두가 만족할 수 있도록 애쓰는 편인가?

●우정 스타일●

너무 깊이 생각하지 말고, 아래 질문에 답하자.

1. 사람들과 어울린다는 생각만으로도 에너지가 솟는가? 아니면 다른 사람들처럼 사회적 교류에서 큰 만족을 느끼지 못하는가? 약속을 잡는 것 자체가 부담스러운가?

2. 가끔 인간관계에 너무 많은 에너지를 쏟지는 않는가? (인간관계 때문에 너무 지쳤거나, 해야 할 일을 못 하거나, 혼자만의 시간이 부족해 억울한 기분이 드는 경우 등)

3. 주변 사람들이 내 말을 귀 기울여 들어주고 이해해 준다고 느끼는가? 어떤 순간에도 내 편이 되어줄 사람이 몇 명쯤은 있다고 확신하는가?

4. 지금 내 인간관계의 균형은 만족스러운가? 깊이 있는 우정, 의미 있는 관계, 관심사나 활동을 함께하는 사람들 그리고 일상 속 소소한 인연들이 만족스러운가? (피상적인 상호작용은 많지만 정작 속 깊은 이야기를 나눌 사람은 부족하다고 느끼는가? 아니면 마음을 나눌 친구들이 다들 멀리에 있어 갑자기 만나고 싶을 때나 급한 일이 생겼을 때 부를 사람이 없는가? 어떤 카테고리의 관계를 조금 더 채우고 싶은가?)

5. 사람들과의 관계를 얼마나 적극적으로 챙기는가? 누군가 먼저 초대해 주기를 기다리는 편인가? 지난 한 달 동안 특별한 이유 없이 누군가에게 전화를 걸어 안부를 물어본 적이 몇 번이나 되는가? 지난 한 달 동안 친구들을 직접 만나거나, 영상 통화나 전화로 연락한 적이 있는가? 시간이 부족하다면 하루 중 짧은 순간(산책할 때나 출퇴근길)이라도 관계를 이어갈 방법이 있을까?

이 질문들은 자신의 기본적인 우정 스타일을 파악하고, 어떤 종류와 성격의 관계가 부족한지, 사회적 관계를 얼마나 의식적으로 맺고 있는지 알아보기 위한 것이다. 누군가를 탓하거나 책임을 묻기 위한 목적이 아니다. 어떤 관계에서 만족을 느끼고, 어떤 부분이 공허하다고 생각하는지 그리고 이를 어떻게 개선할 수 있을지를 고민해 보자. 과거에는 즐겁던 인간관계가 점점 버겁게 느껴지고, 가장 친한 친구조차 만나고 싶지 않은가?

그런 변화가 스스로도 걱정스럽고, 주변에서도 이상하게 여기는가? 거기에 더해 기분이 가라앉고, 의욕과 에너지가 부족하며, 예전엔 좋아했던 것들에도 흥미가 사라졌는가?

9장 건강한 습관
인생을 바꾸는 작은 루틴의 힘

우리가 반복적으로 행하는 것이 우리 자신이다.
그러므로 탁월함은 행동이 아닌 습관이다.
— 윌 듀런트(WILL DURANT)

"제가 뭘 해야 할지는 잘 알고 있어요. 다만 실천하기가 힘들 뿐이죠."

올해 마흔네 살, 세 아이의 아버지인 스탠은 지난 1년간 고혈압과 콜레스테롤 치료를 위해 약을 복용했다. 의사는 식습관을 바꾸고 운동을 하지 않으면 곧 당뇨약 처방이 필요할 것이라고 경고했다. "가능하다면 이 약을 끊고 싶어요. 무엇보다 가족을 위해서도, 나를 위해서도 건강해지고 싶어요. 그런데 건강을 챙기는 게 너무 어려워요."

한때 스탠은 건강을 최우선으로 여기며 활기차게 살았다. 그러나 최근에는 점점 무기력해졌고, 여러 대사 질환과 싸우며 무력감까지 느끼기 시작했다. 그의 내과 주치의는 우울증 증상이 의심된다며 스탠의 스트레스 관리에 도움을 줄 수 있을지 나에게 의뢰했다.

스탠은 아버지를 잃은 슬픔에 빠져 있었다. 그의 아버지는 심혈관 질환을 오래 앓다가, 지난해 심장마비로 세상을 떠났다. 스탠은 아버지의 죽음을 겪은 후 가족력의 위험을 인식하고 건강에 신경 써야 한다는 생각을 하게 되었다. 하지만 마음처럼 쉽진 않았다. 새로운 식단과 운동을 시작할 때마다 한 달도 안 되어 기분이 가라앉고, 몸이 지치고, 의욕마저 바닥을 쳤다. 삶의 변수들이 늘 그의 계획을 가로막았다. 집 지하실이 침수되었고, 아내는 자가면역질환 진단을 받았으며, 막내딸은 학교에서 학습 문제를 겪고 있었다. 스탠은 건강을 위해 노력했지만 매번 무너졌다. 그리고 점점 더 무력감을 느꼈다.

업무 환경의 변화 역시 그의 건강 습관에 영향을 미쳤다. 재택근무를 하기 전까지만 해도, 스탠은 지하철을 타는 대신 걸어서 출퇴근했고 하루에 3킬로미터 이상을 걸었다. 회사 사무실로 이동할 때는 엘리베이터 대신 계단을 이용했고, 건물 안에 있는 무료 헬스장에서 점심시간마다 동료들과 운동했다. 출근을 하던 시절에는 퇴근 시간이 정해져 있어서 아이들과 시간을 보내며 몸을 움직일 수 있었고(스탠은 한때 어린이 스포츠 팀 코치이기도 했다), 가족과 저녁을 먹으며 하루를 정리하고, 일정한 시간에 잠자리에 들었다. 하지만 재택근무는 일과 삶의 경계를 흐려놓았다. 밤낮 가리지 않고, 심지어 주말에도 업무 전화를 받으며 스탠은 지쳐가고 있었다.

그는 책임감 있는 사람이었고, 그만큼 심한 압박을 받았다. 스탠은 아버지를 잃은 슬픔 속에서도 만성 질환을 앓는 아내를 보살폈고, 학교에서 충분한 지원을 받지 못하는 딸이 적응할 수 있게 도왔다. 그와의 대화를 통해 스탠의 우울 증상이 식단과 운동을 지속하는 데 어떤 영향을 미치고 있는지 깊이 들여다보았다. "기분이 가라앉으면 운동도 안 가고, 정크푸드만 잔뜩 먹어요. 밤늦게까지 잠도 안 자요. 친구들도 안 만나고, 집에서 괜히 짜증만 내고 있네요. 저 원래 안 이랬는데."

우울, 상실, 스트레스는 우리의 관심과 에너지를 갉아먹고, 동기를 약화시킨다. 이로 인해 목표를 이루거나 과거에 즐겼던 일들을 지속하기가 어려워진다. 하지만 스탠을 가장 괴롭히는 것은 자기와의 약속을 지키지 못한다는 사실이었다. 자기와의 약속을 어겼다는 생각이 스탠의 우울을 더욱 심화시켰다. 우울한 기분과 반복된 계획 취소, 상실과 극심한 스트레스가 더해지면서 스탠의 자기 효능감은 점차 약해졌다. 그럴수록 우울이 깊어졌다. 그에게 필요한 것은 단순한 기분 전환이 아니었다. 부족하다고 느끼는 부분을 채우고, 성취감을 쌓으며, 악순환을 끊어내는 경험이었다.

습관은 중요한 역할을 한다. 건강한 습관을 들이면 신체적으로 긍정적인 영향을 받고, 자신과의 약속을 지키는 사람이라는 자기 정체성을 확립할 수 있다. "나는 ______________(예시: 목표를 실천하는 사람, 균형 잡힌 식사를 하는 사람 등) 하는 사람이다." 좋은 습관은 몸에도 좋고, 자기를 바라보는 시각에도 영향을 준다. 낙관주의자는 낙관적인 행동을 실천하는 사람이다.

스탠은 가벼운 우울 증상을 보였지만, 이미 여러 가지 약을 복용하고 있어 항우울제만큼은 가급적 피하고 싶어 했다. 스탠과 증상이 비슷한 경우에서 약물 치료를 원하는 환자도 있고, 약을 처방하는 의사도 있다. 약물 치료가 필요한 순간도 분명 존재하고, 때로는 그로써 한 생명을 구하고 그들의 삶이 달라진다. 하지만 이 경우에 나는 스탠의 목소리를 듣고자 했다. 스탠에게는 힘든 상황을 극복하는 나름의 대처 능력이 있었다. 다만 지난 1년 동안 아버지를 잃고, 삶의 부담이 가중되면서 자신이 익힌 대처 방식을 잃어버렸을 뿐이다. 그 역시 남들을 위해서는 온 힘을 다하면서도 정작 자기를 돌보는 데 인색했다. 스탠은 자신의 건강 상태에 낙담했지만, 개선 의지는 있었다. 즉 그의 감정은 깊은 절망에서 오는 것이 아니었다.

스탠은 변화하고 싶었고, 약물 없이 정신건강을 돌볼 방법을 찾고 싶어 했다. 뿐만 아니라, 현재 복용 중인 다른 약들도 줄일 수 있기를 바랐다. 그런 이유에서 나는 약물 없이도 스탠의 습관을 변화시킬 접근 방식을 찾기로 했다. 그의 상태를 면밀히 관찰하면서 필요할 경우 신속하게 추가적인 치료 방법을 제안할 계획이었다. 그리고 모든 환자에게 그렇듯, 자살이나 자해에 대한 생각, 계획, 과거 시도 여부를 확인했다. 스탠은 단호하게 "생각도 한 적 없습니다." 하고 답했다.

"당신이 현재 겪고 있는 몇몇 건강 문제는 가족력에서 비롯된 거예요. 유전적인 영향을 완전히 피할 순 없어요." 나는 잠시 말을 멈췄다가 덧붙였다. "하지만 당신이 생각하는 것보다 훨씬 더 많은 걸 스스로 조절할 수 있게 될 거예요. 절 믿어보세요."

건강한 습관을 유지하고 목표를 이루기가 쉽지는 않다. 스탠처럼 힘든 상황을 겪고 있지 않더라도, 많은 사람이 비슷한 고민을 한다. 혹시 스탠처럼 무엇을 해야 할지는 잘 알지만, 실행 과정에서 반복적인 어려움을 느낀 적 있는가?[o] 그렇다면 결코 혼자가 아니라는 사실을 명심해야 한다. 대부분이 이미 답을 알고 있다. 수면, 운동, 영양에 관한 권장 사항을 충분히 알고 있으면서도, 75퍼센트 이상이 실천하지 않는다. 그러고는 '왜 나는 제대로 하지 못할까?'라고 스스로를 질책한다. 그렇다면 선택에 집중하

---

o 불안하거나 우울할 때는 동기가 쉽게 약해진다. 만약 꽤 오랫동안 의욕이 없는 상태라면, 전문가를 찾아 상담받아 보기를 권한다.

는 것이 오히려 문제의 일부일 수도 있지 않을까?

우리는 건강한 삶이 결국 좋은 선택에서 비롯된다고 믿는다. 틀린 말은 아니다. 어느 정도까지는. 하지만 우리는 하루에도 수천 개의 결정을 내린다. 그중 200개는 음식과 관련된 선택이다. 선택의 폭이 넓어질수록 잘못된 결정을 하거나 선택을 미루게 될 가능성이 높아진다. 감정이 출렁이고, 삶이 예상치 못한 방향으로 흐르고, 유혹과 방해가 스며들면, 아무리 치밀하게 계획한 일이라도 어그러지기 쉽다.

합리적 낙관주의자는 건강한 삶을 위해 스스로 책임지고 현명한 선택을 해야 한다는 사실을 안다. 물론 합리적 낙관주의자라고 해서 항상 선택할 여력이 있는 것은 아니다. 최선을 다해도 개인이 감당할 수 없는 더 크고 복잡한 구조적 장벽과 불평등이 존재한다. 대신 이들은 자신에게 유리한 쪽으로 길을 만든다. 때로는 선택을 하지 않는 편이 더 나을 때도 있다. 잘 들여다보면 좋은 선택처럼 보이는 것들은 좋은 습관에서 비롯되었을 때가 많다.

의식적으로 선택하는 과정은 많은 계획과 에너지를 필요로 하며, 이를 '느린 사고Slow Thinking'라고 부른다. 사람의 사고에는 두 가지 방식이 있다. 하나는 빠르고 습관적인 사고, 또 하나는 좀 더 느리고 분석적인 사고이다. 습관적으로 행동하는 법을 익히면 매번 '뭘 먹을까?' '언제 운동할까?'를 고민할 필요가 없다. 이미 검증된 긍정적인 결과를 자연스럽게 반복하게 된다.

습관은 자동으로 이루어지는 결정이고, 문제에 대한 반응이자 문제를 미리 막는 장치가 되기도 한다. 깊이 생각하지 않아도 어떤 행동을 저절로 할 정도가 되면, 그 행동은 습관이 된다. 습관은 낮은 의욕, 변덕스러운 기분, 선택의 피로, 일상의 변화, 심지어 다른 나쁜 습관 등의 방해 요소에도 쉽게 흔들리지 않는다. 자꾸 하다 보면 건강한 선택이 저절로 몸에 밴다. 그 순간부터는 고민할 필요도, 운에 맡길 이유도, 기분이나 방해 요소에 흔들릴 가능성도 사라진다.

합리적 낙관주의자는 건강한 삶의 핵심 원칙을 안다. 건강한 행동을 오래 지속하고 싶다면 행동을 선택이 아닌 습관으로 만들어야 한다. 낙관주의자는 꾸준히 운동하고, 신선한 과일과 채소를 먹으며, 흡연할 가능성이 작다. 그들은 정기적으로 건강 검진을 받고, 치료 계획을 성실히 따른다. 손을 자주 씻고, 식사 후에는 양치를 빠뜨리지 않는다. 무엇보다 중요한 건, 이 모든 행동이 자동적으로 이루어진다는 점이다. 의욕만으로는 오래 가기 어렵다. 성공은 자동화된 습관에 달려 있다.

치아 건강에서 정신 건강까지, 합리적 낙관주의자는 마치 그곳에 목숨이 달린 것처럼 건강한 습관을 실천한다. 왜냐하면 정말 그렇기 때문이다. 2019년 미국 국립과학원 저널 〈PNAS〉에 발표된 연구에 따르면, 낙관적인 태도를 가진 사람들의 수명이 11~15퍼센트 더 길었다. 또한 낙관주의는 85세 이상 장수하는 사람들에게서 공통적으로 나타나는 특성이었다. 하지만 중요한 것은 단순 수명(사는 기간)이 아니라 건강 수명(건강하게 사는 기간)이다.

미국인의 평균 수명은 100년 전보다 30년이나 연장되었다. 하지만 건강 수명은 부모나 조부모 세대와 크게 다르지 않다. 우리는 더 오래 살지만, 그만큼 더 오랜 기간 만성 질환과 통증을 관리해야 한다. 실제로 65세 이상 성인의 절반 이상이 네 가지 이상의 약을 복용하고 있다. 미국이 다른 선진국보다 의료비를 훨씬 더 많이 지출하고 있음에도 이런 현실은 바뀌지 않는다. 미국인의 평균 수명은 예전보다 길어졌지만, 여전히 다른 고소득 국가들보다 짧으며 비만과 흡연이 조기 사망의 원인으로 꼽힌다. 그런데도 낙관주의자들은 더 건강하고, 더 오래 살며, 더 긴 건강 수명을 누린다. 그 비결이 유전일까?

유전은 수명을 결정하는 여러 요소 중 하나일 뿐이다. 덴마크에서 쌍둥이를 대상으로 한 연구에 따르면, 평균 수명의 20퍼센트만이 유전적 요인에 의해 결정된다. 나머지 80퍼센트는 삶의 방식이 좌우한다. 전미연구평의회National Research Council와 미국 의학원Institute of Medicine의 연구 결과에 따르면, 미국에서 발생하는 조기 사망의 주요 원인은 부실한 식단, 운동 부족, 흡연 등의 생활 습관이며, 조기 사망 중 절반은 예방할 수 있다. 후성유전학 연구는 우리의 행동과 환경이 유전자 발현을 조절할 수 있음을 보여준다. 생물학적 조건이 곧 운명은 아니다. 우리에게는 우리가 생각하는 것보다 훨씬 더 건강을 좌우할 힘이 있다.

심지어 낙관주의조차 유전에 의해 결정되지 않는다. 낙관적인 기질이 유전에서 오는 비율은 25퍼센트 남짓이다. 나머지 75퍼센트는 환경과 선택에서 비롯된다. 누구나 마찬가지다. 어디서 시간을 보내고, 어떤 결정을 내리는지가 결국 자신을 만든다. 합리적 낙관주의는 낙관적인 태도를 누구나 습관으로 만들 수 있도록 돕는 방법이다. 이미 우리는 좋은 습관들을 자동적으로 실천하고 있다. 이를 닦고, 빨래를 하고, 일정을 정리하고, 반려견을 산책시키는 것처럼 말이다. 물론 나쁜 습관도 자동화된다. 퇴근 후 습관처럼 이어지는 술자리, 힘든 날마다 위로 삼아 찾는 패스트푸드와 와인, 과로로 인해 놓치는 식사, 운동 그리고 수면.

마지막 9장에서는 좋은 습관을 자동화하고, 나쁜 습관을 점진적으로 줄여나가는 방법을 이야기한다. 각자의 상황과 사정은 다르겠지만, 스탠에게 건넸던 조언이 당신에게 충분히 유효할 것이다.

건강을 챙기는 일이 때로는 벅찰 수 있다. 비용, 시간, 에너지, 접근성, 자원, 습관, 지식까지. 생각해 보면 걸림돌이 될 만한 요소가 너무 많다. 좋은 습관의 중요성을 모르는 사람은 없다. 다만 스탠처럼 실천 과정에서 어려움을 겪을 뿐이다. 그렇다고 할 수 없는 이유만 생각하면, 아무것도 변하지 않는다. 합리적 낙관주의자는 한계를 인정하면서도, 그 안에서 할 수 있는 선택을 찾는다. 그리고 스스로에게 묻는다. '이런 제약과 어려움 속에서도 목표를 이루고 좋은 습관을 실천할 방법은 없을까?'

건강한 습관을 어디서부터 시작하면 좋을까? 앞서 다룬 원칙들을 실천해 왔다면, 이미 서서히 좋은 습관이 자리 잡고 있을 것이다. 9장의 내용은 지금까지 다룬 원칙들을 더욱 단단하게 다지는 방법이다. 반대로 9장부터 시작해 다른 원칙이나 목표로 확장해 볼 수도 있다. 건강과 관련된 선택과 그 결과는 생각보다 우리가 더 많은 주도권을 가질 수 있게 한다. 불리한 패를 쥐고 있다고 믿으면 스스로 그 틀에 갇힌다. 지금 가진 패를 신중하게, 자신 있게 활용할 것인가, 운에 맡길 것인가? 당신은 이미 답을 알고 있다.

의도에서 자동화까지: 합리적 낙관주의자의 지속 가능한 습관 만들기

습관이 몸에 배려면 자연스럽게 지속되어야 한다. 그것을 가능하게 하는 요소는 네 가지이다.

- 편리할 것
- 흥미로울 것
- 쉽게 접근 가능할 것
- 즐거움을 줄 것

습관 형성 과정은 의도, 결정, 실행, 자동화로 이루어진다. 하지만 좋은 의도는 실행으로 이어지지 못한 채 흐지부지되는 경우가 많다. 이를 막기 위해 나는 앞서 언급한 요소들을 결합했다. 이 전략은 '의도에서 자동화까지' 가는 길에 존재하는 틈을 줄여줄 것이다.

의도를 명확히 하기

의도란 단순히 목표를 세우는 것이 아니라 스스로에게 묻는 것이다. '목표를 이루려면 무엇을 해야 할까?' 의도적인 태도는 단순한 목표 설정이 아니라 긍정적인 패턴을 발견하고, 취약한 지점을 파악하며, 스트레스를 유발하는 요소를 분석하는 과정이다. 이를 통해 효과적인 습관은 강화하고, 비효율적인 부분은 수정할 수 있다.

- 의도적으로 행동하면 '나는 실패했어.'라는 생각에서 벗어날 수 있다. 대신 다음과 같은 변화를 경험할 수 있다.
- 언제, 어디서, 왜 일이 잘되거나 실패하는지를 분석해 실질적인 데이터를 확보한다. 타인의 의도에 휘둘리지 않고 자신을 보호한다.
- 또 한 해가 지나고도 하고 싶었던 일을 이루지 못했다는 후회를 줄인다.

의도란 단순한 결심이 아니다. 의도는 경험을 통해 제대로 기능하는 부분을 찾아내고, 제대로 기능하지 않는 부분을 조정해 나가는 과정이다. 예를 들어, 더 나은 기회를 위해 공부를 더 하기로 했다고 해보자. 풀타임으로 일하면서 입학시험을 준비해야 한다. 퇴근 후 집에서 공부할 계획을 세우지만 막상 집에 도착하면 저녁을 먹고 그냥 쉬고 싶은 마음이 든다.

그래서 아침 일찍 일어나 공부하는 쪽으로 계획을 바꿔본다. 하지만 점점 지쳐가고, 하루가 끝날 때면 기운이 다 빠져버린다. 주말에 몰아서 공부하려 하지만 그마저도 뜻대로 되지 않는다. 그러다 문득 해결책이 떠오른다. 퇴근 후 직장에서 한 시간 더 머물며 공부하는 것. 집에 돌아오면 공부가 이미 끝났다는 사실 자체가 보상이 된다. 이제 남은 시간은 오롯이 휴식이다. 계획을 더 정교하게 다듬어본다. 배고픔이 집중력을 방해하지 않도록 저녁용 샐러드나 샌드위치를 미리 준비하거나, 점심시간에 사두기로 한다. 이제 이 모든 과정이 자동으로 반복되는 습관이 된다. 원하는 목표를 향해 나아가고 있다. 배고픔이나 에너지를 비롯한 현실적인 문제를 해결했고 기한과 계획도 세웠다(하루 한 시간씩 몇 개월이면 끝낼 수 있는 작업이다). 그리고 목표 달성에 도움이 될 긍정적인 신호도 찾아냈다.

직장: 전문적인 태도와 과업 완수를 위한 긍정적 신호

집: 휴식과 안정의 긍정적 신호

세부적으로 접근하기

습관을 자동화하려면 구체적이고, 현실적이며, 스스로에게 너그러운 목표를 세워야 한다. 너무 막연한 목표, 예를 들어 '살을 빼고 건강해지기' 혹은 '집 정리하기' 같은 계획은 명확하지 않아 쉽게 지치고, 미루게 되며, 결국 포기할 가능성이 크다. 지나치게 부담스러운 목표를 세우면 지속하기 어렵다. 예를 들어, '세 달 안에 20킬로그램을 감량하기 위해 매일 10킬로미터씩 걷고, 격일로 근력 운동을 하고, 주말에는 수영과 요가하기' '매일 저녁 한 시간씩 집을 정리하고, 주말마다 기부 센터에 들르기' 같은 계획은 부담이 커서 금방 지친다. 높은 목표가 동기부여가 되기도 하지만, 현실적으로 감당하기 어려우면 결국 포기 확률이 높아진다. 또한 자신을 몰아붙이는 말은 독이 된다. '뚱뚱하고 게으른 한심한 사람이 되지 말자.' 같은 가혹한 표현은 자기 효능감을 떨어뜨릴 뿐이다. 이런 말은 오히려 부정적인 자기 이미지를 강화해서 변화를 방해하는 장애물이 된다.

목표를 세울 때 '더 나아지자. 더 많이 해내자.'라는 생각이 든다면, 그 기준이 타인과의 비교에서 비롯되진 않았는지 스스로에게 물어보라. 개인적인 가치와 무관한 과장된 목표는 실패를 불러오고, 자신을 더 비난하게 만든다.

'세부적으로 접근하기' 단계의 핵심은 시작하기에 충분히 구체적이면서도, 자신만의 속도를 찾을 수 있을 만큼 유연하며, 실현 가능하고, 매력적으로 느껴질 만큼 자신에게 친절한 틀을 만드는 것이다. '올해 안에 체중을 감량하고, 더 건강해지며, 집을 더 깔끔하게 유지할 수 있는 계획을 세우고 싶다.'

습관이 자연스럽게 자리 잡으려면 구체적인 실행 계획이 필요하다. 어떤 행동을, 어디에서, 언제, 어떻게 실천할 것인지 미리 정해 두면, 변화가 훨씬 쉬워진다. 습관을 만들 때는 구체적인 실행 계획이 필요하다. 특히 예상되는 장애물까지 고려한 대응 계획Coping Planning이 중요하다. 이를 위해 다음 세 가지를 고민해 보라.

- 현실적인 습관 설계: 내가 감당할 수 있는 수준에서 시작한다.
- 실행 방법 구체화: 중간에 흐트러지지 않도록 대체 방안을 마련한다.
- 보조 습관 활용: 작은 습관들을 연결해 더 큰 습관을 자연스럽게 만든다.

스탠은 재택근무 이후 업무와 개인 생활의 경계가 희미해짐을 느꼈다. 이를 해결하기 위해 몇 가지 조치를 취했다. 일정 시간 이후에는 온라인 캘린더를 차단해 회의 요청을 받지 않았고, 가족과 함께 있거나 요리를 하거나 운동해야 할 때는 부재중 메시지를 설정했다. 그렇게 함으로써 그는 자신의 시간을 지키고, 균형을 찾아갔다.

책임지기

책임감은 목표를 이루는 데 중요한 역할을 한다. 내가 계획한 습관을 잘 지키고 있는지 어떻게 확인할 수 있을까? 책임감이라는 말이 부담스럽게 느껴질 수도 있다. 흔히 책임은 비난이나 수치심으로 연결되기 때문이다. 하지만 이렇게 생각해 보자. 책임감이란 내 습관을 내 방식대로 조율하는 힘이다. 어떻게 시작할지 결정하고, 어떻게 지속할지 계획하고, 현재 진행 상황을 점검하고, 더 효과적인 방법을 찾아가는 것이다.

선한 늑대에게는 먹이를 주고 악한 늑대는 굶겨라

자동화를 방해하는 건 무엇일까? 삶 자체이지 않을까? 습관을 만드는 과정에서 장애물과 좌절은 피할 수 없다. 그것을 어떻게 다룰 것인가? 큰 방향은 분명하다. '좋은 늑대'를 키워야 한다(1장에서 다룬 '두 마리 늑대' 이야기를 떠올려라). 좋은 습관이 더 가깝고, 더 편리하고, 더 쉬워야 한다. 반대로 '악한 늑대', 즉 나쁜 습관은 점점 힘을 잃게 해야 한다. 유혹을 줄이고, 기회를 차단하며, 접근성을 낮추어야 한다.

재택근무를 하고 있다고 가정해 보자. 오늘은 정말 힘들었다. 상사에게 혼나고, 프로젝트도 망쳤다. 이럴 때는 곁에 있는 남편(부인, 동거인)이 위로가 되었지만, 오늘따라 집에 아무도 없다. 하지만 냉장고는 가득 차 있다. 다리가 저려 일어설 때, 화면에서 눈을 돌리고 싶을 때, 물이나 커피를 따르러 갈 때, 냉장고는 늘 그 자리에 있다. 냉장고 안에는 맛있지만 몸에는 그다지 좋지 않은 간식들이 가득하다. 점심을 먹은 지 얼마 되지 않았는데도 손 먼저 움직인다. 그냥 가까이에 있고, 그냥 당장 입이 심심해서. 괜찮을까? 가끔이라면 그렇다. 나도 안다. 그리고 겪어봤다. 그 순간에는 위로가 되었던 습관이 결국은 나를 힘들게 할 수도 있다는 것을.

나쁜 습관이 계속되는 이유는 단순하다. 너무 쉽고, 너무 익숙하고, 너무 편하기 때문이다. 그러다 보니 자동적으로 반복된다. 잠깐! 이 모든 특징이야말로 우리가 선한 습관에서 원하던 것들이 아닌가? 그렇다면 두 가지의 자리를 바꿀 수 있지 않을까? 다행히도 나쁜 습관을 끊는 방식은 좋은 습관을 만드는 방식과 비슷하다.

습관을 자동화하려면 세 가지를 없애야 한다. 동기, 선택 그리고 의지력. 결정을 내리는 데는 에너지가 든다. 그래서 뇌는 지름길을 택하려 한다. 특히 감정적으로나 육체적으로 약해졌을 때(스트레스를 받거나, 화가 나거나, 불안하거나, 피곤하거나, 배고플 때) 더 쉽게 본능에 기댄다. 뇌는 익숙한 길을 따라간다. 건강에 안 좋은 음식이나 좋지 않은 행동이 가장 쉬운 선택지라면, 그것을 반복하려 한다. 우리가 할 일은 간단하다. 좋은 습관을 위한 길을 닦고, 그 길을 반복해서 걸어야 한다. 그러면 신경 회로는 점점 더 뚜렷해진다. 습관을 자동화하기 위해선 꾸준히 반복해야 한다. 특히 장애물에 직면했을 때도 계속해 나가는 것이 중요하다.

쉽게 말해 새로운 습관과 관련된 것들을 눈에 띄고, 접근하기 쉽게 만들면 된다. 반대로 나쁜 습관은 반복하기 어렵게 만들어야 한다. 그래야 뇌가 나쁜 습관을 점점 잊고 강화하지 않는다. 상식적인 이야기라고? 맞다. 하지만 뇌에서는 중요한 일이 벌어지고 있다. 기분을 좋게 만드는 뇌의 화학적 연결이 기존의 습관에서 벗어나 새로운 행동으로 옮겨가고 있다. 그러니 명심하라. 좋은 습관은 문을 활짝 열어두고, 나쁜 습관은 문턱을 높여라.

우리는 익숙한 것, 자주 접하는 것을 갈망한다. 뇌에서는 도파민이라는 화학 물질이 분비되는데, 이것은 낯설든 익숙하든 우리가 즐거움을 느끼는 경험과 연결된다. 즐거움을 주는 대상과의 연결이 강해지면 단순히 그 경험을 떠올리는 것만으로도, 혹은 그와 관련된 무언가를 보는 것만으로도 도파민이 증가한다. 중독에서도 같은 현상이 나타난다. 특정한 사람들, 장소, 물건(단골 바 앞을 지나거나 관련된 도구를 보는 것)만으로도 뇌는 도파민을 분비한다. 우리는 익숙함에 길들여진다. 음식의 맛도 그렇다. 짜거나 단 맛을 좋아하는 것도 결국 습관의 결과이다. 하지만 몇 주만 다르게 먹어도 맛의 기준이 바뀐다. 점차 소금이나 설탕이 가미되지 않은 맛에 익숙해지고 별다른 대체재도 필요 없어진다. 결국 우리는 익숙한 것에 따라 변한다. 그리고 그 익숙함은 바뀐다. 나는 스탠에게 말했다. "당신은 생각보다 훨씬 더 많은 걸 스스로 조절할 수 있어요." 좋은 습관을 들이려다 실패하고, 의지가 부족하다고 자책하게 된다면 이렇게 생각해 보라.

'의지가 부족한 게 아니다. 단지 오래된 익숙함에서 벗어나야 할 뿐이다.'

우리는 익숙한 것을 원한다. 그렇다면 건강한 습관을 더 쉽게 접근할 수 있도록 만들어 자연스럽게 익숙해지는 것이 답이다. 나는 '미 장 플라스Mise en Place'라는 조리 용어를 좋아한다. 요리를 할 때 재료를 미리 손질하고 도구를 준비해 놓는 것을 말하는데, 이렇게 하면 요리를 시작할 때 망설일 필요가 없다. 건강한 습관도 마찬가지이다. 환경을 갖추면 결과는 자연스럽게 따라온다.

우리는 이미 이런 방식을 익숙하게 사용하고 있다. 현관 옆에 열쇠를 걸어두고, 칫솔 옆에 치실을 두며, 읽고 싶은 책은 침대 머리맡에 놓아둔다. 그리고 과학은 이 습관이 실제로 효과적이라는 것을 증명했다. 습관을 유도하는 신호를 활용하면 놀라울 정도로 효과적이다. 한 연구에서는 사람들이 재활용을 더 많이 하도록 유도하는 방법을 실험했다. 쓰레기통에서 3~4미터 떨어진 곳이 아니라 바로 옆에 분리수거함을 두었더니, 훨씬 더 많은 사람들이 자연스럽게 재활용을 실천했다.

건강한 식습관과 규칙적인 운동을 목표로 한다면, 손쉽게 접근할 수 있게 만들어야 한다. 건강한 간식과 음식을 눈에 띄는 곳에 두고, 운동 가방을 미리 챙겨 놓으며, 러닝화를 현관에 두면 된다. 티브이 근처에 덤벨을 놓고, 실내 자전거를 탈 때 들을 팟캐스트나 오디오북을 휴대폰에 저장해 두자. 그리고 친구와 피클볼을 칠 날짜를 정해 달력에 표시해 두면, 습관을 유지하기가 훨씬 쉬워진다.

좋은 습관에 걸림돌이 되는 장벽을 낮추는 방법은 다양하다. 헬스장에 등록하거나 장비를 마련하는 것처럼 실질적인 준비도 필요하지만, 감정적인 부분도 중요하다. 부담을 느끼면 꾸준히 하지 못하고, 자신감을 잃으며, 결국 미루게 된다.

새로운 습관과 관련된 긍정적인 경험이 많아질수록, 뇌는 그 습관과 쾌감을 더욱 강하게 연결한다. 따라서 작은 성취라도 기뻐하는 것이 중요하다. 도파민 시스템을 활용하는 것이 핵심이다. 진행 상황을 기록하면 보상을 기대하는 도파민 반응이 활성화된다. 즉, 보상을 떠올리는 것만으로도 즐거움을 느끼게 된다. 점점 목표에 가까워지는 자신을 보며, 목표를 이루었을 때의 성취감을 미리 상상할 수 있다.

장애물을 피하려면 미리 대비해야 한다. '만약-그렇다면' 사고방식을 익혀두면 좋다. 술을 줄이려 한다고 가정해 보자. 업무상 저녁 식사에 참석해야 하거나 친구들과 함께하는 술자리에 초대받았다면, 미리 대비책을 마련해 두면 좋다. 한 잔만 마시기로 정하거나, 일찍 자리를 뜨거나, 꼭 가지 않아도 되는 자리라면 참석하지 않는 것도 방법이다. 또는 술이 나오지 않는 점심 모임을 제안할 수도 있다.

반대로, 없애고 싶은 습관이 있다면 그와 관련된 물건을 치우고, 손이 닿지 않는 곳에 두고, 아예 눈앞에서 사라지게 하라. 단순하지만 효과적인 방법이다. 흡연처럼 오래된 습관도 작은 환경 변화로 담배 소비를 줄일 수 있다. 실제로 편의점에서 담배를 보이지 않는 곳에 두면 구매율이 줄어든다.

건강한 식습관과 규칙적인 운동을 목표로 한다면, 나쁜 습관을 멀리해야 한다. 건강에 좋지 않은 음식은 눈에 띄지 않는 곳에 두고, 제한된 양만 보관하며, 가능하면 집에 두지 않는 것이 좋다. 식단을 계획하고, 장보기 목록을 작성한 뒤, 필요한 것만 구매하라. 좋은 습관은 함께 묶어라. 물을 마실 때 비타민을 챙기는 것처럼. 반대로 목표를 방해하는 습관은 분리해야 한다. 운동을 미루고 넷플릭스를 먼저 본다면 그 패턴을 깨야 한다. 정해진 시간에만 티브이를 보도록 알람을 설정하는 것도 도움이 될 것이다.

우리는 왜 제자리걸음인가

할 일을 미루는 순간, 마음 한편이 불안하고 혼란스러워진다. 도대체 왜 우리는 시작하지 못하고, 끝까지 가지 못하는 걸까? 사람들이 미루는 이유는 게으름 때문이 아니다. 진짜 이유는 원하는 결과를 얻을 거라는 믿음이 없기 때문이다. 미루는 습관은 시간 관리보다 자기 관리의 문제에 가깝다.

우리는 해야 할 일을 실제보다 더 어렵게 여기고, 자신의 능력을 과소평가한다. 이런 착각이 미루는 습관을 만든다. 사람들은 어떤 일이 지나치게 복잡하거나 어려울 것이라고 생각한다. 자신의 능력 밖이라고 생각하고, 부담스러울 것 같고, 원하는 결과를 얻지 못할 것 같아 불안해한다. 그래서 결국 도전하지 못하고 피하거나, 아예 시작조차 하지 않는다.

과제의 난도를 과대평가+자신의 능력을 과소평가=미루기

또 하나의 요인은 완벽주의나 최적의 선택을 추구하는 성향이다. 완벽주의 성향을 가진 사람은 오직 하나의 '완벽한 방법'이 존재할 것이라고 생각한다. 따라서 그 방법을 찾기 위해 철저한 분석이 필요하다고 믿는다. 하지만 분석할 시간이 부족하면 결정이 미뤄지고, 결국 아무것도 하지 못한 채 머뭇거리게 된다. 지나친 걱정은 때때로 우리를 멈춰 세운다. 어떤 때는 그 사실을 알지만, 어떤 때는 의식하지 못한다.

그저 '요즘 너무 바빠서 아직 유방암 검진 일정을 잡지 못했어.'라고 생각한다. 하지만 진짜 이유는 따로 있다. 처리되지 않은 감정에서 비롯된 걱정이다. '엄마처럼 나도 유방암이면 어쩌지?'

뇌 연구에 따르면, 적절한 압박은 학습과 기억력에 긍정적인 영향을 주지만 지나친 압박은 무력감을 낳는다. 할 일은 미루는 이유는 간단하다. 해야 할 일을 전체적으로 바라보고 그것을 버겁게 느끼기 때문이다.

해결책은 간단하다. 9장에서 소개하는 전략을 활용해, 해야 할 일의 크기를 줄이고, 스스로 해낼 수 있도록 능숙함을 키워라. 조금씩 실천하면서 결과를 확인하면, 처음엔 멀어 보였던 목표도 가까워진다. 결과를 만들어 가면서 자연스럽게 '나는 이걸 해낼 수 있는 사람'이라는 인식이 자리 잡는다. 이것이 내가 건강한 습관을 실천하고 유지하는 데 있어 가장 중요하게 생각하는 원칙이다.

문제 해결 팁

습관을 가로막는 장애물과 좌절을 해결하려면, 먼저 그것들이 회피, 미루기, 책임감 부족, 포기 등의 다양한 형태로 나타난다는 것을 인식해야 한다. 특히, 감정적으로 불안정하고 스트레스가 클 때 이런 문제들은 더욱 강하게 드러난다. 슬픔과 상실을 겪었던 스탠의 경우를 떠올려보라. 극심한 감정적 혼란과 우울감은 우리의 대처 능력을 약화시키거나 무력화한다. 생활 습관을 유지하는 것이 점점 어려워지면 새로운 질병이 생기거나 기존의 건강 문제가 악화되기도 한다.

자기 연민을 담아 질문을 던져보라. 그렇게 하면 장애물이 나타나고 좌절을 겪을 때, '선한 늑대'를 키우고 '악한 늑대'를 굶기는 방향으로 나아가게 된다.

친절과 호기심

실패를 맞닥뜨릴 때, 그것을 따뜻한 시선과 열린 마음으로 바라볼 수 있을까? 나는 한 번도 자기 비난을 입에 달고 살면서 좋은 습관을 만들어낸 사람을 본 적이 없다. 뇌는 새로운 행동을 익히고 오래된 습관을 버리는 과정에서 엄청난 에너지를 쏟는다. 이럴 때일수록 스스로에게 너그러워야 한다.

스탠은 이제 자기를 그만 몰아붙여야 했다.[○] 자기 연민을 키우는 연습이 낙관적인 사고방식, 회복탄력성 그리고 성장 마인드셋을 키워준다. 그리고 외부 보상뿐만 아니라 그 자체의 의미와 가치를 느끼며 배우고 싶다는 내적 동기를 높인다. 자기 연민은 수치심과 자기 비판 없이 책임을 받아들이게 돕는다. 스스로를 깎아내리다 보면, 점점 움츠러들고 제대로 해낼 힘마저 잃어버린다. 하지만 자기 연민은 실패를 새로운 시각으로 보게 하고, 필요한 도움을 청할 용기를 주며, 다시 한번 도전하게 만든다. 더 놀라운 건 다이어트 유지, 금연, 운동 시작 같은 꾸준히 실행하기 어려운 건강관리 행동에도 동기를 부여한다는 점이다. 중요한 건 실패가 아니다. 다시 시작하는 것이다. 핵심은 스스로를 지키는 것이다. 자신과 한 약속을 지키지 못하면 자존감과 능숙함이 서서히 깎여나간다. 그 과정에서 나쁜 습관은 점점 더 커질 수밖에 없다. 이런 경우를 떠올려보자. 쇼핑 중독으로 경제적 문제가 커지고 있다는 걸 잘 알면서도 멈추지 못한다. 계속할수록 '이제 정말 그만해야 하는데' 하는 불안만 커지고, 그 불안을 잊으려고 또 쇼핑을 한다. 살다 보면 누구나 나쁜 습관이 걷잡을 수 없이 커지는 경험을 한다. 그럴 때 자신을 원망하고, 주변을 탓하고, 다른 사람에게 책임을 돌려도 달라지는 건 없다.

자기 연민은 실패를 성장의 기회로 받아들이는 힘이다. 좌절을 인정한다는 것은 현실을 직시하고, 현실에서 배움을 얻는 것이다. 합리적 낙관

○ 우울증을 겪으면 무가치함, 죄책감, 수치심 등의 감정이 따라온다. 자신을 향한 부정적인 생각에 빠지거나, 특정한 고민을 계속 반복하는 것은 우울증을 더 깊어지게 하고 재발 가능성을 높인다. 초기에 이를 인식하고 적절한 도움을 받는 것이 중요하다.

주의자는 실패를 운명이 아닌 변화의 한 과정으로 여긴다. 다음의 조언을 활용해 보라.

지금, 여기에 집중하라. '나는 여기 있다. 일어난 일은 있는 그대로 받아들여라.'

자기 연민을 발휘해 보라. 친구가 당신이 겪은 일을 겪고 있다면 무슨 말을 해주겠는가?

부드럽지만 단호하게 스스로에게 물어보라. '나는 무엇을 갈망하는가?' '내가 뭘 놓치고 있는가?' '내게 정말 필요한 것은 무엇인가?' 질문하는 행위 자체가 의식적으로 사고를 깊게 하는 과정이다. 질문하는 순간에는 생각의 속도를 일부러 늦추어야 한다. 그래야 뇌가 무의식적으로 익숙한 습관을 반복하지 않는다.

배운 점이나 잘된 부분을 찾아 감사히 여겨라. 예전보다 조금 더 좋은 습관을 오래 지속했을 수도 있고, 유용한 앱을 발견했거나, 무작정하기보다 계획을 세워 접근했을 수도 있다. 어쩌면 이 경험을 통해 앞으로 어떻게 계획을 조정하면 좋을지 깨달았을지도 모른다.

성공했던 경험을 떠올리며 동기를 끌어올려라. 과거의 어려움을 어떻게 헤쳐 나갔는지 생각하면, 지금의 상황을 더 넓은 시야로 바라볼 수 있고 자신감도 생긴다. 스탠의 경우 건강을 잘 관리했던 시절, 어린이 스포츠 팀을 지도했던 경험, 가족과 함께 자전거를 탔던 기억이 동기를 끌어올리는 힘이 되어주었다. 과거에 어떤 기술, 능력, 습관을 활용했는가? 그리고 그중 어떤 것을 지금 다시 활용할 수 있을까?

잠깐 멈추더라도 포기하지 말라. 헬스장에서 15분 운동하고 지쳤다면, 그냥 집에 가서 낮잠을 자면 된다. 너무 벅차면 잠시 멈추고 일정을 다시 잡아도 괜찮다. 멈춘다는 건 자기 연민의 한 형태이다. 포기가 아니라 다시 정비하는 과정이다. 나쁜 습관의 유혹이 찾아온다면, 10분만 멈추어 보자. 그리고 스스로에게 물어보자. '이 선택이 지금 내 기분을 좋게 만들까?' '내일은 어떨까?'

감정, 생각, 믿음을 부드럽게 점검하라. 환자들 중에는 이렇게 말하는 사람이 많다. "전 건강하지 않고 몸매가 엉망이라 스스로가 혐오스러워요." "저 자신에게 실망스러워요." 부정적인 생각과 감정은 새로운 습관을 형성하는 데 방해가 된다. 부정적인 사고에 빠지면 작은 실패도 돌이킬 수 없는 일처럼 느끼고, 모든 게 잘못된 듯 보이며, 책임이 자기에게 있다고 믿는다. '이제 더 이상 나아질 가능성이 없어.' '나는 실패했어.' '이건 다 내 잘못이야.' 비관적인 사고는 사람을 점점 소극적으로 만든다. '나는 할 수 없어.' '차라리 포기하는 게 낫겠어.' '상황이 좋아지거나 의욕이 생기기를 기다려야지.' 감정과 왜곡된 생각을 재구성하는 과정은 가능성을 여는 열쇠이다. 이전에 연습했던 ABCDE 기법을 적용하면, 부정적인 사고에서 벗어나 보다 현실적인 관점으로 볼 수 있다.

스탠은 자신의 변화를 점검하기 위해 합리적 낙관주의 습관 추적기를 활용했다. 또한 힘든 순간이 오면 그것을 부정하지 않았다. 같은 상황이라면 누구라도 힘들 거라고 스스로를 다독였다. 자기 연민은 감정을 있는 그대로 받아들이는 것이다. '이 상황이 나에게 어떤 감정을 불러일으키는지 알고 있어. 이건 쉽지 않은 일이야.' 하지만 동시에 감정이 곧 사실은 아니라는 점도 기억해야 한다.

피해를 줄이는 방법을 실행하라. 지금 좌절을 겪고 있음을 인정하고, 그 피해를 최소화하는 데 집중하라. 쿠키를 폭식할 것 같은가? 조금만 덜어내고, 나머지는 아예 눈에 띄지 않는 곳에 두라. 아니면 처음부터 적당한 양으로 나누는 것도 방법이다. 운동을 못 했는가? 정원 손질을 하거나 동네를 한 바퀴 걸어보라. 외국어 공부를 건너뛰었는가? 오늘은 이렇게 지나가도 괜찮다. 내일 다시 시작하면 된다.

휴식을 포함하라. 만족감을 주지 않는 행동은 오래 지속하기 힘들다. 충분히 반복해서 습관이 될 만큼 계속할 수 없다. 그러므로 자기에게 적당한 보상을 줄 필요가 있다. 긍정적인 보상은 달라지기로 한 결정이 가치 있었다는 믿음을 강화해 준다. 특히 좌절이 자주 반복된다면 주기적으로 쉬어가는 날을 계획하는 것이 좋다. '다운 데이' '휴식일' '치팅 데이' 또는 '치팅 밀'처럼, 습관을 만드는 과정에 잠시 쉬어갈 틈을 만들어보라. 작은 여유가 결국 오래 지속하는 원동력이 된다. 이런 날들은 스스로에게 주는 보상이자, 좌절을 막아주는 장치이다. 지금까지 해온 노력을 인정하면서도, 꾸준히 이어갈 수 있도록 도와준다.

목표가 현실적인가, 아니면 재평가가 필요한가?

아버지는 종종 이런 비유를 들었다. "고무줄로 묶인 연필 한 다발이 있다고 생각해 보자. 어떤 사람이 너에게 그걸 부러뜨려 보라고 했어. 넌 연필 한 다발을 보고 절대 못 한다고 생각하지. 하지만 여기서 한 가지를 놓쳤단다. 아무도 그 연필 한 다발을 한꺼번에 부러뜨려야 한다고 말하지 않았다는 거지."

스스로를 과하게 몰아붙이지 않을 때, 부담을 덜고 자기에게도 너그러워진다. 목표를 세울 때, 현재의 나에게 적합한지 점검해 보라. 친구나 형제자매, 인플루언서나 유명인 혹은 아이를 낳기 전의 나, 스키를 타다 다리를 다치기 전의 나, 두 사람의 일을 떠맡기 전의 나와 비교할 필요는 없다.

당신이 아침형 인간이 아니라고 가정해 보자. 새벽 6시 핫 요가 수업을 듣기 위해 일찍 자고, 새벽 5시에 일어나 단백질 바를 급히 먹고, 예쁜 요가 바지를 입고, 아침 일찍 친구를 만나 요가 수업을 듣고, 급히 집으로 돌아와 샤워하고 옷을 갈아입고, 첫 회의에 맞춰 책상 앞에 앉는 삶은 실패로 돌아갈 가능성이 크다. 하나의 새로운 습관을 들이기 위해 다섯 가지 습관을 한꺼번에 바꾸려 하면 성공하지 못할 것이다. 자기 자신을 밀어붙이지 말라는 뜻은 아니다. 하지만 현재의 상황을 무시하고 고집스럽게 밀어붙이는 방식은 인간적이지 않으며, 결국 습관 만들기에 실패할 것이다. 점진적인 방식으로 접근하면 어느새 새벽 요가를 즐기게 될지 모른다. 부정적인 행동을 예방하기 위한 다음의 네 가지 방식을 따라보자.

첫 번째, 감정을 진정시켜라. 목표와 기준에 자기 연민이 담겨 있는가? 혹시 너무 엄격하고, 비판적이며, 경직된 기준을 세운 건 아닌지 돌아보라. 그 기준이 다른 사람의 기준은 아닐까? 그렇다면 그 사람은 누구인가? 만약 상황이 잘 풀리지 않는다면, 다시 점검해 보라. 휴식이 필요하지 않은가? 작은 성취를 기념할 필요가 있는가?

두 번째, 나쁜 습관의 유발 요인을 인식하라. 스트레스가 심한 업무에 할애되는 시간이 길어서 무의식적으로 휴대폰 보기, 과식, 운동 놓치기로 이어지는가? 부정적인 습관의 원인을 파악해야 그 습관을 방지할 수 있는 계획을 세울 수 있다.

세 번째, 습관적 보상과 신호를 분리하라. 스트레스가 심한 일을 마친 후, 부엌으로 가는 대신 책상 옆에 요가 매트를 두고, 그곳에서 스트레칭을 하거나 5분짜리 명상 오디오를 들어보라. 그러면 그것이 점차 자연스러운 대체 행동으로 자리 잡는다.

네 번째, 자기합리화의 문장을 찾아보라. 기준을 낮추고 자기합리화를 할 때, 나쁜 습관은 몰래 스며든다. 예를 들어, '보복성 취침 미루기

Revenge Bedtime Procrastination'로 늦은 밤까지 휴대폰을 하며 시간을 보내는 이유는 무엇일까? 다른 사람을 돌보느라 하루를 보내고 나서, 그 잃어버린 시간을 되찾으려는 마음에서 나온다(오늘 하루는 길었고 나는 즐길 자격이 있어). 아니면 해야 할 일을 미루며 이렇게 생각한다(어차피 생산적이지 않을 거야). 그리고 다음 날 아침, 운동 수업을 빠지고는 늦잠을 잔다. 합리적 낙관주의 습관 추적기는 좌절을 유발하는 신호를 추적하는 데 도움이 된다. 스탠은 운동을 건너뛰고 싶을 때마다, 자기합리화의 문장을 인지하고, 궁극적인 목표를 떠올리며 마음을 다잡았다.

감정을 진정시키고, 유발 요인을 인식하며, 환경 신호를 제어하고, 자기합리화의 문장을 찾아내자. 그것만으로도 부정적인 행동이 확대되기 전에 예방할 수 있고, 피해를 최소화하고 예방책을 마련할 수 있다.

정체성 통합

합리적 낙관주의자들은 습관을 통해 목표를 달성하고, 좋은 습관을 유지하기 위한 목표를 설정한다. 전자는 어렵지 않게 이해된다. 그렇다면 후자에는 어떻게 접근할 수 있을까?

합리적 낙관주의자들은 자신의 목표를 더 깊은 가치와 연결시킨다. 두 가지를 연결함으로써 '왜 해야 하는지'와 '왜 하지 않으면 안 되는지'가 깊이 와 닿는다. 이것을 목표 일치 행동Goal-Congruent Behavior, 즉 더 큰 목적이나 주제와 맞물린 행동이라고 한다. 목표 일치 행동을 실천하기가 더 쉬운 이유는, 우리의 목적이 전조등과 엔진 역할을 해서 방향을 제시하고 여정을 이끌기 때문이다. 목표가 (그저 외부의 성공이나 인정이 아니라) 정체성 및 가치에 있다면 그 목표는 더 이상 타협할 수 없다. 따라서 목표를 달성하기 위한 습관 역시 타협할 수 없다. 목표 일치 습관을 만드는 방법 중 하나는 목표를 정체성의 일부로 만드는 것이다. 어떤 사람이 정기적으로 꾸준히 달리기를 할까? 바로 달리기를 하는 사람들이다. 자신을 '나는 하는 사람'이라고 생각하는 연습은 원하는 습관을 더 쉽게 자동화해 준다.

다음 문장을 완성하라.

나는 나 자신을 ________ 하는 사람이라고 생각하고 싶다.

이 문장은 다음처럼 완성할 수 있을 것이다.

요리하는 사람/정리정돈을 잘하는 사람/건강을 챙기는 사람
차분하고 침착한 대중 연설자
(________)의 인증된 전문가
독서하는 사람
지역 사회에 기여하는 사람

스탠은 가족을 책임지고 부양하기 위해 자신의 건강을 챙기고 싶었다. 그래서 나는 스탠에게 그의 습관에 영향을 미칠 장기적인 목표와 단기적인 목표를 정해보라고 했다.

- 스탠의 장기 목표: 혈압과 콜레스테롤 수치를 관리하여, 의사의 지도하에 약물을 끊을 수 있는 상태가 되는 것. 언젠가 마라톤을 완주하고 싶다.
- 스탠의 단기 목표: 어린이 스포츠 팀을 지도할 때 피곤하거나 숨이 차지 않을 정도의 상태가 되는 것. 올해 안에 5킬로미터를 완주하는 것.

스탠은 목표를 달성하기 위하여 의사, 영양사, 필요 시 트레이너와 협력해 혈압, 콜레스테롤, 혈당 수치를 개선하기로 결심했다. 모든 사람이 목표를 달성하기 위하여 트레이너가 필요하진 않다. 환경을 충분히 갖추고 있는 것도 아니다. 자신의 상황과 필요를 점검하고, 자신에게 맞는 방법을 찾아야 한다.

자신을 지역 사회에 기여하는 사람이라고 생각한다면, 소셜 미디어를 보는 대신, 지역 프로젝트에 참여할 기회를 찾아볼 것이다. 요리하는 사람이라면, 근처 식당에서 음식을 사 오는 대신 식재료를 사기 위해 마트에 들를 것이다. 목표가 가치관과 잘 맞을수록, 좌절하더라도 목표를 이루기 위한 습관을 지속할 가능성이 더욱 커진다.

즐거움으로 시작하기

지나치게 생산성을 중시한 나머지, 즐거움을 느끼면 쾌락을 좇고 있는 건 아닌지 걱정한다. 그러나 기억하자. 습관과 관련된 긍정적인 감정은 우리를 자극하고, 편안하게 해주며, 보람을 느끼게 하고, 만족감을 주며, 자부심을 안겨준다. 이런 감정들은 우리가 지속하게 만드는 동기를 부여하고, 습관이 자동화되는 진입 장벽을 낮춘다. 스탠에게는 신체적·정서적 건강을 돌보기 위해서라도 즐거움을 우선시하는 것이 매우 중요했다. 그는 주 2~4회 친구들과 조깅하거나 농구하는 즐거운 건강 습관을 만들었다. 칼로리를 소모하면서 친구들을 만나는 것은 동기 부여가 되어 윈윈이었다(게다가 책임감도 커졌다).

작은 승리와 미니 이정표를 기념하라. 2킬로그램을 감량할 때마다, 언덕을 멈추지 않고 걸을 수 있을 때, 하루에 30분씩 일주일 동안 독서했을 때,[○] 문제집 한 챕터를 끝냈을 때 등이 있다. 축하나 보상은 내심 나와 하이파이브하는 것, 친구나 책임 파트너에게 기쁨을 나누는 문자를 보내는 것, 추적 앱이나 스마트워치에서 진행 정도를 확인하며 감탄하는 것, 하루를 특별하게 만들어줄 작은 간식을 먹는 것이 될 수 있다. 보상이 목표에 맞는지 확인하자(체중 감량이 목표라면 보상으로 초콜릿 케이크를 먹는 것은 피해야 한다). 더 큰 이정표를 달성하고, 더 큰 보상을 즐겨라. 스탠은 체중 감량의 중간 지점에 도달했을 때, 자신에게 새 골프채를 선물했다. 자기에게 돈을 쓰는 것에 익숙하지 않았던 스탠에게, 이 보상은 자기 연민과 자기 다짐의 표현이었다.

과정 중에 승리를 축하하는 것은 자신감, 능숙함, 자부심을 높여준다. 우리의 노력이 변화를 만든다는 사실을 확인해 주기 때문이다. 또한 큰 목표를 이루지 못했을 때 자신이 실패자라고 생각하는 걸 막아준다. 동창회까지 원하는 만큼 체중을 감량하지 못할 순 있지만, 꾸준히 운동을 시작했다는 사실에 기뻐하고 그 결과를 즐길 수 있다. 작은 승리를 결코 폄하하지 마라. 그것들이 모여 큰 승리로 이어진다.

새로운 습관을 처음 시작할 때, 우리는 대개 목표 달성과 즐거움을 연결시킨다. 활동 자체에 대한 기대가 흥분이나 즐거움을 일으킨다면, 습관화로 나아가는 길에 잘 접어든 것이다. 여정에서 더 많은 즐거움을 찾을

○ 한 연구에 따르면 책을 읽는 사람들이 23개월 더 살고, 사망률도 20퍼센트 줄어들었다. 그 이유는 책이 뇌에 미친 긍정적인 영향 때문이다. 독서는 어휘력, 집중력, 공감 능력, 사회적·정서적 지능, 문제 해결 능력, 비판적 사고, 깊이 있는 사고 등 여러 가지를 좋게 만든다. 또한 독서 모임에 참여하면 고립감을 줄일 수 있고, 그 자체로 뇌에 좋은 영향을 준다.

수록 습관을 유지하기가 훨씬 더 쉬워진다. 스탠처럼 사람들과의 교류로 에너지를 받는 사람이라면, '나는 요리하는 사람'이라는 선언(정체성을 통해 습관을 만드는 것)을 위해 친구들과 함께 요리하는 시간을 마련할 수 있을 것이다. 자연을 좋아한다면 아름다운 풍경 속에서 운동을 해보자. 지역 사회에 기여하는 것이 목표라면 잘하는 활동보다 진심으로 즐길 수 있는 활동을 선택하는 게 좋다. 직업이 회계사라면 재능 기부를 통해 지역 사회에 이바지할 수 있다. 하지만 직업과 무관하게 정원 가꾸기를 좋아한다면 그와 관련된 자원봉사를 해서 더 큰 기쁨과 만족감을 느낄 수 있다.

몰입 기준을 충족하는 활동(다소 도전적이지만 목표와 관련 있거나, 재미있거나, 성취감이 있는 활동)은 습관 형성에 최적의 효과를 준다. 헬스장에서 지루해하던 한 친구는 춤을 배우면서 40년 동안 건강을 지켰다. 음악과 예술적 표현, 기술적인 정확성이 그녀의 몸과 마음, 영혼을 모두 채워주었고, 그 덕분에 건강을 유지할 수 있었다.

가끔은 싫어하는 일도 그냥 해내야 한다. 그럴 때는 집중할 대상을 바꾸거나 목표를 달성했을 때 자신에게 보상을 주는 계획을 세워서 즐거움을 더할 수 있다. 스트레칭을 좋아하지 않더라도 좋아하는 티브이 프로그램을 보면서 하면 조금 더 괜찮다. 미루었던 유방암 검사를 예약했다면, 그 뒤에 친구나 아이들과 함께 즐거운 시간을 보내기 위한 약속을 잡는 것도 좋은 방법이다.

어떻게 하면 선택한 습관이나 목표를 더 흥미롭고, 보람차며, 즐겁게 만들 수 있을까? 이정표는 무엇으로 설정할 것인가? 이정표를 어떻게 기념할 것인가?

우리는 스탠에게 일어난 일과 최근 몇 년 간의 괴로운 사건들을 이야기하며 슬픔을 처리해 나갔다. 스탠은 그가 겪은 모든 어려움 속에서 무엇이 중요한지를 아는 더 넓은 시각을 얻었다고 말했다. 이는 극심한 스트레스를 겪은 환자들이 종종 이야기하는 것이다. 결국 그가 삶을 낙관적으로 보도록 이끈 것은 바로 그 어려움들이었다. 스탠은 낙관주의자였지만, 삶의 무게에 짓눌려 비관과 우울을 경험했다. 그는 의도, 기술, 연습을 바탕으로 지속적인 낙관적 관점을 구축했다. 이는 합리적 낙관주의의 본질, 즉 사고방식이자 기술이며 실천이다. 낙관주의자는 태어나기도 하고, 만들어지기도 한다. 그리고 어떤 사람은 두 경우 모두에 해당한다.

스탠은 '합리적 낙관주의 8가지 원칙'에서 다룬 기술들을 함께 배우고 연습했다. 인지행동치료 기법 중에서도 특히 효과적인 몇 가지를 선택해 적용했다. 그중 하나가 행동 활성화였다. 행동 활성화는 마차를 말 앞에 두는 식으로, 기분이 내키지 않아도 과거에 즐거움을 줬거나 긍정적인 활동을 먼저 계획하고 실행하는 것이다. 스탠은 행동 활성화를 통해 감정적으로 한결 나아졌고, 여가 시간도 늘어났다. 휴식과 즐거움을 누리는 시간을 늘릴수록 스탠은 스스로에게 덜 엄격해졌다. 그리고 감정 조절과 현실 문제 해결을 위한 '5R'을 연습할수록 한층 더 능률적으로 움직일 수 있었다. "일 때문은 아니었어요." 스탠이 조용히 말했다. 그는 가장 힘들었던 시기에도 일만큼은 제대로 해냈다. 흔히 '고기능 우울증'이라 불리는 현상이다. 깊은 우울 속에서도 우리는 무너질 틈 없이 중요한 역할을 수행하려 애쓰고, 그렇게 스스로를 조금씩 소진해 간다. 이제 스탠은 감정을 회피하는 대신, 가정에서도 더 적극적으로 행동하기 시작했다. 특히 '5R'이 실시간으로 아내와의 문제를 해결하는 데 큰 도움이 되었다. "깨달았어요.

아내는 내가 해결책을 제시하길 바라는 게 아니라는 걸요. 그냥 우리가 함께하고 있다는 느낌, 같은 편이라는 확신이 필요했던 거죠." 스탠의 아내 라라도 몇 차례 상담에 참여했다. 그녀는 'XYZ 기법'(8장 참고)을 연습하며, 스탠의 도움이 필요할 때 어떤 감정을 느끼는지 차분히 이야기하는 법을 배웠다. 라라는 내게 미소 지으며 말했다. "예전의 행복한 스탠이 돌아와서 좋아요." 하지만 스탠은 자신이 예전과 다르다고 말했다. "어떻게 예전과 같을 수 있겠어요?" 그렇다. 세상도 변하는데 사람이 어떻게 변하지 않겠는가?

스탠은 내면에 있는 돌봄의 힘을 깨우는 연습을 했다. 그는 아버지의 죽음 이후 다양한 감정을 마주했다. 그중에서도 가장 무거웠던 것은 역시 죄책감이었다. "당시 너무 바빴어요. 아버지와 더 많은 시간을 보냈어야 하는데 그러질 못했거든요." 스탠만 그런 게 아니다. 살다 보면 누구나 후회하고, 자책하고, 자기가 부족하다고 느끼는 순간이 온다.

우울증을 예방하고 완화하는 데 도움이 되는 습관들도 있다. 그 습관들은 치료와 병행할 수도 있고, 혼자 실천할 수도 있다. 특히 경증이나 중증도 우울증에서는 일부 습관이 약물만큼 효과적인 경우도 존재한다. 이 습관들은 현대 사회를 살아가는 사람이라면 누구에게나 유용하다. 내가 꼭 추천하고 싶은 변화의 방법이 바로 '정신건강을 위한 4M'이다.

4M은 자연스럽고, 돈이 들지 않으며, 수많은 연구로 효과를 입증했다. 무엇보다 시간이 지날수록 효과가 커지고 또 다른 좋은 습관을 만들어 낸다는 점에서 유용하다.

나는 팬데믹 당시 소셜 미디어와 주요 언론, 유엔이 주최한 글로벌 시티즌 국제 생방송 행사에서도 4M을 소개했다. 예상보다 많은 사람이 4M에 호응했다. 사람들의 반응이 뜨거웠던 이유는 4M이 단순한 습관이 아니라, 희망과 용기를 주면서 우리가 매일 마주하는 문제들(번아웃, 지나치게 정적인 생활 방식, 개인주의 사회에서의 고독, 기술로 인한 혼란)에 대한 작은 해답이 되어서였다.

- 숙달: 끊임없는 노력과 개선을 통해 우리는 삶의 의미와 목적을 찾아간다.
- 움직임: 몸을 움직이면 기분이 나아지고, 정신이 맑아지며, 마음이 고요해진다. 몸도 점점 건강해진다.
- 의미 있는 관계: 존재하는 것만으로도, 행동과 말로도 관계를 맺는다.
- 마음 챙김: 주의를 기울이는 순간에 우리는 자기에게도, 타인에게도 더 따뜻해지고, 삶이 주는 순간을 온전히 받아들이게 된다.

4M은 삶을 더 길고, 충만하게 만든다. 이것이 바로 합리적 낙관주의의 핵심이다. 이 책에서 단 하나의 처방을 가져가야 한다면, 4M을 삶의 우선순위로 두겠다는 결심이길 바란다.

숙달Mastery

새로운 것을 배우고, 익히고, 더 잘해보자. 자신을 '단단하게' 만들면서도 마음이 가는 분야라면 더욱 좋다. 일과 관련되어도 좋고, 개인적으로 좋아하는 것이어도 괜찮다. 요리, 정원 가꾸기, 새로운 언어 배우기처럼 예전에 좋아했던 취미를 다시 시작하거나 더 깊이 파고들어 보자.

무엇을 할 때 가장 행복하고, 생산적이며, 창의적인 에너지가 샘솟는가? 바로 그것을 하면 된다. 숙달을 위해 꼭 전문가가 될 필요는 없다. 조금씩 실력을 키우고, 그 과정에서 충만함을 느끼면 된다. 배움을 멈추지 말고 스스로에게 투자하라. 조금씩 나아지는 자신의 모습을 확인하는 것만으로도 점점 능숙해진다. 능숙함은 자율성 및 소속감과 함께 인간이 본능적으로 갈구하는 세 가지 기본 욕구 중 하나이다. 나이가 들수록 기술을 적극적으로 활용하는 것이 기억력과 집중력 유지에 유용하다. 컴퓨터 게임을 하거나 그룹 채팅을 하면서 사람들과 교류하는 것만으로도 노화의 속도가 느려진다. 하루 1시간 정도의 컴퓨터 활동과 2시간 이하의 티브이 시청, 신체 활동을 병행하면 치매 위험이 줄어든다.

'M'의 실천은 그리 어렵지 않다. 하루 15분만 투자해도 된다. 의미 있는 독서를 하거나, 새로운 기술을 익히거나, 수업을 듣거나, 취미를 새롭게 시작하거나 예전 취미를 되살려보자. 어디서부터 시작해야 할지 모르겠는가? 2장에서 다룬 '목적 실행' 개념을 떠올려보라. 특히 몰입은 자신감을 키우고, 특정 기술이나 취미를 더욱 깊이 익히는 데 도움이 된다. 연결된 몰입 경험은 숙련도를 높이는 데 큰 도움이 된다. 어떤 활동이 몰입을 가져다줄지 모르겠는가? 즐겁게 할 수 있는 일을 하나 골라보라. 이미 능숙한 것이든, 배우는 과정에서 흥미를 느끼고 있는 것이든 상관없다. 시간과 공간을 확보한 뒤에 그 순간에 온전히 빠져보라.

몰입은 긴 시간이 필요하거나 거창한 결과를 내야 하는 작업은 아니다. 한 페이지를 쓰든, 한 권의 책을 완성하든, 작은 화분을 가꾸든, 정원을 만들든, 어떤 과정에서든 몰입을 경험할 수 있다.

우울을 겪고 있는 사람의 경우 우선순위에서 숙련이 밀려나기 쉽다. 우울증의 가장 힘든 점 중 하나는, 예전엔 즐거웠던 것들이 더 이상 기쁨을 주지 않는다는 것이며 이런 현상을 무쾌감증Anhedonia이라고 한다. 나는 스탠에게 적당히 자극적이고 약간의 도전이 필요한 활동을 찾아, 그 과정에서 즐거움을 느껴보라고 했다. 행동 활성화를 통해 동기를 불러일으켜라. 행동하면 그에 따른 동기와 즐거움이 뒤따른다. 나는 환자들에게 기쁨을 주는 활동을 1부터 10까지 점수를 매겨보도록 한다. 그리고 점수가 높은 활동을 우선순위에 두라고 권한다. 이런 활동은 행동 활성화 효과가 거의 확실하기 때문이다.

배움은 뇌를 변화시키며, 새로운 신경 활동을 촉진한다. 오랜 시간 몰아서 공부하는 것보다 짧지만 규칙적인 학습이 더 효과적이다. 이 방식이 뇌가 정보를 정리하고, 나중에 정보를 쉽게 기억하는 데 도움을 준다. 특정 분야에서 실력을 제대로 키우고 싶다면, 6장을 살펴보라. 능숙함을 높이는 방법과 전략이 자세히 나와 있다.

움직임Movement

움직여라! 운동을 해도 좋고, 그냥 바깥으로 나가 산책을 해도 괜찮다. 신체 활동은 스트레스와 우울, 불안을 줄이는 데 도움을 준다. 하루에 10~15분 정도 짧은 운동 시간을 가져보라. 짧은 산책, 자전거 타기, 요가, 가벼운 스트레칭, 무엇이든 괜찮다.

우리 몸은 하루 종일 앉아 있도록 만들어지지 않았다. 움직일 때 몸은 그에 대한 보상을 준다. 운동은 단순히 외적인 변화만을 만들지 않는다. 운동을 하면 염증이 줄어들고, 염증은 다양한 질병의 주요 원인 중 하나이므로 염증의 감소는 건강으로 이어진다. 운동은 우리 몸에 여러 가지 긍정적인 변화를 가져온다.

첫 번째, 엔도르핀 분비를 촉진해 통증을 완화하고 뇌의 보상 시스템을 활성화한다. 도파민, 세로토닌, 엔도카나비노이드(우리 몸이 자체적으로 생성하는 대마 유사 물질)의 수치를 높인다. 그 결과, 우리는 더 행복하고 동기 부여가 되는 상태가 된다.

두 번째, 뇌로 가는 혈류를 증가시키고, 자율신경계와 시상하부-뇌

하수체-부신(HPA) 축을 조절해 우울 증상을 개선하는 데 도움을 준다.

세 번째, 해마의 신경세포 성장을 촉진하여, 기분 조절, 학습 능력, 기억력을 강화한다.

네 번째, 뇌유래신경영양인자(BDNF)라는 단백질의 수준을 조절하고 증가시켜, 뇌의 건강한 성장과 학습 능력을 향상시킨다. 이를 통해 불안, 기분 장애, 알츠하이머, PTSD(외상 후 스트레스 장애)와 같은 질환의 유전적 위험을 낮출 수 있다.

그렇다면 두뇌 건강을 위한 최적의 운동량은 얼마나 될까? 의학 저널 〈란셋〉에서 120만 명을 대상으로 한 연구(2018)에 따르면, 주 3~5회, 한 번에 약 45분 정도가 가장 효과적이다.○

하지만 단 한 번의 운동만으로도 기분, 반추 사고, 집중력 같은 인지적·정서적 과정에 긍정적인 영향을 미치며, BDNF 수치를 증가시킬 수 있다. 하루 20분의 짧은 운동도 정신적·신체적 건강에 큰 변화를 가져온다. 필요하다면 10분씩 나누어 해도 된다. 규칙적인 운동은 정신적으로 힘든 날을 43.2퍼센트 줄여준다.

나는 하루 15~30분 정도 몸을 움직이라고 권한다. 무엇이든 자신이 즐길 수 있는 걸 하면 된다. 하이킹, 산책, 수영, 정원 가꾸기. 설거지를 하면서 춤을 춰도 좋다. 그냥 움직여라! 〈란셋〉 연구에서는 팀 스포츠가 가장 큰 효과적이라는 결론을 내렸다. 함께 뛰고, 함께 호흡하는 경험

○ 미국 보건복지부(HHS)의 신체 활동 권장 기준은 주당 150분이다. 이 기준에는 중등도 강도의 유산소 운동과 근력 운동이 포함된다. 하지만 미국 질병통제예방센터(CDC)에 따르면, 미국인 중 30퍼센트 미만이 이 기준을 충족하고 있다.

이 주는 사회적 교감 덕분이다. 그러나 결국 중요한 것은 자신이 좋아하고, 오래 지속할 수 있는 활동을 찾는 것이다. 운동이 반드시 강도 높은 활동을 의미하진 않는다. 걷기 같은 가벼운 운동이 강도 높은 운동보다 정신 건강에 더 도움이 된다.[○○] 또한 2014년 스탠퍼드대학교의 연구에 따르면, 걷기는 앉아 있는 것보다 창의적 사고를 60퍼센트 향상시켰다. 하루 15~30분, 그 시간을 어떻게 움직임으로 채울 수 있을까? 통화를 하며 걸어 다니고, 강아지를 산책시킬 때는 가볍게 뛰어보자. 장보기, 집안일, 마당 손질도 생각보다 좋은 운동이 될 수 있다!

의미 있는 관계Meaningful Engagement

인간은 혼자 살아갈 수 없다. 자신이 속한 공동체를 떠올려보라. 친구, 직장 동료, 가족과의 관계를 다시 돌아보라. 가끔은 봉사활동을 해도 좋고, 친구에게 연락을 해도 좋고, 그냥 다른 사람과 사소한 농담을 나누는 것도 나쁘지 않다.

의미 있는 연결은 친구가 몇 명인지, 얼마나 사교적인지와는 다르다. 그보다는 삶 속에서 누군가와 연결되는 순간이 존재하는지가 중요하다. 우리는 서로에게 생각지도 못한 방식으로 버팀목이 되어준다.

○○ 깊이 생각할 때 왜 자꾸 서성이는지, 산책을 하면 머리가 맑아지는 이유가 궁금했던 적이 있는가? 그건 인간의 인지 능력과 직립 보행이 함께 진화했기 때문이다. 걷는 속도와 우리의 감정 상태는 밀접하게 연결된다. 흥분하거나 불안할 때는 빨라지고, 천천히 걸으면 오히려 긴장이 풀린다. 심리학자 프란신 샤피로(Francine Shapiro)는 이러한 광학적 흐름(Optic Flow), 즉 걷는 동안 자연스럽게 시선이 이동하는 현상에 주목하고 이것이 PTSD와 불안을 완화하는 효과가 있음을 발견했다. 그리고 이를 기반으로 EMDR이라는 치료법을 개발했다.

얼마나 많은 사람과 시간을 보내느냐가 아니라, 누구와 시간을 보내느냐가 중요하다. 친구는 부모나 형제, 심지어 배우자보다도 건강 습관을 더 크게 좌우한다. 뇌는 타인의 태도에 민감하게 반응하도록 진화했다. 특히 거울 뉴런 덕분에, 자신이 속한 그룹의 행동을 자연스럽게 따라 하려는 경향이 있다. 받아들여지고 살아남기 위해서이다. 좋은 습관을 가진 사람들과 어울려라. 그들과 어울리는 것만으로도 삶이 달라진다. 진정한 사회적 지지는 서로의 건강한 목표를 응원하고, 함께 나아가는 것이다.

혼자 사는 사람들에게는 의미 있는 관계를 유지하는 것이 더욱 중요하다. 서구 국가에서는 약 3분의 1이 독신 생활을 한다. 그러나 사회적 고립은 건강에 심각한 영향을 미친다. 고립된 생활은 심혈관 질환, 뇌졸중, 조기 사망 등 다양한 의학적 질환의 위험을 증가시킬 수 있다. 최근 연구에 따르면, 혼자 사는 사람일수록 우울증 위험이 42퍼센트 증가했다.

식사는 단순한 행위가 아니다. 누군가와 함께 밥을 먹으며 우리는 자연스럽게 마음을 나누게 된다. 대개 우리는 소중한 사람들과 함께 식사한다. 가족이 함께하는 식사가 건강에 미치는 영향은 가히 놀라울 정도다.° 하지만 바쁜 일상 속에서 가족과 함께 식사를 자주 하지 못한다고 죄책감을 가질 필요는 없다. 대신, 하루 20~30분 동안 전자기기를 내려두고 가족과 함께하는 순간을 만들어보자. 중요한 것은 '의식적인 관심'이다. 이건

° 가족이 함께하는 저녁 식사는 단순히 배를 채우는 시간이 아니다. 우울증, 불안, 약물 남용(마리화나, 담배, 알코올), 섭식 장애, 청소년 임신의 위험을 낮춘다. 또한 회복탄력성, 자부심, 능숙함을 키우고, 감정 조절, 문제 해결 능력, 학업 성적, 문해력 향상에 효과적이다. 무엇보다도 가족 간의 대화를 깊게 하고 관계를 돈독하게 만들며, 타인에 대한 신뢰감을 높인다. 결국, 가족과 함께하는 저녁 식사는 아이들에게 합리적 낙관주의를 가르치는 가장 좋은 방법 중 하나이다.

성인들의 식사 자리에서도 마찬가지이다. 혼자 산다면 정기적으로 친구를 만나거나 집으로 초대해 가볍게 커피를 마시고, 간단한 식사를 함께하거나, 배달 음식을 시켜놓고 스포츠 경기를 보라. 꼭 특별할 필요는 없다. 중요한 것은 '연결'이고, 함께하는 시간을 의식적으로 만드는 것이다.

스탠이 가장 좋아했던 순간들은 가족과 함께하는 바비큐, 아이들과 자전거를 타는 시간, 아내와의 데이트였다. 스스로에게 의미 있는 순간이 무엇인지 정의해 보라. 조용한 산책, 친구와 나란히 앉아 있는 시간, 아이들과 함께 영화를 보는 것, 청소년 스포츠 팀을 지도하는 일, 양로원에서 어르신들에게 책을 읽어주는 것. 연결에 반드시 큰 노력이 필요하진 않다. 가볍게 고개를 끄덕이며 인사를 건네라. 누군가에게 안부를 묻고, 그저 듣는 것이 아니라 진심으로 귀를 기울여라. 어떤 사람이 좋아할 만한 기사나 사진을 공유해 보라. 이 장에서 다룬 습관 형성 전략과 8장 '사람'에 소개된 내용을 활용해 '연결 습관'을 만들어보라.

마음 챙김

우리는 일상 속에서도 현재에 집중하는 연습을 할 수 있다. 바느질을 하거나, 손을 씻거나, 악기를 연주하거나, 잔디를 깎거나, 요리를 하거나, 청소를 하면서도 가능하다. 하루 10~15분 정도 깊이 숨 쉬어보라. 감사한 마음을 가져보고, 자연이 주는 조용한 아름다움을 음미해 보라.

천천히, 깊게 숨을 들이마셔라. 그리고 내쉬어라. 좋다. 당신은 이미 자연스럽게 하고 있다.

마음 챙김이란 지금 이 순간을 의식적으로, 자비롭게, 있는 그대로 받아들이는 연습이다. 주의를 어디에 둘 것인가? 숨소리를 느껴보거나 지금 떠오르는 생각들을 바라보거나(좋든 나쁘든), 눈앞의 풍경을 관찰하거나, 지금 하고 있는 행동에 온전히 집중해 보라.

스탠은 명상에 관심을 보였다. 나는 그에게 연구를 기반으로 한 마음 챙김 명상의 효과를 간략히 설명했다. 명상을 꾸준히 하면 뇌의 구조가 바뀐다. 스트레스, 공포, 불안을 담당하는 편도체의 크기가 줄어들고, 기억과 감정 조절을 담당하는 해마의 회백질 밀도가 증가한다. 그 결과, 집중력이 높아지고, 머릿속이 한결 맑아진다. 마음 챙김 명상은 우울증 완화에 효과적이다. 단독으로도 효과적이지만, 약물 치료나 상담 치료와 병행할 때 더욱 유용하다. 또한 명상은 노화로 인한 인지 기능 저하를 늦추거나 막는 역할도 한다. 많은 사람이 스트레스가 줄고, 삶이 더 나아졌다고 이야기한다. 감정과 삶을 스스로 더 잘 다룰 수 있다는 통제감이 커진다.

스탠은 스트레스를 받을 때마다 음식을 찾는 대신 마음 챙김 연습을 하기로 했다. 다행히 마음 챙김을 배울 수 있는 자료는 많으며 그중 상당수는 무료로 제공된다. 휴대전화나 태블릿에 명상 앱을 깔아 직접 해볼 수도 있다. 아니면 조금 더 아날로그 방식으로, 하루 1~10분 동안 가만히 앉아 깊게 숨을 쉬고, 자신의 상태를 살펴보며, 몸의 감각을 하나하나 느껴보는 바디 스캔 명상을 해보라. 어떤 사람들은 그룹 명상에 참여하거나, 교육을 받거나, 명상 센터에 가서 명상을 배운다. 여러 종교에서도 명상은 중요한 수행법이다. 명상을 통해서도 공동체와 함께하는 경험을 얻을 수도 있다. 하지만 특정한 장소에서만 가능한 것이 아니다. 집에서도, 길 위에서도, 어디에서든 할 수 있다. 우리가 어디를 가든 우리의 마음도 함께 따라온다.

마음 챙김을 일상에 자연스럽게 녹여보라. 작은 순간들을 활용하라. 아침에 마당에서 몇 분간, 점심시간에 공원 벤치에서 잠시, 잠들기 전 조용한 방에서. 짧은 순간들이 쌓이며 하루가 조금씩 달라질 것이다.

충만한 삶

어릴 적, 깔깔거리는 소리에 잠이 깬 적이 있었다. 사촌들이 촛불을 들고 내 다리를 간지럽히고 있었다. "우토(일어나)!" 한 명이 장난스럽게 외쳤다. 새벽 4시 30분이었다. 인도에서 보낸 2년 동안 많은 경험을 했지만, 그렇게 이른 시간에 일어난 것은 처음이었다.

"찰로, 찰로(가자)!" "보여줄 게 있어." 그들은 나를 데리고 집 밖으로 나갔다. 아직 주위가 어두웠다. 이슬이 맺힌 꽃잎이 달빛 아래 은은하게 반짝였고, 새벽안개 속에서 황홀한 향기가 퍼졌다. "라트 키 라니." 사촌이 말했다. '밤의 여왕.' 나중에서야 그것이 밤에 피는 자스민을 칭하는 말이라는 걸 알게 되었다. 이보다 더 어울리는 이름이 있을까.

동네는 이미 분주했다. 길거리 상인들이 커다란 수레를 밀며 바삐 움직였다. 칠팔십이 넘은 이웃 어르신들도 하나둘씩 집 밖으로 나왔다. 그들은 각 지역의 전통 의상을 차려입고 있었다. 어떤 이들은 터번을 두르고, 어떤 이들은 지팡이를 짚었다.

"안녕하세요. 좋은 아침이에요."

"나마스테."

"람-람."

"삿 스리 아칼 지."

"살람."

걸음을 옮기며, 나는 영어, 힌디어, 우르두어, 펀자브어로 나누는 인사를 들었다. 힌두교도, 시크교도, 무슬림, 기독교인이 함께 대화를 나누며 자연스럽게 같은 방향으로 걸어갔다. "구텐 탁." 독일인 이주민까지 있었다. 이렇게 많은 사람이 이 시간에 하루를 시작하는 줄은 몰랐다. 어쩌면 그들에게는 새벽부터 함께 걷는 것이 당연한 일상이었을지도 모른다.

그런데 왜 모두 공원으로 향하는 걸까? 축제라도 열리는 걸까? 모퉁이를 돌자, 소와 염소, 길거리 개들 너머로 그 장면이 보였다. 해가 떠오르는 순간, 키도, 체형도, 나이도 모두 다른 사람들이 줄지어 태양 경배 자세를 하고 있었다.

사촌들이 나를 사람들 속으로 끌고 갔다. "잠깐! 난 저런 동작 못 해!" 나는 황급히 손사래를 쳤다. 새벽 공원 한가운데, 수천 명의 낯선 사람들 사이에서 누군가가 자연스럽게 물구나무를 서고 있었다. 마치 그게 공원에서 해야 할 기본 동작이라도 되는 것처럼.

"매트도 없는데."

"아무도 안 써. 빨리 와!"

사촌을 따라 들어가 나는 사촌의 자세를 따라 했다. 프레첼처럼 몸을 꼬아보기도 했다. 몸을 어설프게 비트는 순간, 어디선가 부드러운 목소리가 들려왔다. "얘야, 아주 잘했어." 할머니의 절친한 친구가 다가와 나를 격려했다. 그분은 내 나이 때부터 요가를 시작했다고 했다. "나중에 우리 집에 놀러 오렴. 맛있는 거 잔뜩 해줄 테니." 새벽의 단체 요가를 끝내고 다시 집으로 돌아가는 길에 공기 속에 생강과 향신료인 카다멈과 계피 향이 은은하게 퍼졌다. 집에 들어서자, 따뜻한 차이티와 갓 만든 차파티 냄새가 실내를 가득 채웠다.

"같이 만들래?" 이모가 물었다. "네, 하고 싶어요!" 나는 나무 벨란(밀대)을 받아 들었다. 로티를 완벽하게 만들기 위해 반죽을 천천히 밀었다. 나는 웃었고, 몸을 움직였으며, 가족과 함께 식사했다. 그 시절을 돌아보면 마음 챙김, 가족과 공동체와의 의미 있는 교류, 새로운 기술을 배우며 쌓아온 성취가 정신건강을 위한 4M의 기초가 되었다. 그것들은 내가 하는 모든 일의 중심이 되어, 평생의 습관이 되었다. 그리고 내가 매일 집에서 만나는 일상이었다. 아버지는 명상하고, 학술 논문을 쓰고, 의대 학생들을 가르치며, 봉사활동을 하고, 정신과 관련 워크숍에서 발표하곤 했다. 아버지는 여든이 넘은 지금까지도 여전히 책을 읽는다. 게다가 요가 매트는 아버지와 떼려야 뗄 수 없는 사이이다. 스트레칭, 근력 훈련, 하루 5~10킬로미터 걷기도 아버지의 일상에서 빼놓을 수 없다. 또한 매일 아침 아버지는 나와 대화를 나눈다. 짧고 간단한 대화는 변하지 않는 중요한 습관이다. 아버지의 그런 일상적인 습관들이 건강과 장수에 큰 영향을 미쳤다고 생각한다. 나는 아버지가 보이는 편안한 미소가 그 증거이다.

스탠의 이야기는 해피엔딩으로 끝났다. 1년 동안 꾸준히 실천한 습관들이 쌓인 끝에 그는 11킬로그램을 감량했고, 근육을 늘렸으며, 혈압도 낮아졌다. 그의 공복 혈당, 총 콜레스테롤, LDL 콜레스테롤 수치는 그 어느 때보다 좋은 상태였다. 스탠은 심장 질환의 위험 요소들(운동 부족, 가공식품, 불규칙한 수면 습관, 지나친 스트레스)을 성공적으로 되돌렸다. 그리고 복용하던 여러 약물에서 서서히 벗어나고 있었다.

마지막 상담에서 나는 스탠이 1년 동안 이룬 모든 것에 깊은 감동을 받았다. 극심한 스트레스 속에서도 부정적인 피드백 루프를 끊고, 새로운 습관을 만들고 유지한 모습에 경탄했다. 치료를 통해 스탠은 자신의 감정이 선택, 습관, 대인 관계, 사고방식에 미친 영향을 이해하게 되었다. 이 모든 것이 그의 숙련도와 건강에 긍정적인 변화를 일으켰다. 건강한 습관을 다시 실천하려 하거나 새로운 습관을 만들고자 한다면, 우리의 감정과 사고 패턴이 어떻게 영향을 미치는지 알아야 한다. 스탠은 상담을 마무리하며 더 이상 자신이 우울하지 않다는 사실에 감사하다고 말했다. 스탠이 해온 노력은 그가 기대하지 않았던 변화를 가져왔다.

"바르마 박사님, 제 긍정적인 시각이 돌아왔어요. 사라졌다고 생각했는데 이렇게 돌아오네요."

유리잔이 반쯤 차 있든, 반쯤 비어 있든 시간이 지나면 그 차이는 중요하지 않게 된다. 더 중요한 건 그 잔을 언제든지 다시 채울 수 있다는 사실이다. 시간을 들여 노력하기만 한다면 언제든지 말이다. 우리는 고장 난 것을 고치고, 잃어버린 것을 되찾는 것 이상의 성취를 원한다. 트라우마와 비극이 어떻게 성장의 기회가 될까? 그 고난이 가져오는 겸손, 고요함, 그리고 나약함 속에서 말이다.

나는 사람들이 역경을 견디는 것을 넘어서, 그 속에서 성장하고 번영하기를 바란다. 우리가 모든 상황을 통제할 수는 없다. 하지만 우리의 태도와 행동, 심신을 위한 행동, 세상에서 우리가 하는 일은 통제할 수 있다. 우리의 습관이 자기와 타인에게 베푸는 친절과 선행이 되기를. 합리적 낙관주의와 4M이 우리가 스스로 작성하는 인생의 처방전이 되어, 평생의 성장과 번영을 위한 여정을 이끌어가기를 바란다.

실행 전략

● 오래된 습관의 기원 ●

습관을 바꾸려면 현재의 상태를 인정하는 것부터 시작해야 한다. 현재의 습관이 언제, 어떤 과정을 거쳐 형성되었는지 되돌아보라. 그것이 몇 달 전 혹은 수년 전부터 지속되었다고 해도 상관없다. 스스로를 판단하지 않고 객관적으로 돌아보면, 지금까지의 습관과 자기를 분리하고, 더 나은 방향으로 에너지를 쏟게 된다.

오래된 습관을 버리거나 좋은 습관을 만들고 싶다면, 자신에게 이런 질문을 던져보라.

• 어렸을 때 집에서 식사/음식, 운동, 돈 쓰는 방식, 우정, 또는 ______________은(는) 어떤 모습이었는가?

• 그런 경험으로부터 어떤 습관이나 행동 패턴을 얻게 되었는가?

• 무엇이 제대로 기능했는가? 무엇이 제대로 기능하지 않았는가?

• 현재의 습관을 만들고 유지하게 한 사고방식과 행동은 무엇인가? 그 습관이 더 이상 삶에 도움되지 않는다면, 무엇이 그 습관을 지속시키고 있는가?

● 의도적인 삶 점검하기 ●

일주일 동안 실제로 시간을 어떻게 쓰고 있는지 세세하게 기록해 본다. 판단하지 않는 태도로 스스로에게 다음 질문을 던진다.

• 내가 보낸 시간이 원하는 습관, 가치, 목표와 맞아떨어지는가?
• 그렇지 않다면 그것을 방해하는 것은 무엇인가?
• 이번 주에 한 일 중 내 가치와 목표에 부합하는 것은 무엇인가?
• 그 과정에서 어떤 요인이 도움이 되었는가?
• 새로운 습관을 더 잘 유지하려면 계획을 어떻게 조정해야 할까?

●새로운 습관, 새로운 방향●

시작하거나 바꾸고 싶은 습관을 하나 선택해 다음을 고민해 본다.

• 더 긍정적이고, 현실적이며, 자기에게 관대하게 접근하는 방법은 없을까? 원하는 행동을 지속 가능하게 만들려면 어떻게 해야 할까?

– 예시: 패스트푸드를 끊어야 한다. → 내 몸과 정신을 건강하게 해주는 음식을 직접 요리해서 먹고 싶다.

• 제안된 해결책에 대해 어떻게 더 구체적으로 설명할 수 있는가?

– 예시: 패스트푸드는 주 1회만 먹고, 건강한 집밥을 쉽게 만드는 방법을 알려주는 요리책을 찾아볼 것이다. 그리고 가볍게라도 매일 걸을 수 있도록 친구와 함께 산책하는 습관을 만들어볼까 한다.

습관 목표를 일기에 적는다. 새로운 방법을 발견하면 그때그때 수정해도 괜찮다. 중요한 건 나에게 맞는 방식으로 만들어가는 것이다.

●습관의 성패는 디테일에 달려 있다: 실행 계획 세우기●

새로운 습관을 만들기로 했다면, 세부적인 계획이 필요하다. 스스로에게 물어보라.

• 무엇을 하려 하는가?

언제부터 시작할 것인가? 얼마나 자주 할 것인가? 어떤 요일에 할 것인가? 어느 시간대가 적절할까? 혼자 할 것인가, 함께할 것인가? 언제까지 계속할 것인가? 비현실적인 목표가 아니라면 기한을 정하는 것이 시간 확보에 효과적일 수 있다. 내 환자 중에 아주 뛰어난 예술가가 한 명 있다. 그녀는 바쁜 회사 생활 때문에 정작 자신이 사랑하는 예술 작업을 할 시간을 내기 어려웠다. 친구들에게 작품을 만들어 선물하기를 좋아한 그녀에게 나는 "친구의 생일을 정해서, 직접 만든 작품을 선물해보는 건 어때요?" 하고 제안했다.

또한 '파워 아워Power Hour' 활용을 권했다. 집중력이 낮을 때 어려운 일을 하면, 능률이 떨어질 뿐만 아니라 스스로를 무기력하게 느끼기 쉽다. 가능하면 가장 집중이 잘 되고 방해 요소가 적은 시간대에 중요한 작업을 배치하는 것이 효과적이다. 내 경우에는 환자 진료를 마치고 아이들이 학교에서 돌아오기 전까지의 시간을 활용한다.

• 실행을 위해 필요한 것은 무엇일까?

준비해야 할 장비나 도구가 있는가? 참고할 만한 자료나 학습이 필요한 부분은 없는가?

• 어떻게 해야 가볍게 시작할 수 있는가?

일주일에 세 번 이상 가볍게 운동하는 사람이 강도 높은 운동을 한 번만 하는 사람보다 더 큰 만족감을 느낀다. 그러니 처음부터 완벽하려고 하지 말자. 할 수 있는 만큼 꾸준히 실천하는 것에 집중하라. 운동은 90분 동안 해야만 의미 있는 게 아니다. 15분만이라도 해보자. 더 할 수 있다면 좋겠지만, 무리할 필요는 없다. 이런 방식을 '점진적 접근Successive Approximations'이라고 한다. 작은 습관들이 쌓이면 결국 원하는 목표에 도달하게 된다. 중요한 건 완벽한 계획이 아니라, 작은 행동을 지속하는 것이다. 완벽하게 끝내야 한다는 강박을 내려놓아라. 대신에 15~20분만 움직일 시간을 정하라. 그 후에는 작은 보상을 주어 즐거운 경험으로 만들라. 그리고 다시 같은 패턴을 반복할 시간을 정하라. 일정을 정해두면 그 순간의 선택과 결정을 고민할 필요가 없다. 자연스럽게 습관이 형성된다. 또한 작은 보상은 그 습관을 지속할 동기를 제공한다. 작은 성공들은 더 큰 목표를 향한 길을 연다. '충분히 할 수 있다.'는 신호를 주고, 목표 달성에 대한 확신을 심어준다.

• 원하는 습관을 어떻게 작은 단계로 나눌 수 있을까?

캘린더에 습관 형성 일정을 입력하라.

● 책임감을 실천하는 방법 ●

습관을 만드는 과정에서 나를 어떻게 점검할 것인가? 책임감이란 단순히 '잘하고 있나?'를 확인하는 능력이 아니다. 습관을 실천하는 동안 내 생각과 감정을 살펴야 한다. 사람들은 종종 극단적으로 생각한다. 그래서 평소보다 자신이 훨씬 못하고 있다고 느끼거나, 때로는 과대평가하기도 한다. 진실은 그 중간 어디쯤에 있다. 능숙함을 키우려면 낡은 습관이 새어 나오는 틈을 찾아 메워야 한다.

• 습관 형성을 어떻게 추적할 것인가?

습관이 제대로 형성되었는지 확인하는 이유는 자기를 다그치기 위해서가 아니라, 목표에 얼마나 가까워졌는지 파악하고 더 효과적인 방법을 찾기 위해서이다. 기술이 완벽한 해답은 아닐지라도, 습관이 자리 잡는 과정을 점검하는 도구로는 충분히 활용할 수 있다. 습관을 추적하는 방법은 여러 가지이다. 관련된 앱을 활용할 수도 있고, 엑셀에 정리할 수도 있으며, 간단히 일기에 적어볼 수도 있다. 특히 패턴을 살펴보는 것이 중요하다. 실천이 흔들리는 순간들을 자세히 들여다보라. 무슨 일이 있었는가? 아침이었나, 저녁이었나? 어디에 있었는가? 누구와 함께 있었는가? 감정적으로 힘들었나? 스트레스를 받았나? 배고프거나 피곤했나? 그날 하루는 전반적으로 어떤 느낌이었나? 더 나은 결과를 위해 바꿀 수 있는 부분은 무엇일까? 어떤 요소를 조정하면 더 쉽게 실천할 수 있을까? 감정 조절이 필요할까? 그 순간 상황을 어떻게 다르게 해석할 수 있을까?

• 누가 도와줄 수 있을까?

참가자들에게 언덕의 경사가 얼마나 가파른지 평가하게 한 사회 실험이 있었다. 혼자 언덕을 오른 사람들은 경사가 더 가파르다고 평가한 반면, 친구와 함께 언덕을 오른 사람들은 경사가 더 완만하다고 판단했다. 이와 비슷한 패턴은 중독 치료 프로그램에서도 확인됐다. 누군가와 함께할 때 회복 과정이 더 수월했다.

• 합리적 낙관주의자들은 혼자이기를 고집하지 않는다. 그들은 멘토, 활동 파트너, 그룹, 클럽, 속마음을 나눌 사람을 찾는다. 습관 형성 과정이 혼자일 때보다 누군가와 함께할 때 더 지속 가능하다는 걸 알기 때문이다.

• 나는 함께 책임감을 짊어지는 파트너의 개념을 폭넓게 정의한다. 그들은 당신과 새로운 습관을 실천하는 사람들일 수도 있다. 대부분의 사람은 약속을 어기거나 타인을 실망시키고 싶어 하지 않는다. 스탠은 이를 활용했다. 친구들과 농구나 조깅을 하며 운동을 지속할 이유를 만들었다. 그렇게 하면 운동이 단순한 목표가 아니라, 즐거운 경험이 될 수 있다. 또한 책임감을 나누는 파트너는 단순한 동반자에 그치지 않고 필요한 정보

를 제공하는 사람이 될 수도 있다. 영양사, 트레이너, 강사, 코치 같은 전문가들을 예로 들 수 있다. 때로는 의료 전문가가 그 역할을 하기도 한다. 주치의, 치료사 혹은 다른 건강 전문가들이 필요한 지원을 제공할 수 있다. 마사지 치료사, 문자나 전화로 응원을 보내는 친구, 함께 시간을 보내주는 친구처럼 감정적·신체적 안정을 주는 사람들도 있다. 어떤 경우에는 삶의 균형을 잡아주는 실질적인 지원이 필요하기도 하다. 스탠의 어머니는 손주들을 봐주며 스탠과 그의 아내가 둘만의 시간을 보낼 수 있도록 배려했다. 그렇게 스탠은 관계를 강화하기 위한 목표를 실천했다.

• 어떻게 하면 자기 점검을 체계적으로 할 수 있을까?

습관을 실천하는 순간의 감정을 기록해 보라. 연구에 따르면 자기 점검은 실제로 행동 변화를 이끄는 강력한 도구다. 사고의 전환을 통해 자기 비판적인 생각을 긍정적인 방식으로 재구성할 수도 있다. 그리고 반드시 스스로에게 물어야 할 질문이 있다. '내가 지금 이렇게 생각하고, 이렇게 느끼는 것은 어떤 의미가 있을까?'

• 스탠과 나는 합리적 낙관주의 습관 추적기를 만들었다. 이는 습관을 점검하는 도구였지만, 스탠의 감정을 기록하고, 하루를 정리하며, 마음을 가볍게 만들었다. 특히 자기 전에 생각을 글로 정리하는 작업은 깊고 편안한 숙면을 돕는 중요한 습관이 되었다. 우울감은 스탠의 의욕을 앗아갔다. 하지만 그는 합리적 낙관주의 습관 추적기를 통해 하루 동안의 감정 변화를 기록하면서, 피했던 일을 끝냈을 때 기분이 가장 좋아진다는 사실을 발견했다. 작은 성취 하나가 그에게 자부심과 능숙함을 안겨주었고, 무엇보다 기록을 통해 자신이 얼마나 진전되었는지 직접 확인할 수 있다는 점이 큰 힘이 되었다. 이 두 가지 요소는 스탠이 해야 할 일을 미루고 싶을 때 다시 시작할 동력을 제공했다. 우리는 종종 기분이 가라앉거나 압박감

을 느낄 때 해야 할 일을 외면한다. 하지만 아이러니하게도 그 일들을 끝마치는 것이 오히려 기분을 나아지게 한다. 처음엔 너무 큰 노력이 필요한 것처럼 보인다. 하지만 일단 한걸음만 내디디면 그 순간부터 모든 것이 조금씩 움직인다. 기분이 내키지 않더라도 끝내면 결국 뿌듯하고, 해내길 잘했다고 느낀다. 우울감을 극복하려면 한때 즐겁고 능숙했던 활동들을 다시 시도해야 한다. 처음엔 별 감정이 들지 않을 수도 있다. 하지만 꾸준히 하다 보면 점차 긍정적인 경험으로 바뀌고, 뒤늦게라도 보상이 찾아온다. 스탠은 이를 직접 체험하며 배웠다. 습관을 추적하는 데 유용한 툴들이 있지만, 자신만의 방식으로, 자신에게 맞는 습관 추적기를 만드는 것도 의미가 있다.

9장에서 다룬 것처럼 의도를 명확히 하고, 세부적으로 접근하고, 책임지는 전략을 활용해 보라. 그리고 자신만의 방식으로 감정을 추적하고, 장애물을 평가하며, 습관 형성 계획을 만들 수 있다. 그다음, 이 과정이 실제로 어떻게 진행되고 있는지 점검해 보자. 어떤 요소가 나를 돕고 있는가? 어떤 부분이 걸림돌이 되고 있는가? 이렇게 점검하며 자신에게 가장 효과적인 습관 형성법을 찾아갈 수 있다.

나가며

다시, 새롭게 시작하다

세상이 모두 무너져도 여전히 나는 사과나무를 심을 것이다.
— 작자 미상

어머니가 돌아가신 후, 우리 가족은 인도 여행을 떠났다. 남편과 아들, 아버지가 함께인 인도 여행은 처음이었다. 남편과 나는 뒤에서 아버지와 아들의 모습을 지켜보았다. 아버지가 내 아들의 손을 잡고, 타지마할을 응시하고 있었다.

"나나-지. 나니 마마가 그리워요."○ 아들이 아버지를 바라보며 사랑스러운 눈빛으로 말했다. "나도 그리워," 아버지가 아들을 바라보며 말했다. "너희 엄마는 너희 모두를 정말 사랑했어." 아버지가 남편과 나를 보며

○ '나나-지'에서 '나나'는 힌디어로 외할아버지를 의미하고, '-지'는 존경의 뜻을 담은 호칭이다. 나니 마마는 외할머니를 뜻한다.

말했다.

이전에 타지마할에 왔을 때, 나는 어머니의 손을 잡고 있었다. 그 아름답고 따뜻하고 강한 손길이 그리웠다. 부드럽지만 결이 느껴지며, 자신감과 분명한 목적을 가진 단단한 손길. 그 손에서는 어머니의 지혜와 깊이, 경험이 전해졌다. 어머니 특유의 웃음소리와 어떤 복잡한 상황이라도 문제를 빠르게 파악하고 적절한 조언을 해주던 모습이 여전히 바로 옆에 있는 것처럼 생생했다.

우리는 소중히 여기는 사람과 원칙을 기리기 위해 기념비를 세운다. 샤 자한이 사랑하는 아내를 위해 타지마할을 세운 것처럼. 어머니는 나에게 항상 "어두운 방에서 빛이 되어라." 하고 말했다. 어머니가 내게 준 유산으로 나는 내 아이, 환자, 커뮤니티와 미디어 작업, 열정까지 계속해서 영향을 미쳤다. 그리고 내가 살아남게 만들었다.

우리는 각자 자신만의 유산을 남길 수 있다. 지난 몇 해 동안, 세계적인 사건들이 모두를 깊이 흔들어 놓았다. 이제 사람들은 힘겨운 시간에서 벗어나기 위해 어느 때보다 건강과 행복, 회복탄력성을 지키는 방법을 간절히 찾고 있었다. 합리적 낙관주의는 스트레스를 견디고 극복하는 능력을 키워준다. 그뿐만 아니라 우리가 겪는 어려움을, 계속해서 변화하는 자아에 통합시켜, 킨츠기처럼 독특하고 정교하며 아름답고 영감을 주는 존재로 만든다.

정신적·육체적 건강을 유지하는 것은 당연히 이기적인 일이 아니다. 스스로를 돌보면서도 사회와 공동체에 기여하는 행위이다. 세상이 점점 더 상호 연결되고, 서로에게 미치는 영향력이 커짐에 따라, 우리의 건강과 세상의 건강은 점점 더 밀접하고 즉각적으로 얽힌다. 신체적으로나 정서적으로 지쳐서 컵이 비었을 때, 비관적인 사고로 컵이 비어버렸을 때, 우리는 자기나 타인을 위해 최선을 다할 수 없다. 개인이 성장할수록 세상도 나아진다. 우리가 각자 살아가고, 사랑하고, 일하며 기여하는 방식이 세상에 긍정적인 영향을 끼친다. 합리적 낙관주의는 마법의 사고방식이나 화려한 말들이 아니다. 최선의 방법과 과학적 증거에 근거한 구체적이고 실용적인 철학이다. 합리적 낙관주의자가 되려는 연습을 통하여 점차 개선되며, 합리적 낙관주의를 매일 실천함으로써 점점 더 나아진다. 원칙에 적응할 시간을 주고, 여유를 주라. 이를 구체적인 목표나 도전 과제에 적용해 보라. 만약 자기 관리 루틴이 익숙하지 않거나, 실천할 시간을 찾지 못했다면, 합리적 낙관주의가 새로운 사고방식을 받아들이고 생활 속 루틴을 형성하는 데 도움이 될 수 있다. 또한 치료를 받기로 결심하는 데에도 도움이 될 수 있다.

"나나-지, 엄마가 여기로 이사 올 때 몇 살이었어요?" 아들이 아버지에게 내가 부모님의 고향인 인도에서 2년 동안 살았던 이야기를 물었다.

"네 나이쯤이었지."

"정말요?" 아들이 흥분하며 돌아서더니 나를 보고 웃었다. 아버지와 나는 서로를 보며 미소 지었다. 이렇게 오랜 시간이 지나, 내 아이와 함께 이곳에 있다는 게 믿기지 않았다. 처음엔 인도가 나에게는 외계의 땅처럼 느껴졌다. 도착하자마자 우리를 반기던 비 오는 아침, 우리 집을 침략한 바퀴벌레들을 처치했던 날, 바로 그때였을지도 모른다. 내가 합리적 낙관주의 첫 번째 교훈을 배운 것이. 합리적 낙관주의의 메시지는 이것이다. 상황을 받아들이고, 인내하며, 최선을 다하라.

수용은 합리적 낙관주의 실천에서 가장 어려운 부분이다. 어떻게 '할 수 있다.'는 태도와 바꿀 수 없는 것들을 우아하게 받아들이며 균형을 맞출 수 있을까? 내 경우 이러한 이중성의 갈등은 내가 서양에서 자라면서 배운 문화적 신념과 동양에서 가족을 통해 배운 가치들에서 비롯되었다. 상반된 감정, 생각, 목표, 관계 사이에서의 갈등은 누구에게나 일어날 수 있다. 나의 갈등이 당신의 것과 같지는 않다. 하지만 인생과 건강한 정신을 위해서는 유연한 대처 방안을 다양하게 갖추어야 한다. 그리고 상황에 따라 적절한 방법을 선택할 수 있는 능력을 길러야 한다. 휘어질 수 있어야 부서지지 않는다. 그럼에도 때때로 우리는 부서진다. 그때는 깨진 조각을 이어주는 황금빛 접착체처럼 합리적 낙관주의가 우리를 더 강하고 아름답게 만들어 줄 것이다.

고군분투해도 괜찮다. 우리 모두 그렇게 살아간다. 좋은 부모, 좋은 직장인, 좋은 파트너가 되고 싶어 하며 자신이 부족하다고도 느낀다. 우리는 모두 자기를 봐주기를 바라며, 가치를 인정받고, 감사받고 싶어 한다. 우리는 사랑하고, 배우고, 성장하기를 원한다. 가장 중요한 것은 모두가 유산을 남기고 싶어 한다는 것이다. 긍정적인 무언가를 전하려는 마음은 인간이라면 누구나 가진 기본적인 욕구이다.

합리적 낙관주의는 결국, 세상에 자신만의 흔적을 남기는 것이다. 작고, 사려 깊고, 친절하며, 효과적인 행동을 통해서. 힘겨운 상황이나 제한된 선택지가 주어지더라도 자신을 발전시키고, 주변 사람의 삶을 돕는 것이 합리적 낙관주의다. 합리적 낙관주의자로서 삶을 바라보는 시각을 날카롭게 다듬고, 그 안의 아름다움을 보려 한다. 인생을 살아가는 여정의 일부분으로서 겪은 시련과 아픔을 인정하고, 이미 우리 안에 있는 온전함 속에서 깊이 묻혀 있던 능력을 끌어내려 한다. 그리고 세상에 우리의 최선을 드러내려 한다. 아무리 불완전하더라도, 매일, 다음의 본질을 곱씹기를 바란다.

- 에너지와 열정을 가지고 하루를 맞이하라.
- 도전에 신중하고 능동적으로 대응하며, 난관 앞에서도 끈기 있게 나아가라.
- 자신의 열정을 좇아 목적을 찾고, 열정을 이어가라.
- 일상의 기쁨과 슬픔 속에서 의미를 발견하라.
- 사람, 자연, 우주와 연결되어 소속감을 만들어라.
- 불완전함 속에서 아름다움을 발견하고, 자신에게 관용을 베풀어라.
- 최선을 꿈꾸고, 그 바람이 현실로 이루어지기를 기도하라.
- 슬픔 속에서도 감사함을 찾아라.
- 자신의 잔을 넘칠 만큼 채워, 사랑과 웃음, 친절과 연민을 나누어라.
- 우리는 본질적으로 모두 연결되어 있음을 깊이 깨달아라. 우리의 몸과 마음속에 이미 집이 있고, 따라서 우리에게는 언제나 집에 있다는 사실을 깨달아라.

모두가 잠재된 내면의 경이로움을 깨닫기를 바란다. 그것이 진정으로 살아있는 삶을 사는 의미다.

이 책에 인용된 참고 자료는 doctorsuevarma.com/book에서 확인할 수 있다.

합리적 낙관주의자

초판 1쇄 인쇄 2025년 5월 20일
초판 1쇄 발행 2025년 5월 28일

지은이 수 바르마
옮긴이 고빛샘
펴낸이 유정연

이사 김귀분
책임편집 정유진 **기획편집** 신성식 조현주 유리슬아 서옥수 황서연 **디자인** 안수진 기경란
마케팅 반지영 박중혁 하유정 **제작** 임정호 **경영지원** 박소영

펴낸곳 흐름출판(주) **출판등록** 제313-2003-199호(2003년 5월 28일)
주소 서울시 마포구 월드컵북로5길 48-9(서교동)
전화 (02)325-4944 **팩스** (02)325-4945 **이메일** book@hbooks.co.kr
홈페이지 http://www.hbooks.co.kr **블로그** blog.naver.com/nextwave7
출력·인쇄·제본 (주)상지사 **용지** 월드페이퍼(주) **후가공** (주)이지앤비(특허 제10-1081185호)

ISBN 978-89-6596-720-0 03180

• 흐름출판은 독자 여러분의 투고를 기다리고 있습니다. 원고가 있으신 분은
book@hbooks.co.kr로 간단한 개요와 취지, 연락처 등을 보내주세요. 머뭇거리지 말고 문을
두드리세요.
• 파손된 책은 구입하신 서점에서 교환해드리며 책값은 뒤표지에 있습니다.